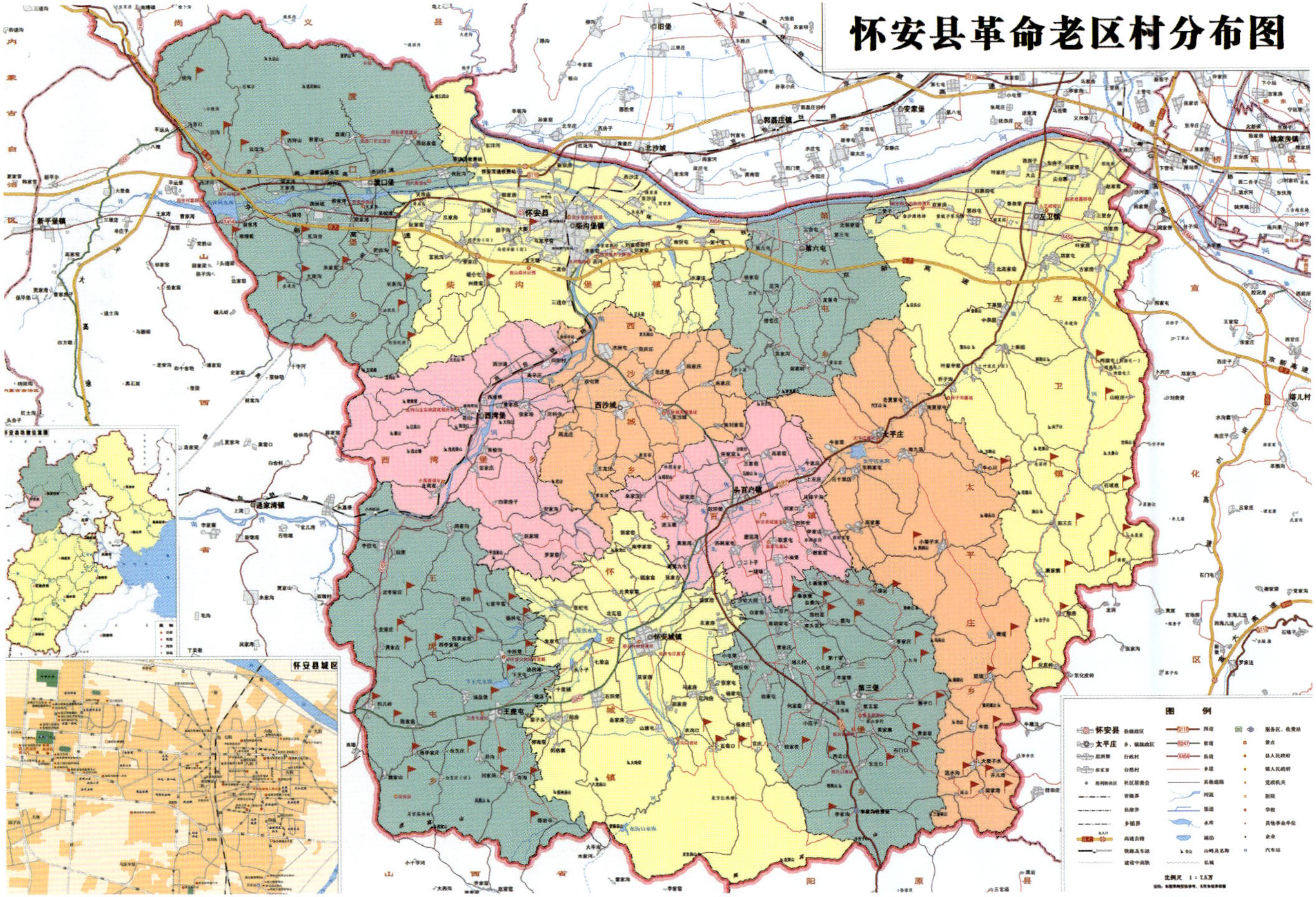


怀安县革命老区村分布图（由怀安县民政局地名办提供，绘图时间为 2020 年 3 月）

侵华日军在水闸屯修建的碉堡遗址

王家窑惨案遗址

怀安县南庄村楼窑遗址

怀安县革命老区左卫镇桦皮岭古村堡

1945 年 5 月，八路军冀察军区部队攻克怀安城

八路军冀察军区部队
解放怀安城后指战员合影

1948 年时的怀安县政府

抗日名将武士敏将军（左二）与杨虎城将军（左四）

阮慕韩（前排右二）与

归绥市劳模代表会议主席团合影

1944 年，康世恩（前排右二）

在晋绥军区八分区司令部

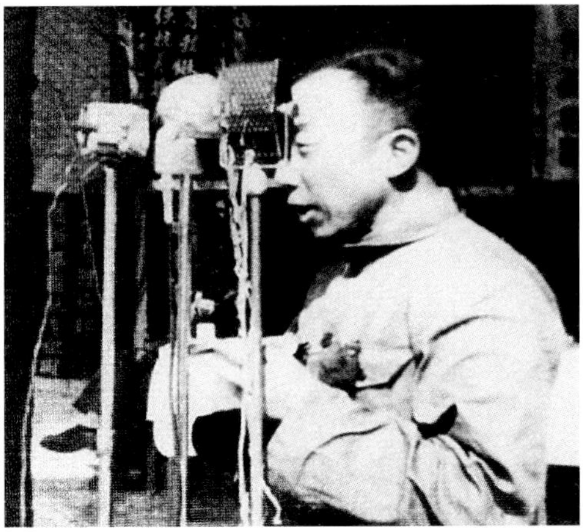

李贯英任张家口市副市长时做工作汇报

1964 年，康世恩（后排右三）在山西省交城县

1951 年 10 月，陈超（第三排右五）

随志愿军国庆观礼代表团回国观礼

1949 年 11 月，南下途中的安发孝

胡连

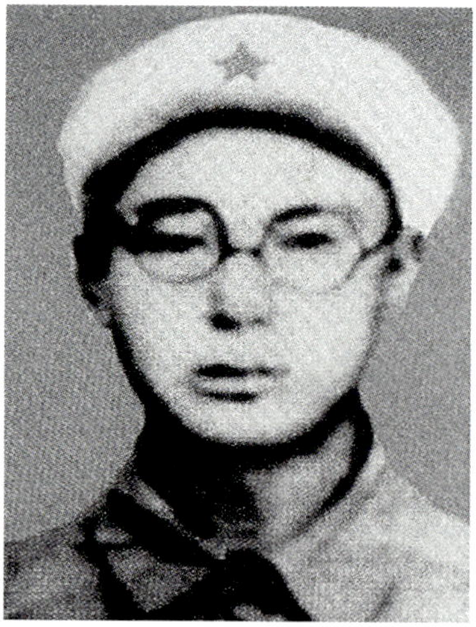

史忠

授予特等功臣胡连的“英风万载”匾

授予史忠烈士的“英风千古”匾

怀安县烈士陵园

怀安城烈士陵园

武士敏铜像

武士敏故居

阮慕韩纪念馆

白化民（左二）重访怀安

白永昌和夫人

2005 年 8 月，中共海南省委原书记、原省长阮崇武（左一）与市、县领导在怀安

河北省军区政治部原副主任、河北省双拥办原副主任刘进锋与

中共怀安县委原书记武占强到怀安县光荣院看望革命老人

中国档案出版社原社长王树盛与

怀安县原副县长徐正成参观阮慕韩纪念馆

柴沟堡中小学师生清明节缅怀先烈

怀安县光荣院

怀安县爱国主义基地揭牌仪式

怀安县高铁站

大张高铁、京新高速怀安段

张呼高铁怀安段

京新高速怀安县第六屯收费站

领克汽车张家口工厂

怀安县的高压电网

怀安县昊明新能源有限公司的光伏发电

怀安县左卫镇东房子村的草莓大棚

怀安县渡口堡村扶贫车间

怀安县东洋河村扶贫车间

怀安县美林城小区

怀安县宏升大酒店

怀安县南山森林公园

怀安县兴安公园

怀安县职教中心

怀安县第六屯乡二堡子村

2019年第七届“中国·怀安杯”
全国业余围棋公开赛

怀安县第四届小学、幼儿园
围棋团体赛

2016年张家口市第十八届中学生田径运动会开幕式

怀安县柴沟堡第一中学

怀安县柴沟堡第二中学

怀安县医院

怀安县中医院

怀安县第六屯乡二堡子村的稻田风光

怀安县西坪山烽火台

怀安县香炉山长城

怀安县大尖山长城

怀安县西洋河村古城门

怀安县虎窝寺

怀安县昭化寺

怀安县水沟口二库

怀安县常家沟村

怀安县县城全景

全国革命老区县发展史丛书——河北卷

# 怀安县革命老区发展史

怀安县老区建设促进会　编

河北大学出版社
·保定·

# 怀安县革命老区发展史

HUAIAN XIAN GEMING LAOQU FAZHANSHI

出 版 人：朱文富
责任编辑：张 磊
装帧设计：杨艳霞
责任校对：兰彩红
责任印制：常 凯

图书在版编目（CIP）数据

怀安县革命老区发展史 / 怀安县老区建设促进会编
. -- 保定 ：河北大学出版社，2022.3
（全国革命老区县发展史丛书 . 河北卷）
ISBN 978-7-5666-1977-8

Ⅰ . ①怀… Ⅱ . ①怀… Ⅲ . ①怀安县－地方史 Ⅳ .
① K292.24

中国版本图书馆 CIP 数据核字 (2021) 第 260304 号

出版发行：河北大学出版社
地址：河北省保定市七一东路 2666 号 邮编：071000
电话：0312-5073019 0312-5073029
邮箱：hbdxcbs818@163.com 网址：www.hbdxcbs.com
经 销：全国新华书店
印 刷：保定市北方胶印有限公司
幅面尺寸：170 mm × 240 mm
印 张：20.75
字 数：220 千字
版 次：2022 年 3 月第 1 版
印 次：2022 年 3 月第 1 次印刷
书 号：ISBN 978-7-5666-1977-8
定 价：126.00 元

# 编　委　会

# 总　　序

在举国欢庆新中国成立 70 周年前夕，中国老区建设促进会王健会长请我为“全国革命老区县发展史丛书”作序。作为一名在老区战斗过并得到老区人民生死相助的老兵，回首往事，心潮澎湃，感慨万千，深感义不容辞，欣然应允。

中国革命老区，是以毛泽东为代表的中国共产党人在领导全国人民推翻帝国主义、封建主义和官僚资本主义三座大山，争取民族独立和人民解放伟大斗争中建立的革命根据地。在这片红色的土地上，诞生了无数可歌可泣的革命英雄儿女，为后人树起了一座不朽的丰碑，它是新中国的摇篮，是党和军队的根。

在艰苦卓绝的战争年代，老区人民把自己的命运与中华民族的命运紧紧地联系在一起，与中国共产党和人民军队的命运紧紧地联系在一起，他们生死相依，患难与共。我曾亲历过战争年代，并得到过老区群众的救助，切实感受过发生在身边的一幕幕撼天动地的革命故事。在那段极其艰苦的岁月里，老区人民倾其所有、破家支前，不怕艰难困苦，不怕流血牺牲。“最后一碗米送去做军粮，最后一尺布送去做军装，最后一件老棉袄盖在担架上，最后一个亲骨肉送去上战场”，这是当时伟大的老区人民为建立新中国做出巨大牺牲的真实写照，它将永远镌刻在中国共产党、中国人民解放军、中华人民共和国的历史丰碑上。他们的光辉业绩将永载史册，他们的革命精神也必将影响一代又一代的革命新人，造就一代又一代的民族脊梁。

在社会主义革命和建设时期，革命老区和老区人民响应党的号召，面对贫穷的面貌、落后的经济、恶劣的生态环境，他们本色不变，精神不丢，自力更生，艰苦奋斗，干一行爱一行。始终坚持“革命理想高于天”，自觉做共产主义远大理想的坚定信仰者和忠实实践者，勇于向恶劣的自然环境和贫穷落后的现实宣战，他们在各条战线上为国家建功立业，用平凡的双手创造了一个又一个不平凡的奇迹，彰显了老区人的崇高精神和人格力量。

在改革开放的伟大进程中，老区人民解放思想，勇于创新，发愤图强，攻坚克难，老区的经济社会建设取得了辉煌成就。特别是在改变中国的面貌、中华民族的面貌、中国人民的面貌、中国共产党的面貌的伟大实践中发挥了至关重要的作用。老区人民既是改革开放的参与者，也是改革开放的推动者。

艰苦练意志，危难见精神。老区人民在近百年的革命战争、社会主义建设和改革开放的伟大实践中，孕育形成了伟大的老区精神：爱党信党、坚定不移的理想信念；舍生忘死、无私奉献的博大胸怀；不屈不挠、敢于胜利的英雄气概；自强不息、艰苦奋斗的顽强斗志；求真务实、开拓创新的科学态度；鱼水情深、生死相依的光荣传统。这是党和人民宝贵的精神财富、丰厚的政治资源，是凝心聚力、振奋民族精神的重要法宝，也是社会主义核心价值观的重要内容。

中国老区建设促进会怀着强烈的政治责任感和历史使命感，组织全国各地的老促会，克服重重困难，尽心竭力地编纂“全国革命老区县发展史丛书”，记录老区的光辉历史和辉煌成就，传承红色基因，弘扬老区精神，是功在当代、利及千秋的一件大事。手捧这部丛书的部分书稿，读着书中的故事，倍感亲切，深感这部丛书具有资政、育人、存史的社会功能，有着重要的时代和历史价值。它是不忘初心、牢记使命的源头活水，是赞颂共产党、讴歌老区人民的一部精品力作，是弘扬老区精神、传承红色记忆的丰厚载体，是一项继承优秀传统文化、弘扬革命文化、发展社会主义先进文化，坚定“四个自信”的宏大文化工程。它必将成为一种文化品牌，为各界人士了解老区、宣传老区、支持老区提供一部有价值的研究史料。希望读者朋友们能从中了解并牢记这些为党和民族的利益不断奉献的老区人民，从中得到教益，汲取人生奋斗的精神动力。

新时代赋予新使命，新起点开启新征程。让我们更加紧密地团结在以习近平同志为核心的党中央周围，坚持以习近平新时代中国特色社会主义思想为指导，增强“四个意识”，坚定“四个自信”，做到“两个维护”，弘扬老区精神，铭记苦难辉煌，为实现“两个一百年”奋斗目标，为实现中华民族伟大复兴的中国梦做出新的、更大的贡献！

遲浩田

2019 年 4 月 11 日

# 序　　言

在举国上下喜迎中国共产党成立 100 周年之际，一本全面记述和展示革命老区县——怀安县的光辉革命史、艰苦奋斗史、辉煌成就史的《怀安县革命老区发展史》即将出版发行。这是全县人民政治生活中的一件大事，也是对革命先辈和英烈的最好纪念，更是为党的生日献上的最珍贵的礼物，可喜可贺！

怀安，历史悠久的千年古县，底蕴深厚的文化大县，锻造了怀安人勤劳、善良、坚韧、包容的精神品格，以及敢于斗争、敢于实践、敢于胜利的胸怀风骨。由于怀安县是长城脚下的交通要道和军事战略要塞，历史上战乱纷争，怀安人民在饱经战乱的岁月里，铸就了不畏强暴、抵御外侮、誓死保卫家园的怀安精神。从抗日战争到解放战争，从抗美援朝到社会主义建设，无数先烈和仁人志士用他们的青春甚至鲜血和生命谱写了一曲曲壮丽的赞歌。1937 年 7 月，日本侵略军占领怀安县后，一批批热血男儿参军参战，走向战场英勇杀敌。1943 年 6 月，中共晋察冀平西地委先后派杨润甲、田志民、刘云等人组成武工队，在怀安大沙河一带开辟抗日根据地。1944 年、1945 年，中共怀安县工作委员会、怀安县办事处相继成立。从此，怀安人民在中国共产党的领导下，开始开展有组织、有领导的抗日斗争，直至抗战取得胜利，怀安县迎来第一次解放。随着内战的全面爆发，在党组织的坚强领导下，怀安地方武装积极转入地下斗争，直至迎来怀安县的第二次解放。本书脉络清晰，可读性和史料性非常强，力争将怀安地区的革命历史与全国革命斗争历史形成一个有机整体，以展现怀安在民主革命时期的全貌。

《怀安县革命老区发展史》编纂委员会按照中国老区建设促进会的统一要求进行编纂工作，全书坚持以习近平新时代中国特色社会主义思想为统领，坚持以习近平总书记关于革命老区的系列讲话精神为指导，坚持以党史、军史、中国革命史为依据，坚持以党的领导为核心，以老区人民为主体，以老区发展为主线，坚持以革命老区和老区人民的奋斗史为重点，坚持以党的十八大以来革命老区取得的巨大成就和发展变化为亮点，实事求是地记述革命老区怀安县光辉的革命史、艰苦的奋斗史、辉煌的成就史。本书史料翔实，内容丰富，既有重点，也有亮点，集全县文化之精英，凝社会各界之力量，历经一年多的时间终于编纂完成，即将付梓，实属不易！

本书通篇贯串了实事求是、与时俱进的编纂思想，融科学性、思想性、真实性、可读性于一体，是怀安秉承习近平新时代中国特色社会主义思想文化建设的重要成果，是全面整理挖掘革命老区历史文化的纪实著作，是全视野展示新时代怀安老区人文特色的红色名片，是进一步讲好怀安故事的工具书。本书溯本探源，纲举目张，尽显地方特色，明白晓畅，图文并茂，可谓雍容大雅之作。

俱往矣，数风流人物，还看今朝。在新的历史时期，在习近平新时代中国特色社会主义思想的指引下，我们要沿着“两个一百年”奋斗征程，特别是在精准扶贫、脱贫攻坚摘帽取得决定性胜利的新形势下，继续发扬老区人民的革命精神，撸起袖子加油干，为把怀安建设得更加美好而努力奋斗！

怀安县老区建设促进会

2020年10月

# 编写说明

2017年6月，中国老区建设促进会组织全国各地老促会启动编纂“全国革命老区县发展史丛书”，按照“建立中国共产党、成立中华人民共和国、推进改革开放和中国特色社会主义事业”三大里程碑的历史脉络，系统书写革命老区的百年历史，深入挖掘革命老区的红色文化资源。这对于充实丰富中国革命史籍宝库，在新时代传承红色基因、弘扬革命精神、强固根本，对于激励人们在新的历史条件下夺取中国特色社会主义伟大胜利，实现中华民族伟大复兴的中国梦具有重要意义。

丛书编纂以习近平新时代中国特色社会主义思想为指导，以《中国共产党历史》《中国共产党的九十年》等重要文献为基本依据，以党的领导为核心，以老区人民为主体，以老区发展为主线，体现历史进程特征，突出时代发展特色，坚持辩证唯物主义和历史唯物主义相统一、历史真实性与内容可读性相统一的原则，书写革命老区从站起来、富起来到强起来的光辉革命史、不懈奋斗史、辉煌成就史，把老区人民的伟大贡献、伟大创造、伟大成就、伟大精神充分展示出来，形成一部具有厚重历史特征和鲜明时代特色的精品力作。这是一部培根铸魂、守正创新，既为历史立言，又为时代服务，字里行间流淌着红色血脉、催生着革命激情的传世之作。丛书的编纂出版将成为讴歌党、讴歌人民、讴歌时代，传播红色文化，为革命老区和老区人民树碑立传的重要载体。

丛书按照编年体与纪事本末体相结合，以编年体为主的编写体例确定框架结构；运用时经事纬、点面结合的方式记述史实；坚持人事结合、以事带人的原则处理人与事的关系；采取夹叙夹议、叙论结合，以叙为主的方法展开内容。做到了史料与史论、历史与现实、政治与学术统一，文献性、学术性、知识性相兼容。

为编纂好“全国革命老区县发展史丛书”，打造红色文化品牌，中国老区建设促进会认真组织、积极协调，提出政治立场鲜明、史料真实准确、思想论述深刻、历史维度厚重、时代特色突出、编写体例规范、篇目布局合理、审读把关严格、出版制作精良的编纂出版总要求，力求达到革命史籍精品的精神高度、思想深度、知识广度、语言力度，增强丛书的权威性和社会影响力。各省（区、市）、市（州、盟）、县（市、区、旗）老促会的同志，以强烈的使命感、责任感和紧迫感，勇于担当，积极作为，认真实施，组织了由老促会成员、专家学者等参加的10余万人的编纂队伍。编纂工作主体责任在县，省、市组织协调、有力指导、审读把关。各方面人员以高度负责的精神和科学严谨的态度，满腔热情地投入工作，为丛书编纂出版做出了重要贡献。丛书编纂工作还得到了党和国家有关部委、地方各级党委政府及有关部门的大力支持和积极参与，社会各界也给予了热情帮助。曾任中共中央政治局委员、中央军委副主席、国务委员兼国防部部长的迟浩田首长，对革命老区的建设发展十分关注，对老区人民怀有深厚情感，欣然为丛书作总序。

丛书由总册和1599部分册（每个革命老区县编纂一部分册）组成，共1600册。鉴于丛书所记述的史实内容多、时间跨度长，且编纂时间紧迫，对于书中内容的不妥之处，敬请批评指正。

中国老区建设促进会

2020年6月5日

# 凡　例

一、为贯彻落实习近平总书记关于“发扬红色资源优势，深入进行党史、军史和优良传统教育，把红色基因一代代传下去”的指示精神，按照中国老区建设促进会的统一安排，特编纂本书。

二、本书坚持以习近平新时代中国特色社会主义思想为统领，坚持以习近平总书记关于革命老区的系列讲话精神为指导，坚持以党史、军史、中国革命史为依据，坚持以党的领导为核心，以老区人民为主体，以老区发展为主线，坚持以革命老区和老区人民的奋斗史为重点，坚持以党的十八大以来革命老区取得的巨大成就和发展变化为亮点，实事求是地记述革命老区怀安县光辉的革命史、艰苦的奋斗史、辉煌的成就史。

三、本书虽定名为《怀安县革命老区发展史》，但怀安县仅有革命老区村66个（不包括自然消亡的22个），仅占全县行政村总数的24.2％，可由于怀安县特殊的地理位置，且有平绥铁路（京包铁路）穿境而过，在抗日战争时期是平西抗日根据地的组成部分，故被划定为革命老区县。本书重点记述了怀安老区人民在中国共产党的领导下，从1943年中共地下武装深入县境开展革命斗争，直到2019年，70多年间的革命和建设历程。尤其是较全面地反映了党的十八大以来怀安所取得的重大成就和发展变化。

四、本书由《怀安县革命老区发展史》编纂委员会编纂，按照章节排列，设县域概况、革命历程、建设与探索、改革开放、伟大复兴、远景展望及大事记，并根据需要附录了相关资料。

五、本书中关于革命斗争脉络的内容，考虑到事件的衔接和历史的连贯性，时间上限追溯至清光绪年间，下限至2019年，全面反映了革命老区县革命和发展的历史轨迹。本书采用了述、记、传、图、表、录等表述方式，以记述为主。按照章节排列，展开叙述，在适当位置插入图表，以达到图文并茂的效果，尽可能做到历史的真实性、事件的准确性与内容的可读性相统一。

六、本书所述事件及其相关的时间、地点等内容，均参考了《怀安县志》《怀安县文史资料》《中共怀安县地方史》《怀安英烈》及“抗损”“文革”等党史专题调研成果，并经过实地采访核实。原有关资料记述不一及多个版本的，按照实地采访及亲历者第一的原则，孤证不取。

七、本书的记述均采用第三人称表述，书中统一使用公元纪年，统一使用阿拉伯数字记年、月、日、时。

八、本书在记述各种党团、社团、机构、部门及会议名称等内容时，首次出现时使用全称，并标注简称，此后统一使用简称。

九、本书一律使用规范的现代汉语文体（引文除外），执行国家对出版物的相关标准规定，行文力求规范，做到文约事丰。

十、本书使用的数据一律以怀安县统计局提供的为准，统计局没有的数据，以相关部门提供的数据为准，数据单位采用国家现行通用标准。

十一、本书中出现古今地名不同的情况时，均以当时地名记述，并括注今名。

# 目　　录


第一章　县域概况 …………………………………………（1）

第一节　地理位置 …………………………………………（1）

第二节　自然环境 …………………………………………（2）

第三节　建制沿革 …………………………………………（3）

第四节　经济概况 …………………………………………（4）

第五节　民族人口 …………………………………………（6）

第六节　历史文化 …………………………………………（7）

第二章　革命历程（1937—1949） ……………………………（11）

第一节　日军野蛮侵略 ……………………………………（11）

第二节　抗日军民英勇斗争 ………………………………（17）

第三节　减租减息和土地改革 ……………………………（20）

第四节　坚持敌后斗争 ……………………………………（25）

第五节　重要战斗 …………………………………………（28）

第六节　重大事件 …………………………………………（42）

第七节　重要人物 …………………………………………………（ 47 ）
第三章　建设与探索（1949—1978） ………………………………（ 74 ）
第一节　巩固新生的人民政权 ……………………………………（ 74 ）
第二节　社会主义改造基本完成 …………………………………（ 79 ）
第三节　掀起社会主义建设热潮 …………………………………（ 87 ）
第四节　“四清”运动 ……………………………………………（117）
第五节　“文化大革命”期间的工农业生产 ………………………（125）
第六节　典型标杆成就 ……………………………………………（129）
第七节　英模人物 …………………………………………………（132）
第四章　改革开放（1978—2012） ………………………………（140）
第一节　拨乱反正，统一思想 ……………………………………（140）
第二节　经济体制改革 ……………………………………………（144）
第三节　政治体制改革 ……………………………………………（155）
第四节　社会保障体制改革 ………………………………………（160）
第五节　社会事业体制改革 ………………………………………（166）
第六节　阶段性主要成就 …………………………………………（170）
第七节　发展优势凸显 ……………………………………………（179）
第八节　全面对外开放 ……………………………………………（185）
第五章　伟大复兴（2012—2020） ………………………………（187）
第一节　党建工作开启新征程 ……………………………………（188）
第二节　经济发展质量稳步提升 …………………………………（193）
第三节　精准扶贫、精准脱贫取得决定性胜利 …………………（194）
第四节　基础设施能级得到提升 …………………………………（196）

第五节 “首都两区”建设不断推进 …………………………（196）
第六节 人民生活福祉持续增进 …………………………（197）
第七节 社会治理能力明显增强 …………………………（198）
**第六章 远景展望（2021—2025）** …………………………（200）
第一节 “十四五”时期面临的新机遇和新挑战 …………（200）
第二节 指导思想和基本原则 …………………………（204）
第三节 经济和社会发展目标 …………………………（207）
第四节 主要工作 …………………………（212）
**第七章 大事记** …………………………（217）
**附录** …………………………（233）
革命老区村简介 …………………………（233）
革命人物故事 …………………………（251）
革命烈士英名录 …………………………（297）
革命老区抒怀 …………………………（299）
**后记** …………………………（304）

# 第一章　县域概况

## 第一节　地理位置

怀安县隶属河北省张家口市，位于河北省西北部，居晋、冀、蒙三省（区）交界处，地处京津冀都市圈和晋冀蒙经济圈的交汇处，素有“金三角”之称。怀安县东靠宣化县，南连阳原县，西面和西南与山西省天镇县接壤，西北与尚义县毗邻，北以洋河与万全区为界，总面积 1 706.3 平方公里。怀安县政府的驻地在柴沟堡，距首都北京约 220 公里，距皮都张家口约 45 公里，距煤都大同约 120 公里，京包铁路、张呼高铁、张大高铁、丹拉高速、京新高速、110 国道、207 国道贯穿县境。

## 第二节 自然环境

怀安县地处冀西北山间盆地，阴山支脉环绕县境的东、南、西和西北部。东、西、南分别有 3 条洋河横贯西北部，洪塘河纵横中东部。地势由西南向东北倾斜，海拔千米以上的山峰有 55 座，最高峰虎窝山海拔 1945 米，海拔最低处为稻地房的 670 米。长度大于 1.5 公里的沟谷有 18 条，遍布于县境山区。全县土壤总面积 1 495.9 平方公里，其中河川区占总面积的 20%，区域内土地肥沃，而丘陵山区则土地贫瘠。

怀安县属东亚大陆性季风气候，地处中温带亚干旱区。夏季炎热，冬季严寒，风多雨少，常年平均降雨量 383 毫米。全年温差较大，常年平均日照时数 2156 小时，年平均气温 4.5 摄氏度，无霜期 130 天。目前已发现的矿种有磁铁矿、赤铁矿、黄铁矿、褐铁矿、石墨、磷灰石、玄武岩、松脂岩、饰面用辉绿岩、长石、蛭石、凝灰岩、矿泉水等，绝大部分未探明储量。全县平均常年自产水资源 8740 万立方米，地下水储量为 6 921.4 万立方米，全县水资源总量为 1.468 亿立方米。通过水质分析，发现怀安县的地表水离子总量每升 266.5 至 688 毫克，总硬度每升 43.2 至 180 毫克，总碱度每升 47.9 至 96 毫克，均适宜灌溉，同时怀安县的地下水也适宜灌溉和人畜饮水。

# 第三节　建制沿革

怀安县是历史悠久的千年古县，早在新石器时代就已有人类居住。

西汉元封元年（前 110 年），汉武帝于县境南部旧怀安村村北置夷舆县，辖今县境南川，属幽州代郡，旋即废。后历经东汉、西晋、东晋、南北朝、隋等几个朝代，于唐长庆二年（822 年），取儒家经典“朝廷施行仁政，百姓怀恩而安”之意，在今旧怀安村村北置怀安县。明洪武三年（1370 年），废怀安县，置怀安守御千户所。明洪武二十三年（1390 年），废千户所，置怀安卫。清代称怀安县。民国三十年（1941 年），怀安、万全两县合并，称万安县，治所在柴沟堡镇，称万安镇。抗日战争胜利后，怀安县属察南专区，治所在怀安城。新中国成立后，于 1951 年将县政府由怀安城迁至柴沟堡。1952 年 11 月 15 日，察哈尔省撤销，改属河北省，怀安县属张家口专区。1958 年 10 月，怀安、万全两县合并，治所在柴沟堡。1959 年 5 月，张家口专区和张家口市合并，怀安县属张家口市。1961 年 12 月 25 日，怀安、万全两县分置，怀安县属张家口地区。1993 年，张家口地市合并，怀安县隶属张家口市至今。

## 第四节　经济概况

### 一、农业生产

怀安县是传统的农业县，以种植谷子、马铃薯、高粱、小麦、黍子、豆类为主，经济作物以葵花为主，部分地区种植胡麻、菜籽。新中国成立前，怀安县的耕地大部分掌握在地主、富农等少部分人手中，农民有耕地者很少，不得不靠给地主当长工、打短工度日，生活异常艰难。加之生产力低下，耕作方式粗放，十年九旱，以致民不聊生。1937 年怀安沦陷，国民党政权瘫痪，中国共产党的革命力量还未发展到怀安地区，怀安人民除了受地主阶级的剥削外，还处于日伪的残酷统治之下，受到双重压榨，生活更加困苦。特别是日伪占领时期，怀安人民被强迫在耕地上种植鸦片，种粮土地锐减，百姓生活雪上加霜。新中国成立后，农民成为土地的主人，经过彻底的土地改革，实现了耕者有其田。之后历经互助组、初级社、高级社、人民公社、家庭联产承包责任制等各个时期，尤其是随着国家对农业生产的投入持续加大，取消农业税，实行种粮补贴，调整种植业结构，加大脱贫攻坚，农业取得长足发展，农民过上了富裕的好日子。2019 年，全县农业总产值达到 167 559 万元。粮食种植面积达到 375 735 亩，粮食总产量 113 123 吨；油料种植面积 57 615 亩，油料总产量 7213 吨；蔬菜种植面积 86 739 亩，蔬菜总产量 84 681 吨。

## 二、工业生产

新中国成立前，怀安县的工业极其落后，仅有一些手工业作坊，多分布于柴沟堡、怀安城、左卫及个别较大的村庄，主要有缸房（造酒作坊）30 多家、面铺 20 多家、酱醋房 30 多家，皆以家庭经营为主。建材业有砖瓦窑、白灰窑和石灰窑等，头百户镇西韩家屯村有造纸厂。大多数村镇有铁匠铺，可以打制小农具和生活用具。1931 年后，柴沟堡开始兴起办白铁铺、锡匠铺、铜匠铺等，均为小本经营。由于作坊基础薄弱、工艺落后，加上战乱、赋税等因素的影响，这些手工业作坊经营得很艰难，到 1949 年以前全部关闭。新中国成立后，怀安县的工业从无到有，不断壮大。2006 年，在国务院办公厅的定点帮扶下，国电怀安热电厂项目正式确定，设址在河北省怀安县，两台机组分别于 2008 年 2 月 18 日和 6 月 1 日正式运行。目前，国电怀安热电厂已成为怀安县的骨干企业，年创利税亿元左右。2019 年，怀安县工业增加值完成 534 047 万元，其中规模以上工业企业达到 11 家。

## 三、商业经营

怀安县地处中原农耕文化与北方游牧民族接壤之地，商业活动从未停止。尤其到了明朝中后期，沿长城设立马市，集市贸易随之繁荣起来，并逐渐形成了怀安城、左卫、柴沟堡等 3 个重要的商业集中地。明末清初，晋商东移，蒙汉贸易必经之地——张家口（东口）的“八大家”名商都是山西人。随着清宣统二年（1910 年）平绥铁路通车，柴沟堡火车站建在镇内，交通便利，信息灵通，商贾云集。山西省众多商人的贸易触角很快便伸到柴沟堡，柴沟堡内各种商号比比皆是，最盛时达 230 余家。民国十五年（1926 年）后，由于战乱频繁，众多商号歇业。日军侵占县境后，仅存商号 150 家、摊贩 395 家，集中在柴沟堡和怀安城。新中国成立后，以公有制为主体的商业体系逐步建立。随着市场经济体制改革，多种经营的商业形式并存，市场消费多元化。2019 年，全县社会消费品零售总额达到 299 907.2 万元，其中城镇消费品零售额完成 194 939 万元，乡村消费品零售额完成 104 968.2 万元。

## 第五节　民族人口

据《怀安县志》记载，清光绪二年（1876 年），全县总人口为 66 364人，到民国二十三年（1934 年），增至 116 819 人，比光绪年间增加了近一倍。1949 年时，全县总人口 173 997 人，比民国二十三年时增加了 5.7 万多人。1982 年全国第三次人口普查时，全县人口首次突破 20 万人，达到 224 664 人。随着计划生育政策的全面实施，全县人口逐渐由高自然增长率向低自然增长率过渡。1988 年，全县人口自然增长率为 8.9‰。增长率最低的年份是 1998 年，为 1.03‰。2003 年，全县新出生人口 2051 人，截至 2019 年底，全县户籍总人口达到237 208人，其中城镇人口 93 802 人，城镇化率为 39.5%。全县的人口性别比例总体上男性多于女性，不过近年来比例差距逐渐缩小。全县居民的文化程度普遍提高，流动人口逐年增加。怀安县境内的少数民族人口较少，主要有蒙古族、回族、满族、土家族、壮族、仡佬族、侗族等。截至 2019 年底，全县有少数民族人口 1011 人，占总人口的 0.4%。

## 第六节　历史文化

怀安自古就有“文化县”的美誉。历史上，这里是长城烽火，金戈铁马，战事频仍。

在民族大融合、国家大一统的进程中，历经了多次移民搬迁，怀安县便是典型的移民县。早在东汉建安十二年（207 年），曹操亲征乌桓，大破于柳城，将降众 20 余万内徙于幽、并两州，这可谓是怀安历史上最早的大规模移民。

到了明代，国家不仅将所属怀安境内的居民全部迁入居庸关内，而且还实行了军事卫所制，在长城沿线筑城堡、建屯村，在此期间，有大量移民进入怀安。怀安在明代共有 18 次大移民，其中有史可查的有两次。一次是明洪武二十六年（1393 年），在修建怀安城和左卫城后，抽调南直，即今天的江苏、浙江、安徽等省，以及山西的官民分配到怀安屯兵驻守，组织屯田。据说，左卫城的来、叶、金、樊等四大姓都属这次移民。另一次是明永乐十二年（1414 年），为加强京城防务和发展生产，从全国各地移民至怀安，多安置在洪塘河和洋河两岸。

怀安的地域特色还体现在县境内的两条河流上，即洪塘河和洋河，这两条河孕育了历史悠久的怀安。以沙梁台为界，洪塘河纵贯南川，肥沃了两岸土壤。唐代旧县城治所旧怀安村和明清旧县城怀安城正处于洪塘河畔的冲击小平原，正是由于洪塘河两岸土地肥沃、百姓富庶、安居乐业，才有了“怀恩而安”之景象。洋河贯穿北川，由南洋河、西洋河、东洋河组成，数万亩洋河湿地滋养了洋河明珠——县城柴沟堡镇和左卫城。

在古代农耕文明时期，怀安县以南川洪塘河流域为中心，建制立县。近代以来，随着京包铁路的开通，工业文明迅速兴起，洋河岸边的柴沟堡镇成为新的政治、经济、文化中心，并于新中国成立初期成为怀安的新县城。近几十年来，随着京呼高铁、京大高铁、京藏高速、京新高速、京包铁路、110 国道的全面贯通，县城柴沟堡正逐渐以一座现代化小城镇的全新面貌展现在世人面前。

怀安县之所以因文化繁荣而享誉四方，缘于其教育事业的起步较早。县办教育事业起步于元顺帝年间。明清以来，有史记载的各类进士、举人、生员达 400 多人。至清末时期，怀安有小学 42 所。其中，清光绪三十四年（1908 年），在柴沟堡创立了初等女学堂，招收女学生 20 人。民国初期，怀安的教育取得了前所未有的发展，当时有小学 162 所、234 个班、学生 5868 人。民国二十四年（1935 年），在柴沟堡创立了察哈尔省联立柴沟堡简易乡村师范学校，即河北柴沟堡师范学校前身。在此期间，学校涌现出了一大批杰出才俊。

柴沟堡镇国民高小女学校第六班毕业生合影

怀安的民俗文化十分繁荣，群众自发组织的各类文艺演出团体常年活跃在乡村舞台。逢年过节时，唱社戏、耍社火、自编自演的民间曲艺异彩纷呈。以第九屯村为发展中心的软秧歌地方剧种，活跃于洋河两岸，其传统剧目有《借冠子》《豆腐换妻》《白花过年》《李三娘推磨》等。20 世纪 80 年代，怀安县文联组织编纂了“三套集成”，包括《怀安县民间故事》《怀安县民间谚语》《怀安县民间歌谣》，系统地搜集整理了县境内流传的民间口头文学，这是对 20 世纪 80 年代以前怀安民间文学的系统总结。

20 世纪 80 年代以来，怀安县的围棋文化一枝独秀，成为千年古县的一朵奇葩。在怀安县文化馆干部竹可羽的倡导下，怀安县创办了少年围棋班，组建了围棋队。1983 年至 1987 年间，怀安县少年围棋队 9 次代表河北省参加全国赛，成绩斐然。1990 年，怀安被命名为“围棋之乡”。

怀安县围棋奠基人竹可羽（左三）传授棋艺

# 第二章　革命历程（1937—1949）

## 第一节　日军野蛮侵略

### 一、野蛮的侵略

1937 年 7 月，日本帝国主义发动七七事变，并以此为借口大举进犯。1937 年 8 月，日军派飞机轰炸柴沟堡，北街孙浩成开设的面铺有房屋 20 间被炸塌，炸死店员 2 人，重伤 1 人。随后日本兵气势汹汹地杀进柴沟堡，在东牌楼底下枪杀 1 名孕妇，并用刺刀将其兄长挑死，后又在北沙河枪杀了 2 名无辜百姓。

9 月初，日军沿柴怀路南下，路过水闸屯时，枪杀 2 人，打伤 1 人，飞机沿路轰炸，炸死 3 人。路经王家窑村时，日军进行了惨无人道的烧杀抢掠，活埋村中百姓 34 人，除 5 人被救出外，其余全部遇难，包括妇女 11 人、儿童 18 人。

在侵占怀安城前，日军飞机曾低空盘旋侦察，之后用机枪向防空洞内的二十九军猛烈扫射，并在城内投下炸弹一枚，炸死老百姓、炸毁房屋无数。二十九军撤走后，日军先头部队到达怀安城，并在城东架起大炮准备轰击，城内人心惶惶。在此紧急关头，商会会长李焕瀛带领少数商民和部分当地百姓，手执白旗和写有“欢迎大日本皇军”的小旗冒死出城与日军见面。在日军翻译官问明城内情况后，1937年9月10日，日军进入怀安城，怀安从此开始了长达8年的日伪统治。

日军占领怀安城后，除留下少数警备部队外，大批军队继续西侵，沿途抓夫强奸之事屡有发生。留守怀安城的日军实行全城戒严，并制造了“建益办”惨案，将商店内躲藏的7人全部杀死。另外还抓捕了一批“形迹可疑”的人，之后由负责接待日本兵的商会会长李焕瀛出面保释，这些人才幸免于难。

1937年10月，日军在梁家窑村杀害3名村民。同年秋，侵占柴沟堡的日军闯进一农户家，杀害2名男子，之后又在马王庙内杀害1名老道，在玄天庙门前用刺刀挑杀5人。

1938年7月，日军在左卫镇毁坏房屋100余间，杀害4人。在郑王庄杀害3人，同时殷房村和石坡底也有3人被杀。

1941年夏，日军在柴沟堡玉皇阁前挑杀2人。翌年夏，日军又在柴沟堡玄天庙门前杀害6人。

日伪统治者强迫当地百姓上缴公粮，规定旱地每亩每年上缴1斗小米，水田每亩每年上缴1.5斗小米。那时候田地产量低，旱涝不保收，广大农民除了受地主阶级剥削外，还要上缴“皇粮”，生活雪上加霜。农民交不起公粮时，日伪反动军警就对其使用各种酷刑。日伪统治者还组织民工服苦役，只马市口村就有 33 名民工在服苦役时被折磨致死。

据怀安县档案馆提供的《抗战时期河北省怀安县人口伤亡和财产损失报告》显示：在抗战期间，怀安县人口伤亡 135 人，其中直接伤亡 120 人，间接伤亡 15 人；商业损失 972 万美元；粮食损失约 427 万斗小米；毁坏房屋 139 间；家畜家禽损失无数。

## 二、建立伪政权

### （一）建立县级伪政权

日军占领怀安城后，治安维持会在怀安城火神庙内建立，会长由商会会长李焕瀛担任，主要成员有张守安、陈乐亭、莘世维等，另有办事人员若干。治安维持会的首要任务是协助日军维持地方治安，具有地方政权的某些职能。这时管辖察南十县的伪政权自治政府已在张家口成立，该伪政权设最高委员两人，由于品卿、杜运年担任，设最高顾问 1 人，由日本人竹内元平担任，施政纲领为“日察如一，铲除共党，民族协和，民生向上”。

之后不久，以治安维持会为基础，组建起了县级伪政权——怀安县公署。维持会会长李焕瀛担任县长，伪县公署下设 4 个科，各司其职。警务科科长由张守安担任，民政科科长由陈乐亭担任，财政科科长由张达三担任，总务科科长一职在空缺了一段时间后由张溥泉担任，不久由景福履接任。伪县公署建立后，日军很快派来了参事官上田勤与李焕瀛共同领导伪县公署，同时派来了指导官冈野庄吉与张守安共同负责警务工作。

1941 年 8 月，日军为了便于统治，将怀安、万全两县合并，成立了万安县，县政府设在柴沟堡，并将柴沟堡改为万安镇。两县合并后，伪县公署的组织机构较之前有所扩大，补设 5 个科。总务科下设庶务股、经理股、弘报股、文书股，民政科下设行政股、教育股、土木股，财务科下设税务股、理财股，实业科下设产业股、工商股、烟政股，警务科下设警务股、警备股。1944 年初，又增设了特产科，下设烟政股、盐业股。怀安、万全两县合并后，曾先后担任县长的有张晓天、郝熹、佟南、陈光汗等人。

日伪政权建立后，最先在警务科安排了日籍指导官，分首席指导官和指导官，首席指导官先是由冈野庄吉担任，后由冈野龟三担任，指导官由五十岚左五郎担任。为了便于统治，警务科又以全县的 5 个镇为中心划分了 5 个警区，各警区设置警察署负责本区的治安，担任警察署署长的先后有张殿卿、张旭亭、李天正、李甫田等人，署长以下还有不同警衔的若干部属。此外，还有一支数百人的武装警察大队，队长是武玉峰。警察大队下设 3 个中队，第一中队队长为刘俊美，主要成员有赵凤鸣、王有功、王堂先，中队内设一个特务队，由张林、赵凤鸣主管。第二中队队长为王占贤，主要成员有冯占海、李占元。第三中队队长为张明宝，主要成员有张明会、郝老大、李树义。日伪政权还制定了七级警衔，强调绝对服从。最低一级是警士，依次往上有警长、警尉补、警尉、警佐、警正、警监。万安县设有警监、警务科科长、首席指导官，警察大队队长是警正，警务科的股长、警察署署长、警察中队队长为警佐，其他则根据不同的警衔担任相应的职务。

### （二）建立乡村伪政权

1937 年冬，全县建立了 16 个乡镇公所，其中有 3 个镇、13 个乡。南川有怀安城镇、右所堡乡、王虎屯乡、大庄科乡、后所堡乡、小屯堡乡。后川有柴沟堡镇、北沙城乡、水闸屯乡、渡口堡乡、沙家屯乡、李信屯乡。东川有左卫镇、许家庄乡、太平庄乡、石坡底乡。各乡镇设乡镇长 1 人，副乡镇长 1 人，事务员、雇员若干。乡镇以下有甲、牌等基层组织。甲长、牌长一般由农村地主或殷实人家的人员担任。在伪县公署还成立了伪保安队，队长是朱德录，日军派有小分队驻防在怀安城孔子庙内。

万安县成立后，设有 5 个镇（万安镇、怀安镇、万全镇、左卫镇、洗马林镇）、24 个乡。各乡镇公所设总务系，下有庶务组、会计组；经济系，下有产业组、工商组；自卫系，下有户籍组、查训组。各系设主任 1 人，各组设事务员、雇员若干。

1945 年 5 月，八路军第一次解放怀安城，日军遭到重创，乡村伪政权基本瘫痪。八路军撤出怀安城后，日伪又重新拼凑起了一个怀安城乡联合办事处，焦泽民任主任，宗丕城、张志远任副主任，安图统管城乡事务，可实际上这个办事处的权力所及仅仅是城圈以里，城外之事无力顾及。

## 三、残酷的统治

### （一）压迫蹂躏

怀安县的日伪政权建立后，日军的侵略行径更加嚣张。凡出入怀安城的东、西两门时，不分男女老少都要向日军岗哨鞠躬，有不少年轻妇女被以检查为名遭到凌辱戏弄，稍有不满即被殴打或扣押。有时日军还三三两两窜入村民家中奸淫调戏妇女。日军从张家口的妓院找来了若干妓女和本地的暗娼，统一安置在花园巷充当“慰安妇”，供日军蹂躏。

### （二）奴化教育

1938年初，全县各小学相继开学，教科书经删减修改后增加了“王道乐土”“大东亚共荣”“中日亲善”等奴化思想内容，学校还增设了大量的日语课。自此，奴化教育在全县普遍开展。同年，日军为进一步控制当地百姓的行动，由伪警察署在全县发放“良民证”，如有离开县境的还须签发通行证。

### （三）种植罂粟

日伪察南自治政府炮制了《鸦片业务指导纲要》，规定多种罂粟者“可以免除地租、兵役”，还可以配给布匹、食盐、煤油、洋火等日用品，以此来欺骗广大农民。面对这一“鼓励”政策，农民们没有意识到日本侵略者毒害中华民族的险恶用心，再加上那时候纸币贬值，一两烟土的价格相当于黄金价格的十分之一，这在客观上调动了广大农民种植罂粟的积极性。

洋河两岸肥沃的土地上到处种有毒品，柴沟堡、左卫等区域成为鸦片的集中产地，并逐步向山区、丘陵地带延伸，种植面积达4万多亩。日伪政权从中获利500多万元，间接粮食损失达323万斗小米，并且导致吸毒、贩毒泛滥，不少人倾家荡产、家破人亡，很多烟民甚至沦落到卖儿卖女的地步。

伪县公署还专门成立了烟政股，组织伪乡保和伪军警在春季时入村逐户下达种植任务，核定产量，以产定缴，一般上等地定缴 100 两左右，下等地不少于 50 两。因为定缴任务苛刻，大部分农民根本缴不够定产任务，伪军警便施用刑罚残害百姓。

## 第二节　抗日军民英勇斗争

### 一、民间自发抗日

1938 年冬，以朱德录的伪保安队为先导，日军到寺沟一带进行“扫荡”，遭到了号称抗日队伍的胡锡侯部（群众称“胡团”）的伏击，击毙日军 7 人，其中包括日军指挥官黑泽小队长。这一事件发生后，日军增加了在怀安的驻军，之前不足百人的伪警备队突然增加了至少一个中队的兵力，对寺沟及县城的百姓造成了极大的威胁。

### 二、抗日根据地的开辟

随着全国抗战形势的发展，1945 年 4 月，怀安县办事处成立，办事处主任由蒋涛担任。办事处下设民政科、财政科、武委会和情报站，配备的干部多数是从老区与部队中抽调的骨干，并且还将县抗日武装队伍壮大到 20 余人。同时在怀安县境内建立了 4 个区级政权，加强了村级组织建设，确定了党员发展对象。

在此基础上，中共怀安工委先在群众工作较好的地方发动群众镇压敌特和恶霸地主，扩大新的解放区。对于伪军家属及过去与敌人有联系的伪人员，主要采取“远攻近交”的策略，对他们进行必要的宣传教育，监视他们的行动，做到为我所用，东山的10余个村庄全部与怀安县办事处建立了信息网。之后，中共怀安工委又开始发展山下的一些村庄。随着工作的步步深入，县、区干部组成若干工作组分别深入各区进行活动，其影响逐渐扩大到平绥铁路沿线和洋河两岸。有些苦大仇深的群众主动上山与党组织建立联系，积极报告敌情，配合武装力量镇压伪警察和恶霸地主。

在此期间，县抗日武装队伍不断壮大。以怀安城为中心，组建了一区（辖东山与城东小屯一带）、二区（辖城南与城西南一带）、三区（辖李信屯、西湾堡一带）、四区（辖左卫、乔子沟及郑王庄一带），分别开展活动。

1945年5月，察南十三分区主力部队第二十团，在一部分地方武装的配合下，于5月13日攻克怀安城。中共怀安县工作委员会改称为中共怀安县委员会，怀安县办事处改称为怀安县政府。随后增设了新五区，区驻地在一堵墙、太平庄一带，辖22个村庄，并对各区进行了重新划分。一区，即钮家窑一带；二区，即大庄科一带（现属天镇县管辖）；三区，即王虎屯路北至西沙城一带；四区，即左卫一带；五区，即东城一带（现属阳原县管辖）。

怀安城被八路军攻占后，极大地震慑了怀安城周围的敌人，怀安的小屯堡、头百户、太平庄、王虎屯、大庄科的伪乡公所和各碉堡的伪军警纷纷望风而逃。1945年6月，怀安县办事处武装委员会（简称武委会）成立，7月，怀安县办事处情报站成立。

## 三、早期党支部的建立

怀安县东南山有一个偏僻的小山村叫梁家湾，它东临宣化，南靠阳原，这里曾经是中国共产党早期活动的地方，也是全县较早建立农村党支部的村庄。

1943 年，中国共产党领导的抗日武装力量度过了最艰难的时期，开始恢复和扩大敌后解放区的局部反攻。中共平西地委为适应新形势的需要，决定抽出一部分干部到敌后开辟新区。中共蔚阳联合县委、中共蔚涿宣联合县委遵照中共平西地委的指示，从 1943 年秋开始，分别派杨润甲等人组成工作队到怀安的东山、东南山等地做开辟新区的工作。工作队在白色恐怖的笼罩之下，白天隐蔽在山沟里或山洞中，晚上深入村民家中秘密串联，宣传党的抗日主张，发动群众参加抗日斗争，并在贫苦农民中建立堡垒户。党员干部王贺林来到梁家湾村村民梁进英家进行宣传，通过交谈，了解到梁进英家境贫困，苦大仇深且愤世嫉俗，对当时国民党的欺压、封建地主的剥削、恶霸土匪的横行，以及日本帝国主义的侵略行径义愤填膺，这使得王贺林感到梁进英是合适的党员发展对象。于是王贺林因势利导，给梁进英讲中国共产党的性质、任务和宗旨，讲中国共产党坚持抗战的主张和决心，讲中国共产党拯救劳苦大众出苦海的前景，使梁进英深受启发。1944 年夏，经王贺林介绍，梁进英加入了中国共产党，成为全县农村地区较早的一名共产党员。之后梁家湾村又陆续发展了 17 名党员，并建立了党支部，梁进英担任党支部书记。

梁家湾村党支部建立后，成为党组织在农村的坚强堡垒，梁进英家也成了党员活动的中心。党员干部每次来村里都会到梁进英家落脚，之后召开会议，部署工作，开展对敌斗争。梁进英也全身心地为党工作，搜集传递情报，筹措运输军用物资，发展壮大党员队伍，开展抗日武装斗争，使偏僻的小山村点燃了抗日的烽火。

## 第三节　减租减息和土地改革

### 一、减租减息

减租减息即“二五”减租，是抗战时期中国共产党为巩固抗日民族统一战线而制定的土地政策，先期在龙洞山区的怀安、宣化两县的60多个村庄展开。抗日战争胜利后，为逐步减轻农民受剥削的程度，于1945年9月在东洋河村试行减租减息运动，实行“二五”减租政策。政策规定，对地主出租出佃的土地一律按原租额减收25%，即地租不得超过标准产量的37.5%，低于37.5%就按减租后的租额交租。

在东洋河村取得经验的基础上，全县开始开展减租减息运动。该运动既改善了贫雇农的生活，又照顾了地主的部分利益，从而缓和了贫苦农民与地主阶级之间的矛盾，为进一步开展土地改革运动奠定了基础。

### 二、第一次土地改革

1946年，中共中央发出《关于清算减租及土地问题的指示》（简称“五四指示”）。7月23日，柴沟堡大地主家庭出身的共产党员阮慕韩（时任察哈尔省高等法院院长）率先向当地农民献出3200亩土地、1000多件皮毛绸缎衣服、数百件农具、1.5万公斤粮食、3大箱金银首饰。7月26日，《晋察冀日报》在《实行耕者有其田的光荣模范》的通栏标题下刊载了阮慕韩与其叔父阮葆忱深明大义、共襄义举的消息，在全县反响强烈。

1946年8月，怀安县委、县政府组建了土改工作队，在全县范围内贯彻“五四指示”精神，率先对46个重要村镇和大村进行了土地改革。有的以清算剥削的方式，把8年的账加在一起向地主要粮要地；有的由贫农团把地主家的土地、粮食、牲畜一并没收。土地改革后，46个村的地主富农拥有的耕地占总耕地数由原来的29.6%下降到16.9%，富农地主的人均占有耕地由原来的14.2亩下降到2.8亩；贫农拥有的耕地占总耕地数由原来的16.8%上升到36%，贫农人均占有耕地由原来的1.4亩上升到2.9亩，实现了耕者有其田。

由于国民党反动派的进攻，1946年10月，共产党军队选择战略撤退，土改被迫中断，农民所得的土地得而复失。怀安县、区的党员干部转入山区坚持游击斗争，积极保卫土改成果，并纠正在土改中出现的偏差。

## 三、第二次土地改革

### （一）土改政策

怀安县开展的第二次土地改革总体上认真贯彻了中共中央关于土地改革的总方针，即依靠贫农、雇农，团结中农，孤立富农，有步骤、有分别地消灭封建剥削制度，发展农业生产。但在实际操作中却遇到了不少阻力，其中很大程度上是因为群众对土改政策存在一定的怀疑，尤其是广大中农对政策不了解，而且第一次土地改革后，国民党反动派的反攻倒算给人们内心留下了很多阴影，加之村干部对土改政策的认识不足，使得很多由土地引发的遗留问题错综复杂，这些都严重制约了第二次土地改革的顺利进行。

据当年亲历过第二次土地改革的老干部李孝友回忆，一些干部群众的惧怕心理相当严重，有人私下议论："这年头，共产党到底能不能站稳脚跟，谁知道呢？也许哪一年国民党又来了，再来个反攻倒算，更可怕呀！"群众口中所说的"反攻倒算"指的就是 1946 年国民党反动派复占怀安后，一时间，地主还乡团、土匪恶势力的疯狂反攻倒算。他们不但从农民手中重新夺回了土地，而且猖狂地威逼分了他们浮财的老百姓退赔归还物品。

针对干部群众的顾虑，在第二次土地改革的过程中，党组织先从宣传党的政策入手，再根据各村的实际情况，充分尊重历史事实，严格落实土改政策的原则。由于政策宣传到位、执行坚决，且方式方法得当，柴沟堡区的 17 个行政村首先于 1949 年底完成了第二次土地改革。

**（二）实施土改**

1948 年 11 月，怀安县境全部解放。1949 年 1 月 30 日，中共怀安县委做出了《关于恢复土改工作的指示》，在第一次土地改革的基础上，再次对全县的 226 个村进行土地改革。因为是第一次土地改革的延续，故称第二次土地改革。

第二次土地改革分3类进行。在半老区，主要是王虎屯山上的12个村，土改运动于1948年底基本结束，不再进行。在不巩固的半老区，主要包括陡坡区的16个村，1948年实行了归地和调剂土地，其中11个村进行得比较彻底，不再进行。其余5个村的封建势力没有彻底消灭，根据《中国土地法大纲》重新进行。在新区，于1949年春对72个村进行了土改，1949年冬对126个村进行了土改，至1950年春全部结束。

**（三）颁发土地证**

1949年12月19日，察哈尔省人民政府发出《关于新土改工作的指示》（简称《指示》）。《指示》要求：在整个土改过程中，必须坚决保护中农利益，实行“中农不动，两头平”的政策，即没收地主和缴收富农的土地、财产，填补无地少地的农民，且仅限于土地、农具、耕畜、房屋及地面上的大量金银货币及粮食，并留一份耕地给地主和富农，也就是以重新分配地主、富农的土地和浮财为主。同时，先行为中农发放了土地证，对土地进行确权，促进群众安心生产。

据统计，在第二次土地改革中，共接受地主、富农的土地40 987.7亩，除按政策给地主、富农保留一份耕地外，其余全部分给贫雇农。土改后，地主人均占有土地2.4亩，富农人均占有土地3亩，中农人均占有土地3.9亩，贫农人均占有土地2.9亩，雇农人均占有土地2.5亩。

1950年3月，全县分到土地的农民陆续领到了土地所有证，贫苦农民还分得了地主、富农的浮财。据统计，全县农民共分得粮食2450石、山药48 670公斤、大牲畜29头、农具1186件、房屋3456

间。第二次土地改革彻底消灭了沿袭几千年的封建土地制度，从政治上、经济上摧垮了地主阶级的统治地位，农民真正成了土地的主人。

**（四）划分阶级成分**

第二次土地改革还有一个重要内容就是划分阶级成分。为此，怀安县先后抽调了大批干部深入各村，与当地村干部，包括村主任、财粮助理、公安员、农会主任、妇联主任组成贫农团，根据土地总量、实际土地占有量、租赁情况等综合因素，进行阶级成分划分。头百户乡胡家屯村当时率先搞土改试点，按照土地总数及占有量，以及雇佣长工的数量等因素进行综合评估，以测算的“剥削量”达到一半为基准，最后评定出了一户地主、一户富农。在整个土改过程中，工作人员多方询问佃农，了解地主的“危害”程度，最终的划分结果还是比较合理的。因此，胡家屯村的土改经验作为典型在全县进行推广。到1950年底，全县共划分地主401户、富农441户、中农6367户、贫农5334户、雇农414户。

第二次土地改革主要以土地占有量进行测算，因此在实际操作中也暴露出了“左”的倾向。比如，怀安城北大街姓乔的农户，他平时省吃俭用，积攒下的钱全部置办了土地，人称“乔土鳖”，他的儿子在北京读书。1949年第二次土地改革时，因为其拥有大量土地，被评定为地主，儿子也被遣送回乡，之后以养猪为生，孑然一身。1980年落实知识分子政策，县里统一招考，可由于多年不翻书，乔姓农户的儿子没有考中，非常遗憾。更有的村子因为历史上的家族、宗族恩怨，在土改时进行故意打击报复，人为地扩大矛盾，有不少人被错划了成分。那些被整治的地主、富农在内心深处埋下了“复仇”的种子，加之土改中的遗留问题，这些在今后历次政治运动中都成了互相攻击、肆意打击报复的“证据”。自此，怀安县成了历次政治运动的重灾区。

**（五）土改的意义**

通过两次土地改革，农民真正成了土地的主人，封建土地制度被彻底推翻。1949 年夏初，在最先完成土改的几个大村，分得了土地和浮财的农民自发组织起来，大家拿出一部分浮财，贫下中农共吃“翻身饭”，众人还燃放鞭炮欢庆土改胜利。截至 1950 年 3 月，第二次土地改革全部完成，翻身农民不但真正拥有了土地，而且以空前的热情投入农业生产当中。仅以柴沟堡一个区土改前后粮食产量对比为例，该区共有 753 户贫农、3184 人，土改前粮食总产量2 793.39石（1 石折合 60 公斤），人均 0.89 石；土改后粮食总产量65 853.73石，人均 2.06 石。该区共有 285 户雇农、978 人，土改前粮食总产量为零，土改后粮食总产量2 131.23石，人均 2.18 石。

## 第四节　坚持敌后斗争

### 一、实施战略转移

1946 年 6 月，国民党蒋介石撕毁停战协议，调集军队向解放区大举进攻，全面内战爆发。怀安县委、县政府遵照中共冀察区六地委的指示，率所属办事机构和人员主动撤出怀安城，转移到山区坚持斗争。县、区干部和地方武装转移后，天镇、阳原、怀安等绝大部分地区相继被国民党军队占领。原日伪特务、汉奸、土匪与国民党狼狈为奸，组建保警团、还乡团，疯狂向广大人民群众反攻倒算，追捕共产党员，杀害基层干部，全县城乡一片白色恐怖，当地党组织和村政权遭到严重破坏。

## 二、坚持敌后斗争

怀安的县、区干部转移到抗日根据地后，经过短暂的整顿，县委书记白化民、县长蒋涛分别带领部分干部返回怀安，他们采取集中与分散相结合的办法，发动怀安人民同敌人展开了艰苦卓绝的斗争，并在怀安的东山、南山、西山一带镇压了十几个坚持与人民为敌、杀害共产党基层干部和群众的首恶分子，稳住了阵脚。全县的革命活动重新活跃起来，党的基层组织和各级政权也逐步得到恢复和发展。

1946 年 12 月，在桑干河以北、平绥路中段、两省三县的结合部成立了天阳怀联合县。天阳怀联合县依靠广大人民群众和县、区武装，坚决镇压地主的反攻倒算，打击国民党军队和反动武装，秘密发展党的组织，保卫土地改革成果，巩固和重建了基层政权。

1947 年初，从四纵队十一旅三十一团三营抽调两个连为骨干，与原怀安、天镇两个县的县大队组成天阳怀联合县支队。天阳怀联合县支队在一年多的时间里，全体指战员英勇战斗，先后参加大小战斗 100 多次，共歼敌 1000 多人，缴获大量武器和物资。战斗中，有 300 多名指战员光荣牺牲。

1947 年 1 月，在怀安县东山区成立了宣涿怀联合县，之后又成立了中共宣涿怀联合县西山工委。宣涿怀联合县的地方武装在县大队、警卫队的基础上，又组建了东进、西进、北进 3 支武工队。宣涿怀联合县成立后，以灵活机动的游击战同国民党军队和地主还乡团、黑杀队、镰刀队等展开斗争，先后镇压了 12 个与人民为敌的反革命分子，党的组织和各级政权逐渐得到恢复和发展。

1947 年夏，在国民党军队的“围剿”下，地方武装遭受重大损失，党在各区的工作也受到严重干扰。中共冀察区六地委从部队抽调一批骨干，充实到宣涿怀联合县的地方武装之中。宣涿怀联合县的地方武装在同敌人的殊死战斗中，多次遭到敌人的包围和袭击，损失惨重。在西窑沟事件、高山事件、庙岩事件中，共有 100 余名干部、战士被俘，30 多名干部、战士牺牲。

## 三、怀安第二次解放

1948 年 1 月，中共冀察区六地委根据上级指示，撤销了天阳怀联合县和宣涿怀联合县，中共怀安县委、怀安县人民政府恢复建制。

1948 年 11 月 29 日，华北野战军第三兵团二纵队在解放张家口的途中，在怀安县地方武装和人民群众的配合下，于当日攻克了柴沟堡，怀安县的国民党军政人员纷纷逃往洗马林，怀安全境解放。怀安县重获解放后，中共怀安县委进一步清除了国民党特务和小股土匪的残余势力，之后迅速带领广大人民群众恢复生产，重建家园。全县党员、干部和广大人民群众以崭新的姿态、忘我的工作精神，积极恢复生产，医治战争创伤，为迎接全国解放战争的胜利及新中国的诞生做准备。

### 四、踊跃支前

解放战争期间，怀安县的干部群众在用生命和鲜血与国民党反动派开展斗争的同时，还组织起担架队，在后方保护革命干部，转运物资，救护伤员，另有大量的劳动力投入支前队伍之中。县、区干部亲自带队出征，广大妇女积极在后方做军鞋、做军服，全力支援前线。1948 年 11 月，中共怀安县委为支援察绥战役，组织民兵 1200 余人支前作战。另外还组织了 400 多人的担架队，组织千余头牲口及数百辆大车，为部队运送粮食 50 余万斤、弹药 300 多箱，运送其他辎重 100 多万斤，护送伤病员千余人。仅 1948 年 7 月至 1949 年 5 月，怀安县政府便组织 3609 户群众为解放军加工粮食 95 万斤、铡草 3 万余斤、纳鞋底 37 146 双、做军鞋 25 450 双、补军衣 14 600 件、提供军粮 5264 石，有力地支援了解放战争。

## 第五节　重要战斗

### 一、夜袭怀安城

当抗日战争进入决战时期，中国共产党于 1945 年 4 月在延安召开了第七次代表大会。毛泽东同志向广大解放区军民发出了“向一切被敌占领而又可能攻克的地方发动广泛的进攻，借以扩大解放区，缩小沦陷区”的伟大号召。1945 年 5 月，为响应党中央关于扩大解放区的号召，晋察冀军区在察南地区向敌人发动了强大的夏季攻势。

1945 年 5 月 9 日，察南十三分区向二十团正式下达了攻打怀安城的战斗命令。

怀安境内有冀察军区十三分区司令员钟辉昆、地委副书记王知行率领的分区独立团及蔚涿宣联合县支队、游击支队共 3000 人，地方上有怀安县、区两级干部和人民群众的配合支援。

部队接到命令后，用两天的时间研究了上级的作战命令，之后迅速确定了行军路线，并做了战前动员。部队指战员接到攻打怀安城的动员后，个个群情激奋，摩拳擦掌，恨不得马上投入战斗。

在团党委会议上，相关领导对敌我双方的态势进行了仔细的分析，确立了扬长避短的作战原则，集中了大家的意见。团党委最后决定：利用敌人的大意和错觉，运用我军近战、夜战和运动战的传统战法，采取夜间奔袭的作战手段，一举攻克怀安城。

5 月 11 日晚，部队从宣化县傅家堡村出发。翻越高山峻岭、深川沟壑，通过连夜的急行军，终于在拂晓时到达了怀安县大要子水村。大要子水村是个较大的村庄，位于怀安城东南约 20 公里。部队进村后，严密封锁消息，控制群众外出，以达到隐蔽行动之目的。

怀安城位于张家口西南 40 多公里处，京包铁路线以南，东邻宣化，西邻天镇，南邻阳原，北邻万全，是一座方圆 4 公里的砖城。城周长 5.7 公里，城墙高 12 米，顶部宽约 6 米，筑有东、南、西、北四门，均有城门楼和瓮城。地势南高北低，玉皇阁为城内制高点。城外筑有环城路，并有 3 条公路分别通往柴沟堡、化稍营和天镇。怀安城是张家口的重要支撑点之一，又是周围地区的中心据点，战略地位十分重要，所以敌人非常重视怀安城这一要地，兵力配置较强。

守敌有日军 1 个小队约 20 人，伪军 1 个大队约 600 人，伪军大队下属 3 个中队和 1 个警察中队。伪军以 1 个中队守东门，警察中队守南门，1 个中队守西门，1 个中队守北门。日军驻于地藏寺，指挥部设于孔庙。

怀安城附近设有 10 多个外围据点，其中有位于怀安城西 15 公里的枳儿岭村据点，有位于怀安城北 12 公里的东沙城村据点，还有位于怀安城南 3 公里的俞家屯村据点等。

5 月 12 日，团部派出侦察员对怀安城之敌实施进一步的实地侦察。当侦察员来到怀安城东门外左家房时，一个看坟的老乡给予了极大的帮助。老乡带领侦察员从东门转到南门进行了实地侦察，进一步了解了怀安城的地形，掌握了敌情。

团党委根据敌强我弱、兵力悬殊的实际情况，决定采取敌后攻城的作战方案，并对夜袭怀安城做了如下部署：

第一步兵连在怀安城东南角秘密登城，得手后沿城墙向东门发起进攻，夺取东门后沿东大街向城中心十字街展开攻击。

第二步兵连继第一步兵连登城之后，沿城墙向西攻打，夺取南、西两门后，沿西大街向城中心进攻。

第三步兵连从第一、第二步兵连登城处进入城内，沿城脚向西攻击，配合第二步兵连夺取南门后，沿南大街向城中心进攻，穿插分割敌人，配合东、西两门战斗。夺取东、西、南三门后，三路步兵连合攻玉皇阁、孔庙之敌，进而扫清北门及全城残敌。

第四步兵连的第一、第二排部署在怀安至柴沟堡公路两侧距怀安城 900 米处的土岭上，负责阻击可能从柴沟堡来的增援之敌和城内突围之敌。第四步兵连第三排部署在东门与城东南角之间距怀安城 300 米处，随时准备投入战斗。

团指挥部设在怀安城东南 500 米处的小树林内。在组织和准备战斗的过程中，团部还详细地规定了协同动作的接点和各种通信联络信号。侦察连提前派出小分队赶至柴沟堡以南，按预定时间炸毁了洋河桥，以阻敌增援。

5 月 12 日晚上 7 时，夜幕降临后，全体指战员从大要子水村迅速出发。经过近 5 个小时的急行军，深夜 0 时许，部队进入怀安城东南的一片小树林里。此时，团指挥部命令各连迅速进入阵地，并派出人员割断敌人的电话线，做好进攻前的一切准备。

5 月 13 日凌晨 1 时 30 分，攻城战斗开始。侦察连小分队在副参谋长蔡洪恩的率领下，迅速隐蔽前进，进入城垣，于城东南角文昌阁西侧七八米处，搭上云梯，敏捷地登上了城墙，趁敌人熟睡之际，砸死 3 个敌哨兵，成功登城。随后，第一步兵连在连长李同垂、指导员肖友良的带领下，迅速登上城墙，并快速占领了文昌阁，第一步兵连一枪未发就俘敌一个班。第一步兵连分城上、城下两路，急速冲向东门。第二步兵连在连长曾子仁、指导员宿秀起的带领下，也很快登上了城墙，并沿城墙迅猛向南门发起进攻。

5 月 13 日凌晨 3 时，第二、第三步兵连城上、城下分进合攻，协同作战，顺利攻占了怀安城的南门，并全歼守敌。随即第二步兵连从南门继续向西门进攻，第三步兵连沿南大街向城内十字街穿插。第一步兵连在歼灭了巡逻队之后，再次发起冲击，经过激战，一举夺取了东门，歼敌大部，残敌退至东门北侧负隅顽抗。第一步兵连除留下一个班依托东门的有利地形警戒北侧之敌外，其余部队全部沿东大街向城中心进攻。与此同时，团指挥部进城进行实地指挥。

5月13日凌晨4时，第二步兵连向西门守敌发起猛烈攻击。北门之敌近一个中队的兵力前来增援，对八路军实施反冲击。第二步兵连的战士毫无惧色，沉着应战，他们依托有利地形，居高临下，组织火力与敌人展开了激烈的战斗。与此同时，第一、第三步兵连迅速从东、南两路向城中心进攻，有力地配合了第二步兵连的战斗。

激战至5月13日早晨6时，第二步兵连占领了怀安城西门，敌人大部被歼，残敌仓皇向北门龟缩。第二步兵连立即下城，沿西大街向城中心进击。第一步兵连迅速进攻至孔庙附近，但冲击受阻，未能直接夺取。连长李同垂不断组织火力压制孔庙之敌，之后再次发起冲锋，迅速端掉了敌人指挥部，敌人顿时乱作一团，这为全歼怀安城守敌创造了极为有利的条件。

5月13日早晨7时，第一、第二、第三步兵连分别从东、西、南三路合攻玉皇阁的守敌。敌人遭到打击后，随即固守信心动摇，遂向北门溃退，第二、第三步兵连立即跟踪追击。当接近北门时，突然遭到敌人的暗室火力阻击，第二、第三步兵连赶忙利用有利地形，全力组织进攻。此时的第一步兵连在歼灭东门北侧之敌后，已经向北门展开进攻。

5月13日早晨七八点钟后，除偶有零星枪声外，战斗已基本结束。9时左右，战士们押着俘虏从街头巷尾向西门外的防洪坝附近集中，俘虏们各个狼狈不堪。

激战至5月13日上午10时，龟缩于北门之敌仍负隅顽抗，但在第一、第二、第三步兵连的联合打击下，敌人伤亡惨重，军心大乱，狼狈出城北逃。第四步兵连连长李振玉、指导员毕洪恩果断指挥部队阻截追击，又歼敌一部。至此，战斗胜利结束。

此次战斗共歼敌450余人，缴获各种枪支300余支、弹药若干，缴获军用物资甚多。怀安城宣告解放，城里的居民涌上街头，欢欣鼓舞，庆贺胜利。群众自发地帮助清理战场，打扫街道，并热烈欢迎抗日民主政府进城工作。

战斗刚结束，指挥部就部署了3项任务：第一，打扫战场，维持社会秩序；第二，向群众宣传党的抗日政策和主张；第三，打开敌人粮仓，就地赈济于民。广大群众领到粮食后，纷纷喜出望外、热泪盈眶，对共产党和八路军充满了感激之情。有的老乡拉住战士的手，鼻涕一把泪一把地控诉敌人的滔天罪行，诉说自己的苦难家史；有的老乡给部队送水、送汤、送干粮，以表达他们对救命之恩的感谢。同时还出现了好多父母送子、妻送郎、兄弟相争上战场的参军入伍场面。

怀安城解放后，部队虽然在城内仅有短时间的停留，但意义和影响甚大。到后来敌人再次占领怀安城时，城外各村基本上与县、区干部都建立起了一定的联系，军民关系的增进和群众觉悟的提高，为部队的开辟新区工作打下了坚实基础。夜间，区干部可以深入城外各村开展工作，周边村庄的开辟工作也已基本展开。

怀安城战斗的胜利受到了军区的通令嘉奖，新华社还为此刊发了重要消息。攻克怀安城后，任命史甲三为县委书记、蒋涛为县长、齐进为组织部部长、任子翔为宣传部部长。

为防止意外，县政府的工作人员一连数日都是白天进城工作，晚上出城休息。攻克怀安城后的第八天上午，日伪军 1000 余人由柴沟堡方向扑来。由于当时主力部队已转往山区，县委机关为避敌锋芒，便未再进城，而是直接撤往东山区。

## 二、俞家屯激战

1945 年 5 月，在攻克怀安城后，八路军二十团立即安排部署了下一步的作战行动，提出要巩固胜利成果，一鼓作气，连续作战，清扫外围，扩大战果。

5 月 14 日，八路军二十团兵分几路，乘胜追击，以秋风扫落叶之势，横扫怀安城周围之敌。当时，城外各敌人据点得知怀安城被八路军攻克的消息后，惶惶不可终日，敌人龟缩在据点内苟延残喘。八路军二十团的指战员士气高昂，乘胜作战，接连攻克了头百户、大庄科、王虎屯、张家屯等 10 多个据点，基本扫清了怀安城周围各据点的敌人，为虎作伥的伪军汉奸没有逃脱覆灭的下场。

怀安城被攻克，加之周围据点被清除，使得整个怀安县前川地区被八路军占领，这引起了敌人的极大恐慌。怀安城的攻克和连续作战的胜利，对敌人是一个有力的打击，但敌人并不甘心失败，决心进行报复。

5 月 17 日，敌人纠集 400 多名伪军，直奔怀安城东门外的俞家屯一带，妄图围歼八路军二十团。面对来势汹汹的敌人，八路军二十团的指战员沉着冷静，按照既定的作战方案，避其锋芒，转移部队，与其周旋，在运动战中寻机歼敌。因是白天突然遇敌，且敌人来势甚猛，而八路军是仓促转移，针对这种情况，部队决定依托村庄和有利地形，趁敌人进攻时打阻击。团长黎光、政委李布德认真分析了敌情，认为敌人是孤军深入，而八路军二十团有 600 人，再加上地方武装和广大人民群众做后盾，消灭这 400 多伪军是有把握的。团长黎光号召全体指战员发扬连续作战、不怕疲劳、不怕牺牲的精神，英勇战斗，坚决彻底消灭来犯之敌。全体指战员群情激奋，信心倍增，决心再打一场漂亮的歼灭战。团长黎光下达了作战命令，要求各连依托村庄，抢占有利地形，做好战斗准备。敌人向八路军二十团的阵地发起了进攻，二十团战士满怀必胜的信心，英勇反击，敌人的第一次冲锋很快被打了下去。没过多久，敌人又组织发起了第二次冲锋，炮弹一颗接一颗地在阵地上爆炸，二十团伤亡很大。团长和政委深入前线指挥，鼓舞士气，战士们抱着“人在阵地在”的决心，奋力拼杀，敌人再次被打得溃退下去。英勇的二十团指战员接连打退了敌人的 5 次冲锋，虽然付出了极大的伤亡，但保住了阵地。战斗进行得很激烈，敌人屡攻不下，眼看天色已晚，敌人怕吃八路军善打夜战的亏，无心恋战，扔下大量尸体后便狼狈逃窜了，八路军二十团又打了一个大胜仗。

俞家屯一战进一步提高了八路军的军威，增强了打败敌人的信心，在群众中扩大了影响。这一仗不仅打退了敌人的报复性行动，震慑了敌人，还为开辟和巩固察南地区创造了良好条件。

俞家屯激战后，部队经大庄科、姜前屯、井儿沟、揣骨疃，最终到阳原南山进行了战后总结。党员干部除了和战士共享战斗胜利的喜悦之外，还时刻保持着清醒的头脑，教育战士要保持旺盛的斗志，准备迎接新的、更大的战斗，直至夺取抗战的最后胜利。

## 三、奔袭右所堡伪大乡和王虎屯伪大乡据点

1947年3月，晋察冀北岳六分区独立一团一营，在分区司令员纪亭榭、政委杨世杰的率领下，从涿鹿的河北村来到天镇的马家沟。中共天阳怀联合县委决定，以六分区独立一团一营为主，由天阳怀联合县支队、县大队、二区区小队配合，在怀安县境内打一仗，以震慑敌人，鼓舞群众，扩大八路军的影响。战斗目标选定在离国民党县政府所在地怀安城较近的两个据点——右所堡伪大乡和王虎屯伪大乡。

右所堡伪大乡据点驻有伪保警队的一个分队和部分伪乡兵，敌人认为右所堡的东面离怀安城很近，西面又有在枳儿岭的驻军，八路军不敢前来进犯，因此敌人的思想比较麻痹。按照既定的作战方案，右所堡伪大乡据点由分区主力部队和熟悉地形的二区区小队担任主攻，天阳怀联合县支队负责阻击西面枳儿岭方向的援敌，县大队负责阻击东面怀安城方向的援敌。

凌晨3时前，八路军从马家沟出发到达指定位置。凌晨4时发起攻击，右所堡伪大乡据点的敌人虽被打得晕头转向，可还是顽抗挣扎，期待着援军的到来。此时，怀安城内的国民党驻军虽已听到了枪声，但由于情况不明，不敢贸然出动。而枳儿岭的敌人因不明虚实，深更半夜也不敢出动。右所堡之敌见援军无望，有的换上便衣潜逃，有的躲回家里装好人，还有的想突围逃跑，可都没有逃出八路军的包围圈，大部被击毙。八路军进村后，共搜索俘获副伪乡长以下伪军政人员18人、伪军属5人，除少数下落不明外，其余均被击毙。战斗进行得干净利落，这一仗拔掉了怀安城外围的一颗“大钉子”，为解

放怀安城清除了障碍。

因王虎屯伪大乡据点堡墙坚厚，且挖有护城沟堑，八路军无攻城武器，便于拂晓前撤退。天亮后，怀安城和天镇的守敌分别从水沟口和枳儿岭方向对八路军迂回包围，妄图在塔岩寺附近消灭八路军。可八路军行动神速，在敌人夹击之前便已撤至了塔岩寺，敌人见追赶不及，只得撤回。八路军无一伤亡，之后顺利返回了南山抗日根据地。

### 四、景家山、良民沟战斗

1948年秋后，解放战争进入决胜阶段，察南独立旅的4个团挺进原怀安六区的边境，因张恒对这一带的地形十分熟悉，所以随军前来参战。察南独立旅这次的主要任务是攻打柴沟堡，为解放张家口扫清外围。当时柴沟堡的驻敌部队有两个团，北沙城还驻守着一个团作为警戒。当解放军靠近柴沟堡时，突然接到察南军分区的通知，说敌人的军事部署有变化，于是放弃攻打柴沟堡，转而端掉了新平伪大乡，击毙了伪保警队队长张仲山。之后部队集结于西洋河、双落沟一带，准备在消灭了渡口堡伪大乡和沙家屯伪大乡的武装后，再伺机攻打柴沟堡。据侦察员报告，渡口堡伪大乡的30余名伪乡兵不是在景家山，就是在盘道门。于是十五团分为两部分，一部分由政委白化民带领，去两界台隐蔽，伺机攻打景家山；一部分由团长宋中和带领，由张恒带路，奔向盘道门。宋中和带领部队到达盘道门后，发现伪乡兵并不在那里，于是急忙赶往景家山。当十五团的两部分队伍将村庄包围后，敌人才后知后觉，伪乡兵知道逃跑已无可能，只好束手就擒，伪大乡乡长王好锡只身退守景宏家的厕所内顽抗，最终被击毙。

第二天夜里，十二团副团长带领一营、二营攻打沙家屯伪大乡，一营主攻，二营警戒。此时柴沟堡的敌军搜集到了十二团的作战情报，于是兵分两路进行包抄，一路沿柴兴公路，一路沿小洋河北岸向西。敌人的南路部队率先与十二团遭遇，十二团主动出击，冲散敌军后，迅速渡河向良民沟撤退。不料又同小洋河北岸的敌军遭遇，双方激战，敌军因不知虚实，仓皇撤退，沙家屯的伪乡兵不战而逃。至此，柴沟堡以西再无敌人武装，这为解放柴沟堡拉开了序幕。

## 五、解放柴沟堡

柴沟堡地处南洋河、西洋河汇流的三角地带，居于怀安县后川的中心位置，古城池有 10 多米高，东、西、南三面开门，京包铁路从西门外通过，公路四通八达，是全县政治、经济、文化、交通的中心。1941 年，日本侵略者为了“治安强化”，把万全县和怀安县合并为万安县，伪县政府就设在柴沟堡，这里集聚着大批伪军警武装，他们经常去各乡村奸淫掳掠，无恶不作。在抗日根据地逐步扩大的形势下，先后有武工队和数批地方干部深入怀安县的东山、南山和西山，发动群众抗日，全县的抗日工作逐步走向深入。1945 年 7 月，怀安县抗日民主政府的工作已发展到了柴沟堡的东门外和南门外。

1945 年 8 月，八路军开始围攻张家口，柴沟堡守敌伪军警大队队长武玉峰、伪万安县县长陈光汗、伪警察署署长张殿卿调集了 1300 余人负隅顽抗。这些人多为惯匪，枪法好，有一定的战斗力，加之又投靠了新主子，所以各个表现积极。武玉峰因此有恃无恐，他不仅登城炫耀武力，还命令曾在旧军队当过炮手的贺守忠由西门外的水塔向八路军开炮。武玉峰、陈光汗及商务会会长张秉和等人自恃兵多将广，且有日军交出的大量轻重武器和弹药为资本，秘密商定要投靠傅作义。他们奉蒋介石“日伪军不得向解放区投诚缴械，并负责就地维持治安”的密令，调集全县的伪警察和土匪联合固守柴沟堡，等待国民党军队的到来。

敌人为了逃避八路军的袭击并蒙蔽群众，采取了缓兵之计，假装同意投降。武玉峰派人以探亲为名，来到周家河伪甲长的家中，让伪甲长将八路军的工作人员郭占福、王明金二人领到东门外一个菜园的葡萄架下休息，自己则进城向敌人报告情况。之后武玉峰从城里派出一辆小汽车把郭占福、王明金二人接到其住处，设宴招待，并议定晚上 10 时开门迎接八路军入城。武玉峰为表真心，给两人各送了一块怀表，还给了王明金一支橹子枪，又用小汽车将他们送出了城。县、区武装准时来到城外等待敌人投降，可连续数日，始终未见城内有所行动，八路军只得边等边开展政治攻势。

出乎敌人意料的是，冀察军区部队已于 8 月 23 日解放了张家口，而此时傅作义的军队尚在数百里之外。冀察军区部队的任务是肃清平绥铁路沿线的日伪军，解放察南、察北各县，控制察哈尔省，巩固张家口周围地区。

柴沟堡被县、区武装围困多日，粮食耗尽，物价上涨，城内居民怨声载道。武玉峰、陈光汗等人看到八路军兵临城下，固守待援已成泡影，固守必亡，只好派人与八路军建立联系，想要谈好条件再投降。

敌人派来的人叫姚义发，人称“姚侉子”，是伪警察小队队长石占举的妹夫，曾在头百户村务农经商时认识了时任一堵墙区区长的冯峰，于是姚义发向冯峰（已调任柴沟堡区区长）转达了柴沟堡敌人的投降之意，冯峰立即向中共怀安县委进行了汇报。中共怀安县委感到事关重大，又立即向中共冀察区六区地委和察南十三分区司令部进行了汇报。中共冀察区六区地委书记杨世杰、副书记王知行和察南十三分区司令员熊奎、政委黄连秋在仔细研究后做出指示，向守敌宣传八路军优待俘虏的政策，并命令其出城谈判。冯峰受命到城门前传达命令，可敌人胆怯不敢出城，反邀八路军代表进城谈判。

为避免城内百姓再受战乱之苦，八路军派李布德、冯峰为代表入城谈判。敌人的谈判代表为武玉峰、陈光汗和张秉和，谈判共进行了3轮。

第一轮谈判，李布德、冯峰由侦察班护卫，在姚义发的陪同下，由西门入城，径直前往谈判地点商务会。首先，八路军代表向敌人代表讲明了抗日战争已胜利结束的大好形势，并指出敌人只有放下武器立功赎罪，才是唯一出路。敌人则提出缴械后要保证官兵、眷属的生命财产安全等条件。因双方均需内部进一步商议，约定暂时休会。

第二轮谈判在北沙城进行。敌人派警、政、商代表各1人，由冯峰引导，来到插有红旗标志的谈判会场。八路军代表在答应保证敌人放下武器后生命财产安全的条件后，提出3个要求：一是在八路军入城前，敌人必须保证城内百姓生命财产的安全，出现任何对八路军不利的事件，由敌人承担责任；二是敌人的官兵要全部集中在指定地点听候查检，不得隐匿、乱动；三是武器、弹药及物资仓库要立即封存，等候接收。敌人并没有马上同意八路军提出的入城前后的具体方案，双方只得约定回去研究后再议。

第三轮谈判仍在城内的商务会进行，在双方对投降细节认真研究后，敌人表示接受八路军提出的要求，双方达成了协议。

8 月 31 日夜，敌人开城受降。八路军整装入城，并迅速占领各交通道口、物资仓库、守敌集中点和指挥机关，柴沟堡正式解放。

9 月 1 日上午，八路军的党政军首长分别到各受降点受降。根据党的政策，对投降的敌伪人员分别做了适当处理。首先决定枪决伪军警大队队长武玉峰、伪万安县县长陈光汗和伪警察署署长张殿卿。之后对几个罪大恶极的土匪头子也进行了处决。其余大部分待审查人员采取先集训，后根据实际情况给予处理的方法，一般罪恶不大的都被遣散回家。优待投降官兵的具体办法是：放下武器后既往不咎，凡愿意参加八路军的，全部表示欢迎，革命不分先后，保证一视同仁；凡愿意回家的，发给路费，伪警长以下每人给 300 元，伪警尉官以上每人给 500 元，路远不足的可酌情增发。中午，八路军用丰盛的伙食款待了投降的官兵，而八路军的党政军首长和战士无一例外吃的全是小米饭。投降的官兵深受感动，纷纷报名参加八路军。

9 月 2 日，二十团指战员完成了解放柴沟堡的任务，待地方秩序基本稳定后，部队立即西进，投入了解放天镇的战斗。

9 月上旬，傅作义部开始向平绥铁路两侧进攻。9 月 6 日，傅作义部占领了兴和县城，并继续向张家口进犯。9 月 10 日，傅作义指挥下属马占山部的一个骑兵团与八路军抢夺柴沟堡。冀察部队忍无可忍，被迫自卫，勇猛反击，追赶敌人至渡口堡，歼灭顽敌一个团，给敌人以沉重打击，不仅保卫了柴沟堡，也保卫了张家口。

# 第六节　重大事件

## 一、王家窑惨案

1937年8月28日，日军侵占了柴沟堡。8月30日，日军驻屯军第十一混成旅团从柴沟堡举兵南下，准备攻占怀安城。当时驻守在怀安城的国民党中央军在广大群众的要求下，在怀安城至黄家湾村的公路上挖沟设障，以堵截日军。日军被堵，只得原地待命，之后便驻扎在后所堡、任家窑、东沙城等村，敌人一路烧杀抢掠，无恶不作。

9月1日中午，驻扎在任家窑村的两个日本兵窜入王家窑村进行劫掠。当闯入王和家时，看到了王和家的两个姑娘，随即便要进行奸污。王和刚好从地里回家，见状后怒从心起，提起两把镰刀就向日本兵猛扑过去。街坊邻居闻声赶来，在众人的叫喊声中，两个日本兵见势不妙，仓皇逃回了驻地任家窑村。村民预料到日本兵不会善罢甘休，于是赶紧互相转告，迅速向村外逃离躲避。

果然不出所料，下午2时，10多名全副武装的日本兵再次来到王家窑村闹事。日军见村里无人，便向村外搜索。在一片庄稼地里抓到了王家窑村的两个村民王守仁和王相，因他俩拒不说出村里人的下落，王守仁被日军开枪打死，王相被日军打伤。日军继续搜寻，下午3时，敌人在王家窑村东北面的“八十亩地”沟里发现了躲藏着的34名妇女、儿童。日军兽性大发，把妇女强行拉到高粱地里进行了奸污。

日军对妇女强行蹂躏后，先是把所有人关在了王昌家的院子里，之后打算将妇女带到任家窑村的驻地供日本军官玩弄。妇女们坚决不从，日军先是鸣枪恐吓，接着用刺刀挑死了刘三恩的妻子，企图逼迫妇女就范。但是妇女们互相鼓励，顽强抵抗，坚决不从。日军见无计可施，就对妇女、儿童们下了毒手。日军将院子里的两个菜窖打开，将妇女、儿童一个个赶下去。日军又找来干草，点燃后扔进菜窖，之后盖上窖盖，并用磨盘石压上。大约半小时后，日军估计人都死了，才得意地离去。

日军走后，王家窑村的村民赶忙回来抢救，但是仅救活了 5 名妇女，其余 11 名妇女和 18 名儿童全部遇害。这个仅仅有 32 户人家的小村，共有 30 人遇害，另有 2 人逼得悬梁自尽。全村无家不挂孝，到处有哭声。

## 二、“建益办”惨案

1937 年 9 月 10 日，日军侵占了怀安城。当时怀安城是怀安县的县城，十分繁华，城中的“建益办”商店商品齐全，且物美价廉。

入城之前，日军的飞机进行了俯冲轰炸，在城中花园附近扔下了 3 颗炸弹，炸毁了水塔。随后，日军冲进城里开始到处抢夺。一群日本兵冲进了“建益办”商店，3 名来不及躲避的店员当场被日本兵用刺刀挑死。另有一名店员被吓得不知所措，慌忙躲进了店后的灶台藏了起来，但很快就被日本兵发现。这位店员急中生智，顺手掏出了身上仅有的 5 块银圆塞到了日本兵的手中，日本兵接过银圆，向身后的几个人一挥手，之后把店员推倒在灶台旁，便关门走了，这位店员因此幸免于难。

而在“建益办”商店地下室里藏着的 5 个人就没有那么幸运了，他们全部被日军杀害，日军还抢走了店内的 1000 块银圆和大量商品。

## 三、高山事件

1946 年 11 月 27 日，怀安县一区、五区和县政府的部分干部共 13 人正在高山村休整。几天来，他们和高山村的干部群众结下了深厚的情谊。

当天下午，国民党驻怀安城部队的一个骑兵连突然向高山村进发。此时武工队派出的侦察人员虽是拼命跑回高山村报信，但始终落后于敌人的骑兵队伍。下午 4 时，一伙国民党士兵开始向高山村村北的一个山坡的山顶攀登，他们企图占领制高点，包围高山村，然后消灭高山村里的县、区干部。正在高山村休整的县、区干部虽然有派人担任警戒，但全都部署在村边，对山坡背面的情况一无所知。

敌人很快爬上了村北的山坡，见村里没有动静，敌军连长马上命令将机枪、步枪一齐对准高山村。高山村并不大，只有十几户人家，离村北的山坡最多不过二三百米远，敌人居高临下，将村里的情况看得一清二楚，敌军连长随即命令向村里开火。

突如其来的枪声打破了山村的宁静。县、区干部凭借以往的战斗经验，判断极有可能是敌人的包围偷袭，情况万分危急。这时，怀安县农会主任王锡禄和五区区委书记黄忠等人意识到如果现在和敌人硬拼硬打肯定是不行的，只有先带领同志们冲出包围圈，避敌锋芒，保存革命力量，才是最好的办法。于是立即命令全体干部向村南突围。

盘踞在山坡上的敌人一见县、区干部向村南突围，于是机枪、步枪如雨点一般向突围干部射来，正在指挥突围的王锡禄、黄忠二人当场中弹，倒在了血泊之中。其他 11 名干部冒着枪林弹雨继续向村南突围。当敌人看到县、区干部只有十几个人，且没有精良的武器装备时，便疯狂地冲下山来，想要活捉县、区干部。

由于敌人的疯狂扫射，突围队伍左拐右闪，一会儿跳跃前进，一会儿匍匐爬行，敌人离突围干部越来越近。五区区长王贺林在突围队伍的最后边，这时有几个敌人已经到了他的背后，有一个敌人伸手抓住了王贺林的棉袄，王贺林穿的棉袄正好没扣扣子，他两臂一伸，用力一甩，机智地脱下棉袄，摆脱了敌人，并奋力向前跑去。当他正要向安全地带转移时，突然右膝连中 4 弹，栽倒在了一条水沟旁。五区干部马克被敌人的子弹击中脚后，机智地躺在地上装死，这才逃过一劫。在敌人的疯狂追捕下，怀安县税务局干部庞如濂、五区青联会主任王庆元等 7 名干部终因敌众我寡，落入敌手。五区武委会主任张继锁在突围中失散，一区区长李英失踪。

县、区干部被围堵的消息很快传遍了高山村的家家户户，乡亲们眼含热泪，悲痛万分，有的甚至失声痛哭。天黑后，敌人带着 7 名县、区干部离去。高山村的百姓自发地组织起来，分成几个小组，悄悄地奔赴村南寻找幸存者。

11 月下旬已是初冬，天气寒冷。此时躺在水沟旁的王贺林因伤口疼痛难忍，浑身直打哆嗦，无法动弹，所幸被高山村的治保主任王振贵发现，他赶忙背起王贺林回到了高山村。之后众人又将王贺林送到了梁家湾的梁进英家里。与此同时，高山村的村民还找到了身负重伤的马克，也把他送到了梁进英家里。梁进英的妻子贾玉梅急忙给马克处理伤口，其他人有的为伤员做饭，有的主动到屋外担任警戒。

奔波了半夜的高山村百姓虽是累得筋疲力尽，但是营救了幸存的两名县、区干部，他们很是欣慰。

## 四、庙儿岩惨案

在发生于1947年3月19日的庙儿岩惨案中，有6名优秀共产党员被国民党匪徒杀害。

1946年10月下旬，怀安县地方党组织按照党中央的战略部署，实行战略转移，国民党军队趁机向解放区大举进攻，平绥铁路沿线的城镇逐步被国民党军队占领，共产党转入山区，与敌人开展游击战。

1947年1月，宣涿怀联合县成立，新辖怀安县东山的陡坡、左卫、太平庄3个区，贾玉书、李俊武、李万春等8人为太平庄区武工队队员。他们依托青峰山，在群众的掩护下，昼伏夜出，袭扰敌人，破坏交通，切割电线，镇压反动地富，并把筹集到的大批物资源源不断地送往后方。太平庄区武工队成为活跃在青峰山、香水寺一带的一股重要革命力量。

1947年3月18日晚，武工队出资雇佣庙儿岩村的周光森前往南山送军饷，周光森起初不愿意去，后经武工队的批评教育，他表面上虽是接受了任务，但内心却打起了坏主意。当天深夜，武工队到村东的窑洞休息，周光森便偷偷来到太平庄伪大乡告密。太平庄伪大乡分队长赵凤鸣收到周光森的告密后，立即纠集土匪奔向庙儿岩村，随即包围了武工队的休息地。

3 月 19 日拂晓，窑洞内的 6 名武工队队员组织火力与敌人展开激战。贾玉书胸部中弹，壮烈牺牲。李俊武腿部负伤，被敌人活捉后惨遭杀害。窑洞内的其他 4 名同志也未能脱险，全部壮烈牺牲。

庙儿岩惨案牺牲的烈士中，有怀安籍 4 人，分别是贾玉书、李俊武、李万春和王世连。

## 第七节 重要人物

### 一、革命烈士

#### （一）武士敏

武士敏（1892—1941），字勉之，怀安县柴沟堡镇人，原国民革命军第九十八军军长，抗日名将。2014 年，名列全国第一批著名抗日英烈和英雄群体名录。1908 年，武士敏考入宣化官立中学堂，后到天津入北洋法政专门学校攻读。1915 年，袁世凯复辟帝制，武士敏竭力营救山西五台人郭宗道，后随郭宗道参加了声势浩大的护国讨袁运动。1918 年，武士敏随续桐溪赴陕西参加靖国军，结识了于右任、胡景翼、杨虎城等人。

卢沟桥事变后，武士敏率部出陕西，过黄河，开赴山西、河北，先后在徐水（今保定徐水区）、满城（今保定满城区）、井陉、平山、石家庄、娘子关前线与敌人展开激战，阻击日军南进西犯。武士敏协同八路军一二九师，先后在正太铁路沿线的七亘村、黄崖底、广阳坡等地打了一系列伏击战，重创日军，在粉碎敌人“九路围攻”“八次包剿”的战斗中屡建战功。

1941 年 5 月，日军集结临汾、长治、晋城的 6 万多兵力，分 14 路合击中条山。驻防中条山的国民党部队 20 多万人溃败，唯武士敏率部转入敌后，和八路军一道与日军周旋于中条山。同年 9 月 29 日，武士敏率部突围时，不幸头部中弹，为国捐躯。晋冀鲁豫边区政府为他召开了追悼大会，并在武士敏牺牲的沁水县东西峪、端氏一带建立了士敏县，以表纪念。《新华日报》华北版于民国二十八年（1939 年）、民国三十年（1941 年）分别刊发新闻报道和社论进行悼念。1942 年，左权将军为武士敏题了挽联：“尽忠于民族国家，努力团结进步，磊落奇才一世如君有几？坚持在敌后抗战，英勇杀身成仁，感怀将军数年知己情深。”1984 年 9 月 20 日，山西省人民政府在太行太岳烈士陵园建武士敏将军墓。2014 年，怀安县修建了武士敏纪念馆。2015 年，怀安县为武士敏将军塑立铜雕像。

### （二）刘文明

刘文明（1920—1947），保定市满城县双鱼村人，1939 年参加革命工作。

1947 年 6 月，共产党军队实行战略转移后，县、区干部仍在宣涿怀联合县西部的太平庄、陡坡、左卫 3 个区坚持斗争，对敌人造成了极大震慑。驻守在太平庄一带的国民党军队和伪乡兵、地主武装疯狂进行反攻倒算，气焰十分嚣张。同时，这一带的基层党组织也遭到了敌人的严重破坏。

中共宣涿怀联合县委根据斗争需要，决定增派干部深入敌后，打击反动势力的嚣张气焰。这是一项十分艰巨的任务，必须派一些富有战斗经验，且不怕流血牺牲的同志担任。经过反复考虑，中共宣涿怀联合县委决定调宣涿怀联合县二区区长刘文明到太平庄区任区长。刘文明接到任务后立刻出发，经过与敌人的巧妙周旋，机智地绕过了敌人的据点，很快便来到了太平庄区，之后迅速同敌人展开了斗争。

刘文明按照“敌进我退，敌疲我打”的战略战术，主动出击。按照中共宣涿怀联合县委的指示，每天夜里到敌人据点活动，一方面骚扰敌人，一方面开展强大的政治攻势，并在各村宣传党的政策，对顽固反共分子进行针锋相对的斗争，以武力镇压反动势力的反攻倒算。在执行铲除高山村土匪头子沈存库的任务中，为了以最小的代价来完成任务，刘文明安排其他同志做掩护，自己只身潜入院内，可没想到这个狡猾的土匪已有察觉，早就把枪口对准了刘文明。正当刘文明接近窗口时，一颗罪恶的子弹射中了他。

刘文明牺牲的消息传来，众人个个气愤填膺，同时也为党有这样忠诚的战士而自豪。怀安县东山的县、区干部知道刘文明牺牲的消息后，许多同志流下了热泪。当地的不少人群众、党员、干部哭着说：刘区长是咱穷人的好区长啊！他是为我们能过上好日子而牺牲的呀！

刘文明牺牲时年仅 28 岁，他的一生是短暂的，但他为中国人民的解放事业英勇献身的精神是永存的。刘文明在斗争环境十分艰苦的情况下，坚决服从党的命令、模范执行党的决定和勇挑革命重担的精神，永远值得后人学习。

### （三）陈发

陈发（1923—1946），怀安县山旺庄村人。抗日战争后期，晋察冀军区十三分区派出干部组成武工队，到怀安县东山进行开辟工作，山旺庄村成为党员干部的落脚点。陈发积极要求进步，组织贫苦农民斗地主、分田地。

1945 年，陈发加入中国共产党，并担任村里的民兵队队长。全面内战爆发后，怀安的县、区干部实行战略转移。陈发为了保护群众，选择留下来与敌人周旋。一天夜里，伪乡兵包围了山旺庄村，并逮捕了陈发。敌人对他严刑拷打，但陈发却一字不吐，不仅严守党的秘密，还始终没有承认自己是共产党员。敌人气急败坏，找来一根粗麻绳，在村西的一棵大柳树上将陈发活活吊死。陈发牺牲时年仅 24 岁。

**（四）李芳蓉**

李芳蓉（1904—1946），怀安县怀安城镇人。1945 年 5 月，八路军解放了怀安城，怀安县武委会把办公地点设在了李芳蓉家的院内，李芳蓉则主动要求参加革命，积极表示愿意为武委会办事。

李芳蓉被派到八路军十三分区修械所（地下兵工厂）工作，他在那里负责制造地雷模具、加工手榴弹木把。不久，武委会干部尹忠、梁凤瑞介绍他加入了中国共产党。1946 年蒋介石发动反革命内战，怀安县委、县政府和武委会暂时撤出怀安城，十三分区修械所也随之搬迁。撤退前，党组织派李芳蓉留在城内做地下工作，侦察敌情。党组织撤退后，李芳蓉始终坚持斗争，后被伪乡兵抓走，敌人指控他为共产党传送情报。李芳蓉为了保护其他同志免遭迫害，把所有事都揽在了自己身上。面对敌人的严刑逼供，李芳蓉从容自若，义正词严。敌人最后把李芳蓉押到了城内高级小学门前，剥光了他的衣服，之后狠狠地在他身上连刺了 6 刀。敌人残忍地杀害了李芳蓉后，将他的遗体在街头暴尸 7 天，不准其家人安葬。

1983 年，怀安县人民政府为李芳蓉颁发了“革命烈士证书”。

**（五）史忠**

史忠（1926—1951），原名史汉福，怀安县怀安城镇头卜子村人，战斗英雄，特等功臣。1948 年 3 月，史忠加入中国人民解放军，先后参加了解放卓资山、大同、张家口、太原等地的战役。1951 年，史忠任中国人民解放军某部二连副排长。

1951 年 10 月，史忠随中国人民志愿军开赴朝鲜战场，投身于抗美援朝的反侵略战争。1952 年，在反击美国和南朝鲜军队发动的秋季攻势中，史忠率领一个班的战士坚守黑云吐岭高地。战斗打响后，史忠面对敌人飞机的狂轰滥炸，沉着冷静，带领战士们连续打退敌人进攻，血战两昼夜，杀敌 400 多人。最后阵地上只剩下了史忠一个人，他的左臂被炸断，只能用单臂射击，最终壮烈牺牲。

史忠牺牲后，中国人民志愿军六十七军党委为他举行了吊唁仪式，追赠史忠为特等功臣。1952 年 5 月，察哈尔省人民政府在怀安县头卜子村为史忠修建了纪念祠堂。9 月，怀安县人民政府在怀安城花园广场为史忠举行了隆重的追悼大会，并在史忠故居门前悬挂了写有“英风千古”的金字匾。1953 年 11 月，国家领导人为史忠家属颁发了“光荣纪念证”。

**（六）贾玉书**

贾玉书（1914—1947），怀安县怀安城镇人。1934 年毕业于怀安乡村师范学校，之后赴中所堡任教。1936 年，转入怀安城平民小学。

日军侵占怀安县后，强迫教师推行奴化教育，贾玉书大为反感，于1942年弃教经商。1945年5月，八路军解放怀安城，贾玉书投身革命，出任抗日民主政府粮食委员，1946年，调任七区财政助理。1947年1月，加入太平庄区武工队，在青峰山、香水寺一带昼伏夜出，打击敌军及地方反动势力，并筹集物资支援前线。1947年3月19日，在庙儿岩惨案中壮烈牺牲，年仅34岁。

### （七）曹振绪

曹振绪（1914—1947），怀安县王虎屯乡南李家庄村人。1945年，曹振绪加入中国共产党。1946年，蒋介石发动全面内战，基层党组织实行战略转移，就在国民党反动派、地主还乡团反攻倒算之时，曹振绪毅然决然参加革命，加入了怀安县二区区小队，留在怀安县二区打游击。

曹振绪面对反革命分子的嚣张气焰，不怕危险，不怕牺牲，外出离家打游击一年多。1947年中秋节，曹振绪悄悄潜回家中与家人团圆，不慎被敌人安插在村里的特务发现，特务连夜报告了伪乡公所。第二天凌晨，天刚蒙蒙亮，曹振绪家的院墙上、房顶上、大门口就布满了伪乡兵。曹振绪的妻子把曹振绪藏了起来，之后大大方方地走出家门，对着伪乡兵大骂曹振绪，说他外出一年多不回家，不管老婆和孩子。在妻子的掩护下，曹振绪顺利脱险。伪乡兵走后，曹振绪趁着夜色跑到村外，准备连夜赶回南山抗日根据地。曹振绪本可以直奔南山区，但当他看到村口庙梁上的“信号树”还没被推倒时，他临时改变了计划。因为他知道如果“信号树”没倒，游击队白天就会进村活动，到时后果不堪设想。于是他不顾自己的安危，跑上庙梁用力将“信号树”推倒。就在他刚要离开时，埋伏在四周的伪乡兵突然端着刺刀围了上来。曹振绪来不及逃跑，被伪乡兵五花大绑押解到了魏家山村。

敌人对曹振绪用尽酷刑，逼他说出南山区各村的党员干部名单，说出游击队的活动去向，可曹振绪始终一言不发。敌人恼羞成怒，威胁曹振绪要用刺刀活活刺死他。曹振绪面对死亡，大义凛然。伪乡兵的头目一声令下，几个伪乡兵端着明晃晃的刺刀，一齐刺向曹振绪的胸膛。曹振绪为保守党的秘密英勇牺牲，时年 34 岁。

新中国成立后，民政部为曹振绪颁发了“革命烈士证书”。

### （八）石礼

石礼（？—1947），保定市涞源县人。1947 年 8 月，中共天阳怀联合县委派石礼到山旺庄村与中共左卫区委书记王占元、左卫区区长李瑞增碰面，商量在游击队落脚的山旺庄村一带开展对敌斗争。石礼每天走村串户，找贫苦农民交谈，动员群众参军参战，组织革命武装。在中共左卫区委书记王占元、左卫区区长李瑞增的配合下，一支以贫苦农民为骨干的山区游击队很快组建起来，并在山旺庄一带开展对敌斗争。在艰苦的斗争环境中，石礼因整日奔波，劳累过度，身患重病。当地群众对他精心照料，秘密保护。为躲避敌人的搜查，当地群众将他转移到两旗屯村张会明家休养，后由于叛徒出卖，被太平庄伪大乡的赵九斌逮捕。面对凶恶的敌人，石礼支撑着羸弱的身体，和敌人展开了针锋相对的斗争，他一身正气，大义凛然，坚贞不屈，视死如归。敌人软硬兼施，但石礼始终保守党的秘密。最终敌人气急败坏，把石礼拉到下果园村，之后用铡刀残忍地夺去了石礼的生命，并把石礼的头颅割下，挂在井棚上示众。

石礼牺牲后，当地群众编了一首歌谣："古朵山上一英雄，横眉冷对敌乡兵。面对屠刀铮铮骨，洒尽热血为人民。"以此来歌颂革命烈士、共产党员石礼的革命精神。

### （九）李全信

李全信（1922—1948），怀安县一堵墙村人。1945年，李全信秘密加入中国共产党，任一堵墙村村长。其间，按照区政府的工作部署，李全信在本村组织起贫农团对地主开展"二五减租"斗争。又在村里组建了由30多名民兵组成的小分队，保卫新生政权。1946年共产党军队解放大同时，李全信组织民兵担架队运送弹药，转移伤病员。为支援前线，他还发动村里的妇女做军鞋、送公粮。共产党军队实行战略转移后，李全信还积极为游击队传递信息，运送粮食、油盐及衣物等物资。国民党占领怀安后，地主还乡团对翻身农民反攻倒算，气焰十分嚣张。时任伪保长的王某，借机大肆贪污财物，盘剥农民，群众敢怒不敢言。李全信知道后挺身而出，发动群众向伪乡公所告发王某的反动行径，伪乡公所不得已将王某扣押。不久，王某被释放，后任小屯堡伪大乡保警队副队长。之后王某伺机报复李全信，指使继任伪保长的宋某秘密监视李全信。因宋某的告密，李全信3次被捕。在审讯中，敌人用残忍的手段逼迫李全信说出共产党员名单和游击队的去向。李全信虽受尽敌人的折磨，但始终没有泄露党的秘密。怀安二次解放前夕，在被押送至县城的途中，李全信被敌人刺死在县城东门外的大水圪洞旁。

1983年9月，李全信被民政部追认为革命烈士。

## （十）“兰皮匠”

“兰皮匠”（？—1945），真实姓名不详，保定市易县人。1945年初，为躲避日军在易县的烧杀掠抢，“兰皮匠”一家3口从易县流落到怀安县石坡底村。“兰皮匠”在村里接触了八路军武工队，在中国共产党抗日救国主张的宣传教育下，对日本侵略者恨之入骨。他积极为武工队侦察敌情，提供情报，掩护干部，武工队也把“兰皮匠”家作为一个秘密联络点。“兰皮匠”为武工队办事的消息很快被敌人知道，伪乡兵到石坡底村抓捕了“兰皮匠”。敌人认为“兰皮匠”是共产党的重要干部，想从他身上得到重要情报。敌人对他严刑逼供，让他说出武工队的去向，可他始终一言不发。敌人把他的妻子和6岁的儿子找来，逼他交代。“兰皮匠”正气凛然，仍是一言不发。敌人无计可施，最终将“兰皮匠”一家3口活埋。

## （十一）王化三

王化三（1925—1949），字达五，怀安县怀安城镇人。王化三幼承家训，嗜书好学，为人宽厚，爱国忧民。就读张家口中学、北平中学期间，他身感国家沦陷、民族危难之苦，开始接受革命思想，并秘密加入了中国共产党。1944年，受党组织委派，他化名兰田，潜入山西大同煤矿，组织领导煤矿工人罢工，后被通缉，只得转入地下工作。1945年，加入中国人民解放军第二野战军，后随军南下。1948年，洛阳解放，王化三受命任洛阳文教局局长、市委干部学校党委书记、《新洛阳报》总编辑兼行政领导等职。王化三夜以继日地工作，终积劳成疾，于1949年病逝，时年25岁。

民政部、中南行政区和洛阳专署授予王化三“革命烈士”称号。

**（十二）赵先友**

赵先友（？—1952），唐山市乐亭县庄坨村人。1951 年 2 月，赵先友随怀安县柴沟堡驻军赴朝参战。1952 年 10 月，在朝鲜坚守 67 高地的战斗中壮烈牺牲，后被中国人民志愿军总部追认为特等功臣。电影《英雄儿女》中王成的原型就是赵先友。

**（十三）董承**

董承（1914—1943），保定市涞源县人。1943 年 12 月，中共平西地委为了控制平绥铁路张家口西段，决定开辟怀安县游击区，建立抗日根据地。董承是当时蔚涿宣联合县的一名区长，他受党组织委派，进入怀安县东山区，做开辟新区的工作。

怀安县境内有平绥铁路经过，地理位置十分重要，是日军推行“强化治安运动”的主要地带，日伪势力活动猖獗。在这里开辟新区，工作异常艰苦。董承和王贺林、张继锁来到怀安县东山区后，在大要子水、梁家湾、流水沟、高山、黄家窑、狮子口、第五窑等村向群众宣传抗日，讲解中国共产党的抗日主张，发展抗日武装，建立党的基层组织。在梁家湾村，董承和王贺林通过开展工作，使梁进英深受启发，加深了对党的认识和向往。经过一段时间的考验，董承、王贺林介绍梁进英加入了中国共产党，成为全县农村地区最早的共产党员之一。之后，又陆续发展了 17 名党员，并建起了党支部，这个党支部成为怀安县东山区武装斗争的坚强堡垒。在险恶的斗争环境中，董承和另外两名干部都是单独行动，白天隐蔽在山洞中，夜晚进村开展工作，到各村秘密串联，在贫苦农民中建立堡垒户，发展共产党员，建立农村政权，工作卓有成效。

董承在怀安县东山区开展的抗日活动引起了敌人的仇视和恐慌，驻怀安城的日伪军几次想要抓捕八路军的抗日干部，可由于群众的掩护，敌人每次都扑空。日伪特务组织只好到处收买密探，专门打探抗日干部的行踪。怀安城有个张风有，绰号“干老八”，是街面上的一个地痞无赖，也是日军的忠实走狗。他装扮成商贩，几次到东山区的几个村里打探董承的行踪。一天上午，张风有又来到第五窑村伪甲长家中探听消息。群众向董承报了信，董承只身来到伪甲长家中，把张风有抓了起来，并决定处死这个汉奸特务。为了不让村里的群众受牵连，董承把张风有拉到了村外的大沙河，正要处决他时，伪治安骑兵队的张明宝经过。张明宝随即命令手下一阵扫射，董承壮烈牺牲，年仅 30 岁。

## 二、革命先辈

### （一）牛汉昭

牛汉昭（1879—1937），字懋斋，怀安县柴沟堡镇人。清光绪三十二年（1906 年），以增生资格入天津北洋师范学堂读书。宣统元年（1909 年），任柴沟堡镇小学校长。民国元年（1912 年），被选为直隶省议员。民国六年（1917 年），被选为口北道议员。同年，在宣化乙种工业学校任校长时，积极倡导在宣化设口北道第五师范学校（该校后改为察哈尔省立二师、宣化师范），并承担筹建任务，历经五载建成。民国十一年（1922 年），牛汉昭以议员身份向怀安县县长提议用牙佣余款创建新校，之后怀安县在柴沟堡镇西南隅建起第三初等学校，在口北道一带颇有名气。蔡元培曾为该校题写校训，并悬于学校门楼。同时柴沟堡镇还兴办了蚕桑传习所一处。民国十二年（1923年），曹锟竞选总统，牛汉昭以口北道议员身份参加选举。在怀仁堂投票时，曹锐（曹锟三弟）为兄贿选，牛汉昭据理反对，曹锐以势相逼，牛汉昭愤怒至极，抓起铜墨盒向曹锐掷去，结果因此而被捕入狱。后经蔡元培等人营救，方幸免于难。民国十六年（1927年），牛汉昭投笔从戎，曾任国民党骑兵第七师军需处处长、国民党中央党部委员、国民党骑兵第三师特别党部执行委员。民国二十一年（1932年），牛汉昭返乡料理妻子丧事后，无心再供军职。民国二十三年（1934年），牛汉昭弃官回乡。民国二十四年（1935年），出任柴沟堡镇镇长。民国二十六年（1937年），牛汉昭一方面组织学校师生上街演讲，张贴标语，宣传抗日；一方面组织救火队、医疗队，为抗日做准备，同时还为驻防部队筹备麻袋固防。他还要求公安局归还地方武装的14支步枪，以便组织民众抗敌。公安局局长张约信不允，牛汉昭决意与张约信去怀安城找县政府主持公道，为防不测，乡亲挚友极力劝阻。牛汉昭以爱国为先，置自身安危于不顾，毅然登程，不料行至沙梁台时被张约信枪杀。

**（二）阮慕韩**

阮慕韩（1902—1964），原名阮铭琦，怀安县柴沟堡镇人，无产阶级革命家，呼和浩特市第一任市长。

8岁时，阮慕韩就读于祖父所办的小学。18岁考入通县（今北京市通州区）潞河中学，毕业后赴日本留学，攻读法学专业。留学期间，阮慕韩曾组织社会主义科学学习会，并与学友们一起阅读马克思列宁主义的经典著作，研讨中国革命的前途。九一八事变后，阮慕韩回国担任北京中法大学、北京法商学院和天津立法商学院的教授。同年10月，阮慕韩加入中国共产党，从此走上了革命道路，成为“红色教授”。

七七事变后，阮慕韩奉命离开北平（今北京市），奔赴抗日战争的最前线——晋察冀边区，曾任第二战区战地动员委员会委员兼晋绥游击军政治部部长、冀中军区司令部秘书长。1940后，阮慕韩历任华北大学法政研究室主任、北方局通讯联络部部长、晋察冀边区参议会秘书主任等职，并参加了延安整风。1945年日本投降，阮慕韩担任察哈尔省高等人民法院院长。在此期间，他在柴沟堡召开了主要由阮家佃户参加的群众大会，宣布将祖上留下的3200多亩土地还给农民。同时，他还把家中珍藏多年的1000多件皮毛、绸缎、布制衣服，以及几百件农具、3万多斤粮食、两大箱金银首饰、一箱玉器全部交给当地农会，由农会分给缺衣少食的贫困农民。《晋察冀日报》为此专门发表了社论《阮慕韩献地》。

1949年9月，呼和浩特市和平解放，阮慕韩出任第一任市长，并在这个岗位上工作了13年，一直到1964年病逝。1986年，柴沟堡镇修建了阮慕韩纪念馆。

**（三）李贯英**

李贯英（1895—1971），字孟雄，怀安县柴沟堡镇人。1914年就读于宣化官立中学，1917年入天津北洋大学工程系，1919年转北京大学英文系。1924年后，在中山大学、黄埔军校、私立广州大学、安徽大学、浙江大学任教。1941年任西北联合大学外文系主任，为一级教授。1952年任张家口市副市长，后调河北省政协。

在宣化官立中学读书时，受主张民主、思想激进的校长李大本的熏陶，李贯英经常与同窗挚友武士敏、张苏等人一起谈论国事，抨击政府，揭露时弊，撰文抒发忧国忧民的思绪，代表作有《上政府吾国加入协约国利害意见书》。五四运动时，李贯英为天津北洋大学的学生代表，因思想激进被校方开除。后在蔡元培的帮助下，转入北京大学英文系。李贯英学习刻苦，成绩优异，闻名全校。其间，李大钊赴长辛店向铁路工人宣传革命，他曾多次为李大钊传递文件。

1924 年从北京大学毕业后，李贯英被李大钊派往广州，以教学为掩护进行革命活动，他慷慨解囊，多次资助学生参加北伐军。1946 年，在西北联合大学与徐福天、李毓珍、李陶达等 6 位教授在《秦风日报》上刊文公开声援学生的“要民主、反内战”斗争。1947 年，李贯英与其他几位教授被迫离开西北联合大学，转入山西大学任教，继续宣传发动学生开展正义斗争。李贯英虽学识渊博，但仍坚持学习，每晚都要学到深夜，几十年如一日，他对英国现代文学名著和北欧文学的研究有很深的造诣，被誉为权威。他任教时一丝不苟，诲人不倦，深得学生崇敬。1971 年与世长辞，享年 77 岁。

1980 年 9 月 10 日，河北省委、省政府、省政协在天津市水上公园举行了隆重的追悼大会，沉痛悼念中国共产党的亲密战友、民主的斗士、革命分子李贯英先生，并将其骨灰安葬在北京八宝山革命公墓。

**（四）康世恩**

康世恩（1915—1995），怀安县西湾堡乡田家庄村人，共产主义战士、无产阶级革命家，我国工业战线杰出的领导人，新中国石油工业和化工战线卓越的开拓者，曾任国务院副总理，中共第十一届、十二届中央委员，原中共中央顾问委员会委员、常委。

康世恩 7 岁上小学，15 岁考入察哈尔宣化中学，18 岁考入河北省北平高中。1935 年，参加了著名的“一二·九”学生运动，1936 年考入清华大学地质系，1936 年 10 月加入中国共产党。抗日战争全面爆发后，康世恩曾先后担任一二〇师民运部工作员、山西朔县战地动员委员会主任、晋绥八分区专员。他认真执行党中央关于开展游击战，坚持壮大敌后武装力量的指示，在抗战的硝烟中，逐渐成长为一名优秀的军事指挥员。

解放战争时期，康世恩离开专员岗位，曾担任雁门军区政治部主任、独立第五旅政治部主任，后随西北野战军转战大西北。他先后参加了保卫延安和榆林及瓦子街战役。1949 年 9 月 26 日，他率领一个步兵营接管并进驻玉门油田，任玉门油矿军事总代表，从此与新中国的石油工业结下不解之缘。

新中国成立后，康世恩担任石油工业部部长，带领广大石油职工艰苦创业，一起奋战在石油战线。20 世纪 60 年代初，他参与领导并直接指挥了大庆石油会战，为我国的石油自给做出了重要贡献。同时，他还组织指挥了胜利、大港、辽河等 10 多个石油大会战，从根本上改变了我国石油工业的面貌，把“中国贫油”的帽子扔进了太平洋。他对新中国石油工业和石化工业的开拓和发展做出了世人瞩目的贡献。

1969 年至 1971 年，任湖北省革委会副主任兼江汉油田会战指挥部副指挥。1970 年 6 月至 1971 年 9 月，任燃料化学工业部革委会第一副主任、党的核心小组第一副组长。1971 年 9 月至 1975 年 1 月，任燃料化学工业部革委会主任、党的核心小组代组长。1975 年 1 月至 1978 年 3 月，任石油化学工业部部长、党的核心小组组长。1978 年 3 月至 1982 年 5 月，任国务院副总理。其间，兼任国家经委主任、党组书记，国家计委副主任，国务院财经委委员，国家能源委员会第一副主任，石油工业部部长、党组书记等职。1982 年 5 月至 1988 年 4 月，任国务委员。1987 年 11 月至 1992 年 10 月，任原中共中央顾问委员会常委、中国关心下一代工作委员会主任。康世恩除了满腔热情地做好培养青少年的工作外，还时刻关心着我国石油工业的发展。同时，康世恩心系家乡，为家乡发展做了大量工作。20 世纪末，怀安县建立了世恩中学和世恩广场，建成了康世恩展室，还塑立了康世恩雕像。

**（五）安法孝**

安法孝（1914—1996），怀安县第三堡乡小屯堡村人，中国共产党的优秀党员和革命干部，四川省委原常委、组织部部长。

1933 年 6 月，在张家口师范读书时，安法孝加入了中国共产主义青年团。同年 8 月，加入中国共产党，参加察北抗日同盟军并任连指导员，后回京入北平一中读书并从事学生运动，为北平学联成员，参加了“一二·九”学生运动和中华民族抗日先锋队。七七事变后，先后在山东战地服务团和山西战地总动员会工作，被派任连指导员、营教导员、民运科科长、代理旅政治部主任。1940 年后，在晋绥行署先后任民政科科长、保德县县长等职，为抗日战争和解放战争做了大量卓有成效的工作。1949 年，随军南下入川，历任成都军管会政务处处长，川西行政公署副秘书长，省人事厅厅长，高教局局长，省监委副书记，宜宾、江津地委第一书记，省委常委、组织部部长，省纪检委第二书记等职，为四川的建设和发展做出了突出贡献。

**（六）蒋涛**

蒋涛，1921 年生人，保定市涞源县人。曾任蔚县财政科科长，1945 年至 1949 年任怀安县县长，1949 年随军南下。

1944 年 12 月 26 日，中共中央晋察冀分局决定成立中共怀安县工作委员会。1945 年 3 月下旬，蒋涛被中共冀察区十三地委派遣到怀安县。4 月，怀安县办事处在大要子水村建立，蒋涛任办事处主任，领导怀安人民开展抗日斗争。1945 年 5 月 13 日，怀安城解放，蒋涛在羊市街宣传抗战形势及共产党的相关政策，并将日军粮仓的大部分存粮拿出来赈济民众，还组织民众将 300 多斤粮食和大量物资运到东山抗日根据地。之后他还发动广大青年参加八路军，扩大了共产党的地方武装。1945 年 8 月 31 日，怀安县境解放，抗日民主政府更名为怀安县政府，蒋涛任县长。在此期间，蒋涛始终把发展生产、解决群众生活问题作为首要任务。1945 年冬，他在天顺渠老渠头蔡元亨的陪同下，骑马勘察水闸屯、左卫、渡口堡渠道工程，大搞水利建设。《晋察冀日报》载文《怀安开渠成为历史奇迹》予以表彰。蒋涛一手抓发展生产，一手抓恶习改造，尤其在改造烟民活动中，他积极做烟民的工作，帮助烟民改掉恶习，从事生产劳动。通过细致的工作，使全县 875 个烟民得以彻底改造。

蒋涛在怀安任县长的 5 年间，参加了抗日战争的最后阶段和整个解放战争。在斗争异常艰苦的岁月里，他不但直接参与了筹划与指挥战斗的军事工作，而且为治理怀安呕心沥血，政绩卓著，深受怀安人民的敬仰。

### （七）白化民

白化民，1921 年生人，大同市广灵县人。1945 年 3 月，白化民来怀安进行开辟工作，担任县委敌工部部长。1946 年蒋介石发动全面内战，命令傅作义部队从绥远向张家口进攻。晋察冀军区根据党中央的指示，暂时放弃张家口及周边县城，实行战略转移。时任中共怀安县委书记的白化民，带领县大队和党政机关的 200 多名干部向怀安县南山地区转移。撤至南山的塔岩寺村时，白化民把武装人员和机关干部分成 3 路，分散到各地开展游击战。他带领一路在南山区活动，白天转山头、钻山洞，夜晚下山进村镇压地主还乡团。1947 年 1 月，上级党组织决定成立天阳怀联合县，白化民任县委书记兼天阳怀联合县支队政委。其间，他亲自组织指挥了怀安县境内的白玉庄战斗，还指挥了天镇境内的贾家营战斗和阳原境内的西城伏击战。一年时间内，共组织指挥大小战斗数十次，歼敌 1000 余人，缴获各种枪支 1200 余支。天阳怀联合县支队在战斗中发展壮大，后扩编成 9 个连队，并被改编为分区独立十五团，白化民任政治委员。之后不久，白化民又担任了雁北独立一团、华北二〇九师六二五团、空四师十二团的政治委员，带领部队转战华北，参加了多次大规模的战斗和战役，为推翻蒋介石反革命集团，建立新中国做出了重要贡献。

### （八）李维略

李维略（1919—1977），又名史健，怀安县头百户镇黄家湾村人。学生时代，李维略义无反顾地投入革命斗争。九一八事变后，他参加了张家口联合救国会组织的抗日救亡活动。1934 年，在北平河北十七中学读书期间，被校方以“思想左倾，行动越轨”为由开除。后转读宣化二中，与学校的进步同学共同组织了时事问题研究会、救国会。“一二·九”学生运动爆发后，李维略组织同学举行罢课示威，再次被校方开除。继而返回北平入境湖中学，仍然从事革命活动。1936 年，李维略加入中国共产党。同年，被派往东北军张学良的卫队营做地下工作。西安事变后，李维略先后到延安抗日军政大学、中央党校学习，曾任抗大四大队九队指导员。毕业后，任中央苏维埃政府内务部秘书长，协助董必武部长工作。1937 年 11 月，任中央太岳特委秘书长，协助薄一波、安子文开辟太岳抗日根据地。1938 年秋，任中共介休县委书记。半年间，组建了 4 个区委，发展了大批党员。1939 年春，调任中共沁源中心县委书记，领导平遥、介休、灵石、霍县、沁源等 5 个县的抗日工作。他认真贯彻党的统一战线政策，广泛团结国民党官兵积极抗日，多次解救被关押在国民党监狱中的共产党干部和无辜百姓。1940 年 1 月，出任中共太岳区二地委书记，兼军分区政委。1942 年 10 月，日军侵占沁源后，企图建立剿共试验区。李维略与中共沁源县委书记先是将 200 余人疏散到山区，后在二沁大道两旁形成了长百里、宽数十里的困敌区，最终迫使敌人撤退。延安的《解放日报》为此发表社论，称其是“太岳抗日民主根据地的一面旗帜，是敌后抗战中的模范典型之一”。1942 年春，日军妄图抢劫广胜寺的《赵城金藏》，李维略向区党委的安子文请示后，进行了周密的部署。他带领众人夜入广胜寺，通过人背马驮，将 4000 多卷金藏安全运抵地委机关。后在薄一波、陈赓等领导的关注下，又 6 次转移，终于保住了珍贵文物《赵城金藏》。此后历任中共宣化市委副书记、察哈尔省委党校副校长、石家庄市委秘书长。1948 年 5 月患病，1977 年 1 月逝世。

**（九）杨鸿涛**

杨鸿涛（1904—1978），怀安县左卫镇第四屯村人。1925 年加入中国共产党，在大革命时期领导组织了工人运动，发展党团、工会组织，壮大革命力量，坚持对敌开展武装斗争，为党的事业不懈奋斗，是中国共产党的早期革命活动家。

1918 年，杨鸿涛考入直隶省立宣化十六中学，开始接受新文化教育。当五四运动席卷全国时，使他更加坚定了对马克思主义的信仰和参加革命的决心，并加入了学生爱国运动的行列。1922 年春，杨鸿涛转入天津省立第一中学，结识了中共地下党员，并担任学校学生自治会总干事。之后参加了天津市学联，并加入了中国共产主义青年团。其间，他为开展学生运动不辞劳苦，做了大量工作，并且更加系统地学习了马克思主义思想，进一步坚定了共产主义理想和信念。很快，杨鸿涛光荣地加入了中国共产党，走上了革命的道路。

1925 年，震惊全国的五卅惨案掀起了全国范围内的反帝斗争高潮，由上海工商学联合会统一领导的罢工、罢课、罢市斗争迅速扩展到广东、北京、天津、汉口、南京等 30 多个城市。杨鸿涛决心以实际行动，在革命斗争中表明自己对党的忠诚。他深入天津的怡和、大沽，多方组织发动，终于促成了声势浩大的码头工人大罢工。一时间，停泊在天津港口的所有船只停航，工人全部停止了生产，纷纷手擎旗帜，高喊口号，走上街头，游行示威，声援上海的爱国运动。杨鸿涛趁着斗争发展的有利时机，又深入各大纱厂，发动工人为争取增加工资、增加福利、减小劳动强度等权利同资本家展开斗争，为各大纱厂的工人罢工创造了条件。工人准备罢工的动向让反动当局感到十分恐慌，急忙派出密探四处侦察。经过打探，初步掌握了杨鸿涛组织领导罢工的事实，直隶督办立即派兵镇压，并大肆捕杀共产党人和进步人士，同时全城缉拿杨鸿涛。杨鸿涛在中共地下党的掩护下转移到租界，后由北方区党委派人把他转送到北平。

1925 年，杨鸿涛受党组织派遣，由北平返回张家口，先后任中共张家口地委青年运动委员会书记、地委执行委员、共青团张家口市委书记。杨鸿涛清醒地认识到，要坚持革命斗争，就必须扩大队伍，就必须团结和壮大革命力量。在此期间，他经常往返于宣化、怀安、万全、蔚县等地，积极发展党团员，建立党团组织，先后在实业学校、宣化中学、培植小学、柴沟堡高小、万全国民师范、蔚县民团等学校和机构发展了一大批共青团员和共产党员，在条件较好的学校和机构还组建了党团组织，并选派一部分优秀团员到苏联中山大学、广州农民运动讲习所学习，为中国共产党培养了一大批革命骨干。

1927 年蒋介石发动“四一二”反革命政变后，杨鸿涛成为五省军事委员会热察分会负责人，继续组织农民进行革命宣传。为了发展革命力量，他前往革命基础较好的万全县开展工作。1928 年 1 月，杨鸿涛发动指挥了孔家庄农民对反动警察的武装斗争。1928 年 2 月，杨鸿涛成为中共张家口特委负责人，开始在张家口恢复工人组织，先后组织领导了商业工人、人力车工人和电灯公司工人的罢工斗争，使张家口的革命斗争异常活跃。1928 年下半年，杨鸿涛参加了刘少奇在天津组织召开的各地特委负责人参加的工作会议后，开始着手恢复察哈尔省的党组织，后组织成立了内蒙古革命委员会，他是内蒙古革委会特别支部成员。杨鸿涛经常奔波于热河、察哈尔和绥远一带，发动并组织农民群众开展反对苛捐杂税的斗争，工作成绩显著，深受党的信任和人民的爱戴。

**（十）乔廷瑗**

乔廷瑗（1910—1998），怀安县左卫镇三里台村人。1930 年毕业于察哈尔省立第一师范。1933 年抗日同盟军被迫解散，民族危难在睫，乔廷瑗出面与康世恩、杨振经等人公开招募各县的有志青年，组建起察北民众抗日救国军，乔廷瑗任司令。1937 年 8 月 14 日，乔廷瑗带人夜袭日伪在崇礼县的喇嘛庙据点，击毙日本指挥官井野毛一郎，从此声震华北。乔廷瑗的抗日行动遭到国民党政府的不满，后因莫须有的罪名被扣押，经张砺生多方援救出狱。后去大同请求傅作义出兵支援，可就在此时得知张家口已沦陷，康世俊、杨振经先后遇难，察北民众抗日救国军解体。因报国无门，乔廷瑗辗转到后方再次投军，先后任国民党军委战时干训团教官，副大队长，中央训练团队长、科长，辎重十七团上校团副等职。1943 年，考入国民党南京中央军校第九期，后转入国民党军事委员会游击干部训练班。学习期满后，向张治中将军提出申请，要求离校北上抗日。回乡后在张家口的崇礼（今张家口市崇礼区）、怀安等县任教，以教书为掩护，秘密从事抗日活动。1949 年，在云南随卢汉起义，入解放军二野四兵团军政干部大学学习，后分配到二野汽车团十二团任教员。1951 年复员，先后在张家口市的几所小学任教。十一届三中全会以后，先后担任张家口市桥西区人大代表、政协委员、民革桥西区副主委、黄埔军校同学会张家口联络组组长，古稀之年仍为社会主义建设做了不少有益的工作。1998 年病逝，享年 89 岁。

### （十一）郭铁

郭铁（1917—2001），怀安县第三堡乡西北口村人。1933 年参加吉鸿昌领导的抗日同盟军，任教导员，1937 年参加北平西郊国民抗日军，后改编为晋察冀军区五分区，任教导队队长。1938 年进入晋察冀抗大二分校学习，同年加入中国共产党。1939 年，郭铁担任晋察冀军区一分区一团管理处主任。其间，他参加了涞源县黄土岭反“扫荡”斗争。战斗中，郭铁带领战士们冲下山坡，与敌人白刃格斗，杀得敌人尸横遍野，为取得黄土岭战斗的胜利发挥了重要作用。1940 年秋，郭铁受命到保定西部的唐县、阜平一带保卫秋收。郭铁率领侦察分队，及时侦察敌情，并且充分依靠当地党组织，发动农民开展秋收工作，保证了秋收工作的顺利进行。1942 年 5 月，日军对解放区的军民进行“五一大扫荡”，敌人四处安插情报人员，刺探八路军的情报，敌特分子的猖狂活动对抗日根据地的军民造成很大威胁。时任侦察排排长的郭铁带领侦察排深入满城县城，在摸清了敌特的活动规律和行踪后，夜间潜入特务队队长家中，当场将其击毙，并活捉了 4 个特务。随后顺藤摸瓜，粉碎了敌人的情报网，有力地配合了抗日根据地军民的反“扫荡”斗争。“五一大扫荡”期间，为保存抗日力量，八路军主力部队向易县狼牙山以北撤退。郭铁带领侦察排隐蔽在狼牙山附近搜集情报，及时向主力部队报告敌情，为八路军迅速跳出日军的“铁壁合围”提供了准确的情报。日军投降后，郭铁担任热河军区司令部侦察科科长，后担任晋察冀四纵队副团长，参加了清风店、石家庄等战役，后调到中国人民解放军六十八军任团长，率部参加了解放定兴的战役。1948 年秋，参加了解放包头的战役。同年冬，参加了解放张家口的战役和北平外围战斗，为解放全中国做出了重要贡献。北平和平解放后，担任北京市公安总队一团政委，为破获敌特组织、打击敌人的破坏活动、维护北京市的社会秩序、保卫党中央和红色政权做了大量工作。

**（十二）宋中和**

宋中和，1917 年生人，南阳市淅川县人。1938 年参加革命，在延安抗日军政大学第十四期学习。1939 年起，历任八路军连指导员、大同武工队副政委、营政治教导员。1947 年，任天阳怀联合县支队队长，带领支队活跃在天镇、阳原、怀安境内，广泛开展游击战，组织指挥大小战斗 100 余次，打得敌人闻风丧胆。天阳怀联合县支队改编为分区独立十五团后，宋中和任团长，随军四处转战。在任中国人民解放军某部炮兵司令员、军参谋长期间，多次立功，后调到内蒙古军区任参谋长、军区副司令员，曾获三级解放勋章和功勋荣誉章。

**（十三）李布德**

李布德（1919—2017），南充市营山县人。1933 年参加中国工农红军，1935 年加入中国共产主义青年团，1937 年加入中国共产党，经历过抗日战争、解放战争和抗美援朝战争，1955 年被授予少将军衔。

1945 年春，冀察军区遵照党中央的指示精神，发起了察南战役。时任冀察军区十三分区二十团政委的李布德和团长黎光，组织了攻克察南重镇怀安城的战斗。1945 年 5 月 13 日，二十团一举攻克了被日军占领了 8 年的怀安城。除少数日军指挥官出城北逃外，城内守敌全部被歼。5 月 17 日，400 多名日伪军杀气腾腾地直奔怀安城东南的俞家屯一带，妄图围歼八路军二十团。面对来势汹汹的敌军，李布德与团长黎光组织召开了营连干部会议，认真分析研究了敌情，之后在俞家屯设下埋伏，与敌人激战至天黑。俞家屯一战，毙俘日伪军 300 余人，缴获了大批武器弹药，二十团以很小的代价，取得了俞家屯歼灭战的胜利。1945 年 8 月 15 日，日本政府宣布无条件投降，二十团奉命肃清平绥铁路沿线的日伪军。8 月底，李布德率领二十团的指战员解放了平绥铁路沿线重镇柴沟堡。之后，李布德率领二十团的指战员踏上了新的征程，为解放全中国投入了新的战斗。

## 三、战斗英雄

### （一）胡连

胡连（1929—2003），怀安县左卫镇下果园村人。1951 年，响应党中央、毛主席“抗美援朝，保家卫国”的号召，为维护祖国安全，胡连赴朝参战，打击美国侵略者。胡连所在的部队在文登公路 9200 高地设下埋伏，胡连所在班的具体任务是在山根处的公路一侧修筑工事，专打敌人的坦克。战斗打响后，胡连连续击毁了敌人的 4 辆坦克，对整个战役的胜利起到了关键作用。战斗中，胡连腿部受伤，后转入长春第十八陆军医院疗养。1952 年 7 月，胡连所在部队——六十八军在朝鲜为在 5 次战役中做出突出贡献的指战员召开庆功大会，会上授予胡连“特等功臣”“反坦克英雄”称号。会后，军党委将 6

枚军功章、立功喜报及物质奖励寄到了胡连的家乡下果园村。1953年3月，怀安县委、县政府为胡连召开庆功大会，县领导亲自将一面锦旗授予胡连，并将写有“英风万载”的金匾挂在了他家的门上。

### （二）陈超

陈超（1917—1985），永川县（今重庆市永川区）人，曾任柴沟堡驻军一连五班班长。1949年1月参加中国人民解放军，1950年朝鲜战争爆发后，陈超随部队奔赴朝鲜参战。1951年5月，抗美援朝战争第一阶段结束，志愿军51067部队奉命后撤转移。为掩护主力部队安全转移，陈超所在的一连受命在汉城（今首尔）背面的国赐峰阻击敌人，陈超带领五班坚守在国赐峰山下的前沿阵地。5月23日的一天恶战，共打退了敌人的10多次进攻。5月24日，战斗更加激烈，五班战士全部壮烈牺牲，阵地上只剩下了陈超一人，他独自打退了敌人的46次进攻，给敌人以重创，终于胜利完成了阻击任务，被誉为“独胆英雄”。战后，中国人民志愿军总部授予陈超“一等功臣”称号，陈超还获得了金日成将军授予的“一级战士荣誉勋章”。1951年10月，陈超以志愿军国庆观礼代表团成员的身份回国观礼，之后出席了全国政协会议，同全国其他战斗英雄一起受到毛泽东主席的亲切接见，并与党和国家领导人合影留念。1953年10月，中国人民志愿军胜利归国后，陈超随所在部队驻防怀安，后转业到地方工作。1985年1月29日病逝，享年69岁。

### （三）白永昌

白永昌，怀安县柴沟堡镇人。解放战争时期，白永昌参加了解放保北、归绥（今呼和浩特市）、张家口、太原等重大战役。抗美援朝战争中，白永昌参加了文登里阻击战和金城反击战。他战功显赫，曾荣获朝鲜民主主义人民共和国“三级国旗勋章”和中央军委授予的“胜利功勋荣誉章”。

1945 年 8 月 15 日，日本政府宣布无条件投降，正在张家口察南师范读书的白永昌毅然决定弃学从戎，当即参加了中国人民解放军。他先是在部队剧社工作，后调入察哈尔军区六分区独立团，任政治处干事。1948 年 7 月，白永昌随部队参加了保北战役，他临危受命，担任尖刀连代理指导员，带领战士们连续摧毁了敌人的 11 座碉堡，歼敌 60 余人，缴获枪支 60 余支。战斗胜利后，团部为白永昌记功一次。从 1948 年 8 月开始，白永昌随所在部队进军绥远，解放张家口，包围北平，千里转战，历经艰险。后又参加了解放太原的战役，直至走上抗美援朝的战场，白永昌屡建功勋。

# 第三章 建设与探索（1949—1978）

## 第一节 巩固新生的人民政权

### 一、恢复巩固党组织

1949 年 10 月 1 日，中华人民共和国成立，怀安县人民满怀豪情投身到翻身解放做主人、积极开展社会主义建设的征程中。怀安县委、县政府带领全县人民扩大和巩固各级党组织，健全各级人民政权，医治战争创伤，迅速恢复生产生活秩序。1949 年 12 月 15 日至 18 日，怀安县人民政府在怀安城召开第一届各界人民代表大会，出席会议的代表有 239 人。会议就生产方针、土地改革、政权建设、社会治安、文化教育等问题展开讨论，并通过决议。

1950 年 8 月 17 日至 9 月 13 日，中共怀安县委集中干部 422 人（其中党员 185 人），用将近一个月的时间进行了整党整风运动。主要检查领导干部的官僚主义和命令主义，以及对党员进行“怎样做一个共产党员”的教育。整党整风运动贯彻了中共七届三中全会的会议精神，通过在党员之间开展批评与自我批评，绝大多数党员的党性观念得到了加强。

与此同时，怀安县委、县政府还大力巩固村级政权。到 1951 年，全县有 124 个村民主选举了村领导班子，建立了村政权，召开了党代会，党内民主制度逐步走向完善。4 月 5 日至 9 日，在怀安城召开了首届县党代会。截至 1978 年，全县一共召开党代会 5 次。针对党组织走向公开、基层民主制度逐步完善的实际情况，全县广泛开展了党员培训，组织党员学习党的文件和毛泽东主席的著作，重点学习了《新民主主义论》《论人民民主专政》等文章。1950 年至 1953 年，又增加了对毛泽东主席的《实践论》《矛盾论》和《毛泽东选集》的学习。1955 年，怀安县委党校成立，之后又相继开展了党章及当地基本知识的学习。

1953 年至 1955 年，全县党组织进行全面整顿，清洗出阶级异己分子 538 人，劝退不合格党员 203 人，进一步纯洁了党组织。1955 年 7 月，根据中共中央发出的《关于展开斗争肃清暗藏的反革命分子的指示》，全县开展了肃反运动。先后清理出反革命分子 291 人，建立起干部、职工人事档案 5130 份，整理历史登记表 1378 份，保卫、保密、人事等工作得到健全，堵塞了组织工作上的漏洞，党组织的战斗力得以加强。

## 二、土地改革

1945 年 8 月，怀安县第一次解放，之后在全县开展了土地改革。

1946年10月，共产党军队战略撤退，土地改革被迫停止。1948年11月，怀安县第二次解放。1949年1月30日，全县进行了第二次土地改革。至1950年3月，第二次土地改革全部完成，翻身农民不但真正拥有了土地，而且以空前的热情投入农业生产当中。

## 三、镇压反革命

随着朝鲜战争的爆发，一些暗藏的反革命分子错误判断形势，掀起了一股颠覆人民政权的恶浪。1950年7月，一方面反革命分子在怀安县境内散布谣言，另一方面流散的反动军官和地主分子组织起“冀热察人民反共自卫军第三路军”，在水闸屯大桥、南刘家窑、太平庄等地路劫伤人，进而公开抢夺解放军战士的枪支。一时间，个别反动地富分子蠢蠢欲动，准备反攻倒算。

面对严峻形势，中共怀安县委遵照1950年7月政务院和最高人民法院发布的《关于镇压反革命活动的指示》，以及10月中共中央发出的《关于纠正镇压反革命活动的右倾偏向的指示》，紧急部署工作，以公安、司法、武装部门为主体组成了治安委员会，先后做出“搞好社会治安”“肃清匪特、消灭谣言”“取缔封建迷信会道门”“扑灭地主富农反动气焰”等一系列指示。1951年1月29日晚，全县统一行动，一举捣毁一贯道“公坛”4个，抓捕点传师、坛主及作恶的道徒196人。3月10日晚，全县再次统一行动，逮捕反动党团骨干、反动恶霸、残匪特务等109人。

随后，按照“首恶者必办、胁从者不问、立功者受奖”的政策，对罪大恶极者坚决镇压。1951年5月21日，首先在怀安城处决了7

名罪犯，对能主动坦白并有立功赎罪表现者从轻处理或当场释放。同时召开座谈会进行思想教育引导，许多误入歧途的一贯道道徒和部分反革命分子弃暗投明，主动向县政府自首。截至 1953 年 6 月，共抓捕反革命罪犯 597 人，经依法审理，其中有 124 人判处死刑、256 人判刑入狱、147 人放还管制、41 人教育后释放。

怀安县的镇压反革命运动给反革命分子以毁灭性的打击，新生的人民政权得到巩固，社会秩序就此安定下来，为全县国民经济的恢复与发展创造了条件。

## 四、抗美援朝

1950 年 10 月 19 日，中国人民志愿军赴朝作战。中共怀安县委按照中共中央的指示，在全县掀起了轰轰烈烈的抗美援朝运动。怀安县、区先后成立了抗美援朝保家卫国委员会，并组织了 800 多人的宣传队下乡，以黑板报、广播、街头剧、大鼓书、歌舞等多种形式向群众宣传发动。

全县人民表现出了强烈的爱国主义和国际主义精神。1950 年 10 月，全县有 11 万人在《斯德哥尔摩宣言》上签字。全县广大人民群众自觉捐款捐物，全力支援抗美援朝运动。1950 年第一期干部训练班的 343 名党员共捐款 120.1 万元（旧币），40 名劳模共捐款 58.5 万元（旧币）。截至 1951 年底，全县共捐款 6 864.9 万元（旧币）。1952 年，柴沟堡镇老中医李富山捐款 120 万元（旧币）。另有众多群众捐出慰问袋、钢笔、毛巾、袜子、纸烟、牙膏、牙刷等物资。

怀安儿女踊跃报名参加中国人民志愿军。截至 1951 年底，全县共有 1257 名青年入伍参加抗美援朝战争。抗美援朝战争期间，全县有 84 人荣立战功，涌现出了陈超、史忠、胡连等战斗英雄，125 人壮烈牺牲。同时，中共怀安县委还开展了声势浩大的拥军优属活动。对参军家属在生活上予以照顾，在生产上实行代耕制度，每逢节日便组织慰问。中共怀安县委还号召“增加生产、厉行节约、支援抗美援朝”，各行各业都发扬主人翁精神，努力生产，成绩喜人。1952 年，全县工业总产值比 1949 年增长了 24%，粮食总产量 4 750.5 万公斤，比 1950 年增长了 46%，超过历史最高产量 20%。

### 五、“三反”“五反”运动

1952 年，中共中央决定开展反贪污、反浪费、反官僚主义的“三反”运动和反行贿、反偷漏税、反盗窃国家财产、反偷工减料、反盗窃国家经济情报的“五反”运动。1 月 25 日，中共怀安县委成立了节约检查委员会，负责领导“三反”运动。随后，“三反”运动在全县党政机关的 762 名干部中正式展开。

1952 年 1 月 25 日至 2 月 1 日，中共怀安县委组织机关干部学习文件，讲明政策。2 月 1 日后，中共怀安县委放手发动群众，开展大检举、大揭发、大清理，再加上个人主动交代，共查出有贪污问题的干部 351 人，贪污款额 12.2 万元（折合新币）。中共怀安县委根据中共中央发出的《关于处理贪污、浪费及克服官僚主义错误的若干规定》，本着“惩治与改造相结合”“严肃与宽大相结合”的方针，坚持以教育为主，实事求是地进行甄别，对有贪污问题的 351 人分别做了处理，其中 9 人免于处分、行政处分 83 人、机关管制 8 人、劳改 7

人、判刑3人。“三反”运动共追回赃款5.9万元，不仅锻炼、挽救了一批党员干部，还教育了广大群众。

1952年6月1日至15日，在柴沟堡镇私营工商户中开展了“五反”运动。对私营工商业者进行了正面教育，运动中未发现突出的“五毒”问题。

## 第二节 社会主义改造基本完成

### 一、农业社会主义改造

新中国成立后，经过彻底的土地改革，全县的农业生产迅速发展。怀安县对农业进行的社会主义改造，先后经历了互助组、初级农业生产合作社、高级农业生产合作社、人民公社等几种组织和生产管理形式。

#### （一）互助组

土地改革后，农民得到了土地，真正实现了祖祖辈辈梦寐以求的“耕者有其田”，生产积极性极大提高。但多数农民因缺少牲畜、大件农具和资金等，在生产中心有余而力不足。有的农民因不能及时耕作导致欠债，还有的农民出卖或出租土地给别人，甚至又回到从前，给土地多的农民“服务”，帮助他人春种秋收。如果任其发展下去，就很有可能回到新中国成立前地主与雇农的状况。因此，最好的办法就是把农民组织起来，依靠集体的力量解决困难。在这种历史背景下，互助组应运而生。

怀安县最早成立的互助组是在1951年春，五区桃沟农民郭步余和柴沟堡镇农民杨宽组建的两个临时性互助组。其中，郭步余将全村12户、67人组织起来，男女老少齐出动，大家修筑石坝，引山洪浇灌坡梁地，当年即获得丰收。杨宽的互助组大麦平均亩产405公斤，创下前所未有的高产纪录。互助组的生产优越性启发了全县的广大农民，在自愿互利的原则下，全县组织起了不同形式的临时性或季节性互助组。截至1951年底，全县的季节性互助组发展到200个，入组农户1625户，占总农户数的4.4%。

1952年，怀安县委、县政府根据中共中央颁布的《关于农业生产互助合作的决议》，按照“积极领导、稳步前进”的方针和自愿互利的原则，积极推动农村的互助合作。当年全县参加互助合作的农户达18 595户，占总农户数的48.9%。其中常年互助组995个、4461户；季节性互助组2914个、14 134户。入组土地约占全县耕地总数的51.3%。此后，虽然全县试办和发展了初级农业生产合作社，有不少互助组相继转为初级农业生产合作社，但互助组仍然存在。截至1955年，全县共有常年互助组531个、5009户，季节性互助组236个、2248户。

### （二）初级农业生产合作社

初级农业生产合作社简称初级社。1952年冬，全县有17个互助组试办初级社。1953年，经中共怀安县委整顿审查，批准设立了其中的14个初级社，206户续办，其余3个初级社转为互助组。通过一年多的实践，各初级社全面增产，推动了全县初级社的发展。到1955年春，全县的初级社发展到423个，入社农户12 813户（其中

100户以上的大社4个，共596户），约占总农户数的33.6%。大部分初级社在增产方面胜过互助组和单干户。到1955年底，经过进一步整顿，全县有初级社398个，入社农户11 354户，约占总农户数的29.2%。连同互助组，全县共有互助合作组织1165个，参加农户18 611户，占总农户数的47.9%。

初级社的土地虽有统一经营管理，但仍为私有制，以入股形式参与分红。牲畜和大型农具，有的折价归社，有的采取入股分红或租借形式。社员劳动采取评工记分，评工记分一般有3种方法：一是死分活评，即根据每个劳动力的强弱、技术高低评出预定的底分，再按其实际完成的数量和质量评出工分，按分计酬；二是按件计酬，即按照不同工种、不同农活的数量和质量要求，预先定出记分标准，完成后按规定记分；三是固定工分，即一个劳动力干完一天的农活，如果能达到规定的数量和质量要求，就按该劳动力的底分记工。

初级社按照“以劳为主、兼顾土地”的原则进行收益分红，一般也有3种方法：一是比例分红，即从全年总收入中扣除投资、公积金、公益金后，将剩余纯收入按“劳六地四”或“劳六五地三五”的比例进行分配，“地多劳少”的山区按“劳七地三”的比例进行分配，苇地、菜地则适当提高土地分配比例；二是双比例双分红，即先从总收入中扣除公积金、公益金，然后从定产内扣除投资、开支，所剩定产内的纯收入按原先划定的地劳比例进行分配，超产部分本着“为劳力所得，少许照顾土地”的原则，以“地一劳九”或“地二劳八”的比例进行分配；三是在定产内先扣除固定投资，然后按比例确定地租租额，剩下部分加超产部分，扣除超出固定投资部分和公积金、公益金，所剩部分全部归劳动力所得。初级社每年提留的公积金和公益金一般约占当年总收入的1%至5%，普遍为每人公积金33元、公益金66元。收成不好的年景不提留公积金。

### （三）高级农业生产合作社

高级农业生产合作社简称高级社。1956年，中共怀安县委认真贯彻中共中央《关于农业合作化问题的决议》，农业合作化高潮在全县迅速掀起。中共怀安县委本着“先试点、后扩展”的原则，先在二道台村李春社、东沙洼村钟文润社、桃沟村郭步余社试办土地不分红的高级社。随后又在二卜子村、廉家寨村试办农、林、牧相结合的高级社。截至1956年底，全县办起大型联村高级社62个，县内的40 608户农户全部入社。1957年，遵照中共河北省委关于“有利团结、有利生产、有利经营”的指示精神，中共怀安县委对全县的联村高级社进行整顿，将62个联村社划为一村一社或一村多社的224个小社。至此，全县实现了农业生产合作化。

高级社的土地归集体所有，牲畜、大型农具折价归社，并统一管理劳力、畜力、物力和资金，实行“各尽所能、按劳分配”的原则。高级社里设有管理委员会，再根据规模大小设若干生产队，生产队分若干小组。高级社对生产队实行“三包一奖，四固定”制度，即包产、包工、包投资、超产奖励，固定土地、固定劳力、固定牲畜、固定农具。生产队实行临时、季节或常年包工制，少部分实行超产奖励制，并实行定量、定质的劳动生产定额制度，按件计酬，多劳多得，少劳少得。高级社为解决当年的籽种、肥料、饲料等生产费用和偿还社员的耕畜、农具折款，向社员按劳动力分摊公有化股份基金和生产费股份基金。前项基金是集体财产的垫本，退社不退股金，后项基金用于当年生产费用，年终决算后转入下年投资。

### （四）人民公社

1958 年 8 月，中共怀安县委召开县、乡、社千人大会，贯彻中共中央《关于在农村建立人民公社的决议》。会后，按照“一大二公”的要求，将原来的 224 个高级社并为 6 个人民公社，即红旗（柴沟堡）人民公社、光明（怀安城）人民公社、卫星（头百户）人民公社、东风（第三堡）人民公社、东方红（左卫）人民公社、花山人民公社。其中规模最大的是红旗人民公社，有社员 5991 户；规模最小的是东风人民公社，有社员 3498 户。公社下设管理区，管理区下设 236 个生产队。1961 年，将 6 个人民公社调整为 21 个。1962 年，调整为 24 个。1965 年，又恢复到 21 个，下设 305 个大队、1565 个生产队。

人民公社实行政社合一、工农商学兵五位一体制，一度实行组织军事化、行动战斗化、生活集体化。1961 年，中共中央发布《农村人民公社工作条例（修正草案）》（即六十条）和《关于改变农村人民公社基本核算单位问题的指示》后，中共怀安县委将公社、生产队两级核算制改为公社、大队、生产队“三级所有，队为基础，以生产队为基本核算单位”的核算体制。

## 二、资本主义工商业社会主义改造

1952 年，国家对私营工商业实施“利用、限制、改造”的方针，采取“统筹兼顾、全面安排、积极改造”的政策，对私营工商业先以代销、经销的经营方式进行改造。怀安县私营工商业的社会主义改造从1955年2月开始，到1956年1月完成，私营工商业全部实现公私合营。

1952年2月，怀安县积极响应上级号召，着手对全县的872户私营工商户进行社会主义改造，其中584户、754人得到改造。得到改造的私营工商户中，有376户、376人成为初级经销店，203户、345人组成合作商店28个，3户、17人组成公私合营商店1个，2户、16人组成代销点。未得到改造的私营工商户中，有109户、123人改为务农，62户、110人转入其他行业，117户继续为摊贩。

在社会主义改造中，商业网点改变了集中于城镇的格局，形成了以国营、供销社为主体，以合作商店为补充的商业体系，购销两旺，市场繁荣。1955年，商品流转总额达1 447.36万元，比1954年增长了23.82%；1955年，商品销售总额达955.69万元，比1954年增长了31.06%。1956年，社会主义改造进入高潮，众多私营工商户纷纷申请走社会主义道路，自愿公私合营。全县988名从事私营工商业的人员中，有6人被定为资本家，其余为小业主。全县从事私营工商业的人员中，有904人纳入公私合营，确定其中的645人拿定息，259人为合作商店人员，其余84人为经销代销商贩。怀安县还成立了公私合营商业总经理部，武佃任总经理。随后，总经理部改设为公私合营百货、棉布、副食、饮食服务经理部。

在对私营工商业进行社会主义改造的过程中，对合营后的私人资本实行赎买政策，由企业计付年息5厘的定息，20年还清。合作商店的私人资本认作股金，按股份实施分红。公私合营商店以行业归口，由国营和供销社领导。每个合营商店派驻一名对口部门的干部作为政府代表，与商店经理共管企业。合营人员实行月薪制，月人均工资 24.05 元。1956 年 8 月 9 日，有 89 名公私合营人员转为国家工作人员。同年 10 月 17 日，又有 42 名私营零售点的人员转为国家工作人员。与此同时，将合营人员的工资上调 12.4%，达到月人均工资 27.03 元。

## 三、个体手工业社会主义改造

新中国成立后，对个体手工业者的社会主义改造是通过走合作化道路实现的，从根本上实现了将生产资料私有制转变为社会主义公有制。怀安县积极响应中共中央的号召，从 1952 年开始，逐步开展对个体手工业者的改造，全县上下组织了各类手工业合作社，并由此向工业生产过渡。

当时柴沟堡的铁业比较发达，铁匠炉比较有名，因此柴沟堡的个体手工业改造首先从铁匠炉开始，采取合作化形式和逐步过渡的步骤。1952 年 1 月，柴沟堡 8 家铁匠炉的 26 名职工率先组织起来，成立了全县第一家铁业生产合作社，其固定资产为 5000 元，当年创产值 6 万元。铁业生产合作社的组建与创收，极大地刺激了手工业者的入社积极性。此后，城镇手工业者纷纷组建生产合作社（组）。到 1956 年，全县的 39 种手工业行业组建了 48 个手工业合作社（组），入社人员 1189 人。

当时公私合营后，实行社员入社，生产资料折价入股，年终分红，股金陆续归还。社员报酬多实行计件工资，月初定出定额，月底根据每人的实际完成量计发工资。部分社（组）实行按社员技术水平评定等级，月底按级别计发工资。经营形式为集体经营，自负盈亏。合作社（组）的劳动所得在上缴税收、扣除联社管理费和发放工人工资后，年终如有盈余，盈余的50％留作公共积累，做扩大再生产使用；盈余的35％留作公益金，为本社（组）集体福利和个人奖励基金；盈余的15％为社员红利。截至1956年底，生产合作社（组）的自有资金达到21.97万元，获利10.23万元，上缴国家营业税4万余元、所得税2.16万元。

公私合营成立社（组）客观上对于刚刚建立的新中国集中人力、物力、智力发展集体经济，进而逐步壮大和发展县办工业是有积极意义的，并且涌现出了不少行业典型。铁业生产合作社作为全县第一家集体企业，社员边朴旺生产的羊剪、杨世海生产的刀刃、李昌生产的铁锨在张家口市享有盛名。此外，太平庄铁业社生产的蝙蝠小锄，以及王建生产的木制家具也相当出名。1955年7月，全县召开第一届手工业社员代表大会，组建了怀安县手工业生产合作社联社，实行理事、监事两会制。1956年，手工业合作化达到高潮，主要产品有40多种，总产值达68.7万元，比1949年增长了11倍。

更重要的是，各类手工业合作社培养了一大批优秀的技工，成为当时各行业的佼佼者。柴沟堡华兴理发馆的店主张济民，因家中排行老二，绰号“二掌柜”，在全县公私合营的大潮中，怀安县公私合营理发店成立，张济民入社并成为合营理发店的主任，他言传身教培养出了一大批业务骨干。其中，他收的第一个徒弟叫闫振才。闫振才20岁开始学习理发，很快成了业务尖子，后在张济民的推荐下，他和杨茂林、徐恒凡、李森等人去了军人服务社，给部队官兵理发，广受欢迎。在 1958 年张家口地区的理发业务大评比中，张济民获得全区第二名的好成绩，并光荣地出席了 1959 年国庆十周年天安门观礼，在人民大会堂受到了党和国家领导人的接见。1982 年，怀安县政协成立，张济民连续两届当选为政协常委。

1957 年，合作社进行大规模调整，大部分归商业局、供销社和当地农业生产合作社，仅留下柴沟堡铁业社、木业社、印刷社、建筑社、砖瓦社归联社管理。到 1958 年，全县兴办企业，联社撤销，县办集体企业仅有建筑、木业两社。1959 年，手工业管理局成立，黑白铁、车辆修配、箩笼、皮革、麻绳、度量衡、被服加工等 7 个行业归手工业管理局管理。1962 年 1 月，第二届全县手工业社员代表大会召开，恢复了联社管理体制。同年，有 7 个国营企业转为合作社，联社所属企业达到 31 家。截至 1966 年，全县有合作社 27 个，其中县办 25 个，固定资产达 37.97 万元，有铁业、木业、服装、鞋帽、皮革、农机具制造等百余种产品，数量达到 45.7 万件（个），总产值 155.5 万元。再后来，手工业社不断升级，逐渐演变为合作工厂。

## 第三节　掀起社会主义建设热潮

### 一、发展农业

1956 年社会主义制度基本建立后，中国共产党领导全国各族人民进行了全面的、大规模的社会主义建设，对找寻适合中国国情的社会主义道路进行了艰辛的探索。怀安人民修水库、修梯田、修渠坝，自力更生，艰苦奋斗，农业生产迅速发展。

**（一）种植业**

新中国成立时，怀安县有农户 32 962 户，农业人口 141 406 人，总耕地面积 690 900 亩，人均耕地 4.89 亩。作为传统农业大县，怀安县委、县政府非常重视农业生产，把种植业发展列为头等大事，常抓不懈，粮食产量持续增长。1949 年，全县粮食总产量为 32 190 吨，平均亩产 51 公斤。到 1976 年，全县粮食总产量达到 77 435 吨，亩产突破 100 公斤，达到 129 公斤。怀安县委、县政府根据农村生产力发展的需要，有效推动生产关系的变革，执行正确的农业政策，行之有效地采取举措，确保农业生产不断发展。

1. 抵御自然灾害

需要抵御的自然灾害主要有旱灾、水灾、病虫灾，尤其是 1959 年至 1961 年的三年特大自然灾害，在河北省的历史上都是空前的。三年特大自然灾害的特点是灾害种类多，除旱灾、洪涝、霜冻、风雹外，还出现了新中国成立后不多见的蝗灾、黏虫灾、鼠灾等，且在部分地区轮番发生。

为抵御自然灾害，怀安县推广了抗旱、抗涝、抗病虫害、适应性种植等植物防灾减灾技术，合理安排农业种植结构和布局。一是在一些水库和内涝洼地等蝗虫主发区采取改治并举的防蝗方针，因地制宜地协调应用生态控制、生物防治和化学防治等措施，确保蝗虫不起飞、不危害、不成灾；二是大力推广旱地一次性化学除草、农田灭鼠、病虫抗药性治理、生物农药及天敌保护利用、危险性有害生物封锁控制等技术；三是因地制宜地选用耐旱抗涝、抗倒伏、优质、高产、抗逆新品种，加强耐旱耐涝作物品种的筛选和推广应用，推广旱地沟垄耕作、集雨补水、旱育秧、地膜覆盖等雨养旱作农业技术，推广渠道防渗等节水抗旱技术，提高田间水利用率，通过抢抓农时、适时早播、适当增加播种量、保墒和根据测土配方进行平衡施肥、加强田间管理、合理密植、中耕追肥等措施提高作物的抗涝能力和涝后作物的生长恢复能力，达到防灾、减灾、增产、增收的目的；四是把治山兴林、涵养水源作为控制河北省山区洪水灾害和水土流失的重要工作，大力开展植树造林，加大对山区洪水灾害和水土流失的治理力度，控制土地沙化，减轻风沙、干旱等自然灾害带来的损失。

2. 推广农业科技

新中国成立后，怀安县的农业科技工作逐步展开。1953 年，建立农业技术推广站。1954 年，成立农林局，农业技术推广站成立推广股，下设满洲坡、下果园、花山、后所堡、中所堡、东北口等 6 个基点站。截至 1956 年，形成了柴沟堡、左卫、花山、头百户、怀安城、第三堡等 6 个基层农业技术推广站。农业技术推广站负责全县的农业技术指导，培训技术人才，试验、示范、推广新科技成果和科学种田技术。此后，又先后建立起了植物保护站、土壤肥料工作站、种子公司、原种场、农技推广中心、中央农业广播电视学校怀安县分校等机构和学校，多方推广农业科技，主要的工作成绩有以下几个方面。

水稻插秧。传统种植水稻采用撒籽直播，亩用稻种 15 公斤左右，播期在立夏前后，收获在白露后，亩产量 70 至 100 公斤，不仅产量低，而且稻种投入大。从1970年起，在张家场大队进行水稻插秧栽培试验，引进新品种“松辽4号”，以塑料薄膜覆盖育苗，育苗后插秧。此项改革不仅节约稻种，秧苗结实，生长期延长了20天，而且早熟丰产，之后得到广泛推广。到1977年，亩产量达476公斤，20世纪80年代曾创下亩产量突破500公斤的纪录。

畦田带种。畦田带种于1973年从涿鹿县城关镇引进推广，首先在河川区试种1500亩，并获得成功，1974年扩展为4500亩，1976年扩展为11万亩。畦田带种的技术要点是将玉米和小麦按不同比例分别作畦成带，多采用5尺带，畦宽分别为2.5尺，两畦一带，行比为2∶3。

麦菜复种。首先在柴沟堡镇水利条件较好的田地进行了试验，即在收获小麦后种一茬蔓菁或萝卜。后来采取兴水种麦，并在西湾堡、李信屯、王虎屯等地进行了推广，种植面积最多时达到了1万亩。此方法充分利用了气候、土地和水利资源，省工易管，且收入高。除亩产小麦300至350公斤外，还能收获5000至1万公斤大白菜，或3000公斤萝卜，或1500公斤大葱。

大棚蔬菜。大棚蔬菜是利用塑料拱棚种植蔬菜，充分利用光热资源，提高蔬菜复种指数和单产的一种保护性栽培新技术。1977年，在柴沟堡镇四街进行试验，建大棚3个，面积2.7亩，种植的黄瓜亩产达5617公斤。1979年，种植的黄瓜亩产达9220公斤，实现了错季生产、周年供应、满足当地、大量外销，蔬菜生产向集约化、商品化迈进。

农机推广。怀安县的农机推广首先从改良农具开始，在传统木犁的基础上，进行了双铧犁、七寸步犁、山地犁的改良。在运输方面，普遍推广胶轮大车，橡胶轮胎取代了铁轮，家庭多以小双轮胶轮车和手推胶轮车为主。随着农业现代化步伐加快，1958 年 9 月，全县引进捷克产热特-25 和热特-35 拖拉机各 3 台，共 180 马力，各配有轻型升降三铧犁一部、拖车一辆，当年机耕面积达 1.8 万亩。1960 年，全县的大中型拖拉机发展到 21 混合台，共 805 马力，机引农机具 43 台（件），机耕面积达 8.08 万亩。不久，在柴沟堡、头百户、花山、第三堡、左卫、怀安城先后建立了拖拉机站。1966 年，全县引进链轨式东方红-75 和东方红-54 拖拉机各一台。自此，全县共有拖拉机 30 台，共 1135 马力，机耕面积达 11.17 万亩。1974 年，全县的拖拉机发展到 67 台，共 3112 马力，机引农机具 161 台（件），21 个公社全部建立了拖拉机站。

除此之外，农田种植大量使用各类农家肥料、化肥等，粮食产量逐年增加。

**（二）林业**

1949 年，全县境内仅有小片林木 9000 多亩，零星树木 90 多万株，森林覆盖率仅为 0.4%，且多数被地主、富农占有。

新中国成立后，片林（包括山林）均归公有，地主、富农原有林木随房产分属农民个人所有。在此基础上，为改变旧社会遗留的荒山秃岭的面貌，怀安县委、县政府从 1950 年起，每年春、夏、秋三季都会组织群众性的绿化建设，开展绿化工程。

1951 年冬，全县对总面积 4 万多亩（包括山地）的金沙滩进行了林业勘测。1952 年春，察哈尔省政府实行以工代赈，并下拨 100

万公斤小麦作为劳动报酬，全县组织千余名群众会战，完成杨柳插干造林3560亩，开怀安县大规模集中造林的先河，之后又在20多万亩宜林地的丘陵山区开展了以直播榆钱为主的群众性造林运动。1952年冬，开始在灵官庙山、虎窝山、花山和渡口堡北山等深山区实行封山育林养草，封禁面积达10万余亩。

1954年初，金沙滩被列为国营造林基地，每年造林千亩。1954年春，国家无偿提供树种、营林技术，全县以直播杏核为主，兼植杨、柳、榆、槐。与此同时，全县开始荒山造林，先在灵官庙山主峰北麓试播油松150亩、落叶松3亩，成活率为70%。自此，全县每年以千亩松林覆盖荒山。1958年建立国营林场，继续坚持造林。

1968年春，全县种植杏树约10万亩，栽植桑树2万多亩，栽植其他林木万余亩。

1969年至1970年，由县武装部牵头，林业部门配合，每年从各公社、大队抽调青年民兵400人，组成绿化民兵营，分赴灵官庙山林区和渡口堡北山，众人吃住都在山上，并结合军事训练，从事边远荒山的造林绿化建设，两年共造林8000多亩。

据1975年的林业普查数据显示，新中国成立后，全县累计造林47.1万亩，实际有林面积10.86万亩，“四旁”（宅、路、河、渠旁）累计植树707万株，保存319万株。1976年至1979年间，中共怀安县委多次组织县、公社、大队主要干部和农民代表到山西夏县和长治县、河南鄢陵县、安徽涡阳县、河北灵寿县、辽宁抚新市和内蒙古清河县等绿化先进地区参观学习，并利用各种农村工作会议、有线广播、黑板报等形式宣传植树造林、保持水土的重要性，同时积极落实中共中央的各项林业政策，实施农田林网建设等多项举措，全县有林面积逐年增加。

### （三）牧业

怀安县的草地自然资源比较丰富，历史上曾是游牧民族的牧地。但由于长期的过度放牧，到新中国成立初期，牧场严重退化。自1962 年以来，全县实行轮封轮牧制度，采取封山养草和人工种草的补救措施，植被明显恢复，为畜牧业发展奠定了基础。

由于生产水平较低，全县畜牧业主要作为家庭副业而存在，主要利用农产品下脚料进行养殖，专用饲料很少，且生产周期长，出栏率较低。畜产品人均占有量较低，在食品消费中居于补充地位，与蔬菜等统称为副食品。在无机械农耕的时代，主要靠骡、马、牛、驴之类的大牲畜完成耕作。各村生产队均设有专门的马队（大车队）负责除耕作以外的远近道路的货物运输任务，也曾作为交通出行工具。

1949 年，全县有大牲畜存栏 7592 头，猪饲养量 7554 头，羊饲养量 24 949 只，鸡年内存栏 2400 只。通过恢复生产，到 1958 年，全县的大牲畜存栏翻了一番，达到 15 426 头，猪饲养量 38 188 头，羊饲养量92 795只，鸡年内存栏 90 303 只，兔存栏 58 625 只。随后，通过良种培育，科学饲养，到 1973 年，全县有大牲畜存栏 20 172 头，猪饲养量 53 125 头，羊饲养量 75 678 只，鸡年内存栏 177 778 只，兔存栏 59 201 只，牧业总产值达 636 万元，占农业总产值的 19.8%。

### （四）水利

怀安县委、县政府非常重视革命老区的水利事业，进行了有效的水土保持，并开展了小流域治理、兴修水利工程，强有力地为农业生产条件的改善奠定了基础。

1. 水库建设

1956年，全县首座水库——曹家庄水库建成。此后，相继建成杨家窑、榆林屯、下王屯、南坪、水濠洼等小型水库。同时，在水源缺乏的山区，利用沟道基流或小泉眼建成截引潜流工程，解决了部分饮水和灌溉问题。到1964年，全县建成小型水库19座，总库容约530万立方米。

小型蓄水工程投入使用后，山洪携带的大量泥沙在库区淤积，工程失去了蓄水作用，部分小型水库报废。为解决库区淤积问题，相关部门将工程中的涵卧管灌溉洞改建为大底孔泄洪洞，用以排沙放淤。1970年，建成水沟口水库（水沟口一库），首次采用“缓洪蓄清”的方式，在减少淤积、延长水库寿命方面探索出了一条新路。1969年至1979年是怀安县历史上调蓄水工程规模最大的阶段，在此期间共建成中型水库1座、小（一）型水库3座、小（二）型水库3座，受益面积21.2万亩，主要建成的水库有水沟口水库、太平庄水库、水沟口二库、西洋河水库。

2. 渠道建设

作为灌溉工程的主要组成部分，怀安县的渠道建设由来已久。据《怀安县志》记载：“清朝乾隆三年（1738年）西盛渠开筑，渠长3公里，引西洋河水灌田800亩。”此后，历经嘉庆朝、光绪朝、民国时期，渠道建设从未停止。1945年8月，怀安第一次解放，县长蒋涛先后主持开挖了裕民渠、永利渠、兴民渠、胜利渠。1949年，怀安县的强地区、左卫区、后所堡区新开挖小型渠道11条，增加灌溉面积2100亩，全县水浇地面积达到8万亩。1949年至1953年间，全县以恢复旧有渠道，新开或修复一些小型渠道为主。在开展农业合作化后，全县的水利建设掀起高潮。以洪塘河流域为重点，建大渠道工程，按照河道流域，先后建成洪塘河、大洋河、西洋河、水沟口、淮河、南洋河等6个大灌区。

3. 水井建设

新中国成立后，怀安县政府发动群众在农田打井，围土砖石井，并采取出贷水车的办法鼓励农户凿井灌溉。1953年，全县有土井405眼，配套水车102架。磨泥湾农民赵福顺为改进井灌设备，经过5个多月的钻研，制造出适用于5米以下水井的手动抽水机。同年7月，察哈尔省政府为他颁发奖状、奖金。1957年至1958年间，怀安城镇西门外和右所堡、阳房一带连片打小土井，为加固井壁筑砖井百余眼。

1960年春，张家口地区地质队到王虎屯乡打机井，主要打大口井和机井。半年后，共打成机井49眼，其中自流井5眼。1965年，随着输电工程的发展，在地下水质较好的公社、大队开始打大口井和机井。是年，打井59眼，浇灌农田6150亩。同年10月，怀安县机井队成立。截至1966年，全县共有机井215眼，配套灌溉设备185部，灌溉面积近万亩。1973年6月，怀安县成立打井指挥部。全县225个大队、617个生产队共建立590个打井专业队，当年打井973眼（包括大口井）。1978年，全县共有机井1650眼，井灌面积达5万多亩。

1962年起，全县开始建设扬水站。首先在东沙洼村洋河边上建成扬水站一座，配套55千瓦电动机抽水，扬程8米，可浇地1000亩。1965年后，相继在洋河、南洋河、洪塘河沿岸建设扬水站。到1973年，全县建成二级扬水站29座，灌溉面积达9000多亩。1973年后，又陆续兴建了一批扬水站（点），1978年达到107处。扬水站的建设，使得丘陵地变成水浇地，大大提高了农作物的抗旱能力。

4. 河道防洪

怀安县的河道防洪工程主要是洋河和洪塘河的治理。从1965年3月起，按照张家口专署治理洋河委员会统一对洋河进行规划治理的要求，怀安县全面展开了洋河治理。中共怀安县委于1972年、1974年、1978年共3次做出治河规划，预留河宽100至120米，防洪坝高2.5米，分别修建混凝土链板坝、干砌石坝、沙石坝等各种堤防工程。同时，对洋河支流南洋河也进行了治理。从1978年起，全县开始分段治理。将李信屯至田家庄沙河段的河道宽定为100米，田家庄以下至车道沟沙河以西的河道宽定为130米，入洋河段的河道宽定为160米，并建设干砌石坝和浆砌石坝。洪塘河流域实施上、中、下游分段治理，共治理河道17.66公里，成滩涂地5000多亩，护地8000多亩，因河道内有3座水库调洪蓄水，形成了综合性防洪水系，洪塘河沿岸成为全县重点产粮区。

5. 人畜饮水

新中国成立以前，全县有浅水井238眼，多集中于富水区的城镇，以人畜饮水为主。由于缺乏饮水工程，缺水区群众的人畜饮水十分艰难。从1952年开始，全县实施引水工程。到1957年，国家投资8.5万元，群众自筹1.1万元，工赈小米3875公斤，共建设饮水工程

16 处，全县饮水问题得到有效缓解。从 1958 年至 1969 的年 10 多年间，国家共投资 51.83 万元，当地自筹 3.1 万元，建设饮水工程 39 处，大部分工程至今仍在使用。1970 年后，随着电力事业的发展，主要是使用打机井、用深水泵电动提水和柴油机三级泵扬水等办法解决山区的饮水问题。其中，1973 年和 1974 年两年，共建设山区饮水工程 40 处，包括配套机泵提水工程 28 处，17 个公社、40 个村的饮水问题得到解决。

## 二、发展工业

1975 年，怀安县化肥厂建成。随后，水泥厂、磷肥厂、刀具厂、啤酒厂、印刷厂、五金厂、农具厂等相继建成。到 1978 年底，全县的化工、机械、冶金、建材、服装鞋帽加工等工业门类齐全。工业企业年总产值达 3771 万元，是 1952 年的 66 倍。

怀安县水泥厂

## （一）国营工业

随着三大改造的完成，怀安县于1958年始建国营工业，当年兴办了采掘、冶炼、机械、建材、纺织、印刷等17家企业，有职工1863人，年产值183.3万元。截至1978年，先后经历了“大跃进”、国民经济调整、大办“五小”工业等3个时期，县办国营工业逐步发展起来。

1959年，全县兴建了造纸厂、纺织厂、工业制品厂。1961年，怀安县贯彻落实“调整、巩固、充实、提高”的方针，先后停办了一批原料不足、成本高、产品质量差的企业。到1962年，仅存山旺庄煤矿和造纸厂两家企业。1970年，县办国营企业再次兴起，骨肥厂、化学厂，以及右所堡磷矿的3个厂矿相继兴建。当年，县办国营企业有4家。到1975年，县办国营企业达到14家，其中工业系统内有5家，有职工796人，年产值818万元，实现利税71.46万元。到1977年底，全县国营工业企业主要有化肥厂、磷肥厂、水泥厂、坩埚厂、馒头山铁矿、龙泉寺铁矿、磷矿、石墨矿等8家。

其中，怀安县化肥厂于1975年3月筹建，当年12月投产，是当时县内的骨干企业。建厂初期，设计能力为年产合成氨3000吨、碳铵1.2万吨。1976年实际生产合成氨4036吨、碳铵1.61万吨。1978年经过扩建，化肥厂达到了年产合成氨6000吨、碳铵2.4万吨的水平。随后被化工部、河北省政府、河北省石化厅授予“无泄漏工厂”“全国小氮肥战线红旗单位”“盈利超过二百万元先进单位”等荣誉称号。怀安县磷肥厂于1970年筹建，1972年投产，1977年购置了大型机械配套设备，形成了机械化半机械化生产线，年产磷肥4000多吨，年产值 50 多万元，产品达到四级品标。

怀安县化肥厂

### （二）集体工业

1958 年，全县各人民公社相继兴办企业。当年，兴办的集体企业仅有建筑、木业两家。1959 年，手工业管理局成立，随即黑白铁、车辆修配、箩笼、皮革、麻绳、度量衡、被服加工等 7 个行业归手工业管理局管理。1960 年，县办集体企业达到 15 家，1961 年发展到 21 家。

1962 年 1 月，第二届全县手工业社员代表大会召开，恢复了联社管理体制。同年，有 7 家国营企业转为合作社，联社所属企业达 31 家。1963 年后，企业调整，到 1966 年，合作社为 27 个，其中县办 25 个，固定资产 37.97 万元，有铁业、木业、服装、鞋帽、皮革、农机具制造等百余种产品，数量达 45.7 万件（个），总产值 155.5 万元。

1969 年，产品结构调整，企业调整为 20 家，其中县办 16 家，产值增至 453.47 万元。1973 年底，全县的集体企业共有 52 家，其中县办集体厂（社）20 家，并先后将怀安县刀具厂、农具厂、建材厂、印刷厂等 9 家原手工业社升为合作工厂。到 1976 年，其余厂家也全部升为合作工厂，隶属县工业局。全县的集体企业共有 61 家，其中县办集体工厂 17 家，有职工 1572 人，年产值 592.35 万元。

到 1978 年，全县形成了国营工厂与集体工业并存的格局，工业门类包括机械、冶金矿山、化学化工、建材、服装、鞋帽、印刷、食品、木器制造等。以社会主义公有制（包括全民、集体企业）为基础的工业体系基本建立。

**（三）乡镇工业**

怀安县的乡镇企业始办于 1958 年，当年全县人民公社共办企业 97 家。1961 年多数下马，到 1965 年，全县社办企业仅存 3 家，从业人员 47 人，年产值 1 万多元。1970 年后，社队企业复办。到 1975 年底，共办社队企业 28 家，从业人员 1381 人，年产值 13.5 万元，占全县工业总产值的2.6%。1978年，怀安县贯彻落实农村农工商综合经营的方针，大力扶持社队企业，参与社办、村办、联合办、个体办的人数逐年增加，涉及建材建筑、采矿业、运输业、来料加工、食品加工、商业服务等多个领域。乡镇企业的发展推动了农村商品经济的发展，促进了农村的产业结构调整，改变了农村单一经营种植业的旧模式，为农民劳动致富开拓了一条新路。

## 三、发展交通

新中国成立后，怀安县委、县政府十分重视公路交通的发展和管理，逐年投资兴建。“要想富，先修路”“公路通，百业兴”成了全民共识，使得怀安县的公路建设得到了突飞猛进的发展。

### （一）新中国成立初期的公路建设

新中国成立初期，怀安县的公路建设主要是恢复旧有的公路，即将原有的公路进行修整，达到畅通的目的。1950年，遵照政务院《关于1950年公路工作的决定》，全县围绕恢复和发展生产，发动群众恢复公路。1950年10月至1956年，全县对破烂不堪的简易土路进行了重点修复，并适当修建了新路。

全县的第一条公路是张家口至大同公路，该路在怀安县境内全长54公里。同时还修复了柴沟堡至马市口公路，这是全县的第二条公路，在怀安县境内长26.38公里。但是这两条公路的路况很差，基本上是“晴通雨阻”。

在修复县境内主要公路的同时，全县也修复了区、乡道路。除全长35公里的怀化公路尚不能通车外，其余都进行了整修，加强了养护，基本上保证了通车。为了满足军事战备需要，还修建了从县城柴沟堡南门口部队驻地向西越过京包铁路，直至坦克团驻地，全长 6.1 公里的军事专用路。这条军事专用路的建成，使柴马公路穿越沙河的路段变成了正式公路，对全县的物资流通、经济发展起到了重要作用，也是军民共建公路交通的开端。

**（二）社会主义建设时期的公路建设**

1956 年社会主义改造基本完成以后，怀安县的公路建设在重点改善张枳（原张同，今张怀）、柴马两条干线公路的同时，还大力开展了地方道路建设，初步勾勒出了网状分布格局。

第一，开始了干线公路的改建工作。自 1957 年开始，逐步对张枳干线公路进行改善提高，并成立了怀安县公路施工所。从 10 月 21 日开始，组织发动王虎屯、右所堡、中所堡、第三堡、陡坡、左家房、杨家庄、三十里店、太平庄和一堵墙等 10 个乡的民工，为改善张枳干线公路上的土路采备石料。为避村就野，在原来基础上完成了任家窑至后所堡段 4 公里的改线工程。用南洋河大桥剩余的木料更换了水闸屯桥面，并对桥面木板进行了防腐处理。1960 年 2 月，水闸屯村改线 2 公里。1961 年 10 月，加宽二道台至三道台路基 2 公里。1965 年 10 月，整修王虎屯至枳儿岭段路基 4 公里，动用土石方 8637 立方米，并新建干砌石台木面涵洞 2 道共 15 米，总投资 4000 元。至此，张枳干线公路怀安段基本完成了险路改造，路基宽度 3.5 至 6.5 米，初步具备了汽车行驶的条件。

第二，对柴沟堡至马市口公路再次进行大普修。在 1962 年整修的基础上，1964 年又一次进行大普修，并开始通行客班车。

第三，为保证工农业生产的正常运转，开辟了矿区专用道路。1958 年 8 月，修建了柴沟堡至龙泉寺矿区的路线，全长 24 公里。同年，在南洋河上架起一座 36 孔，全长 205.5 米的木结构大桥。1960 年，修建了右所堡通往磷矿的专用线，全长 4 公里，同时新建了长 6 米的拱涵一座。

第四，于 1959 年对怀安城至第三堡及左卫至孔家庄、至馒头山等路线进行了整修，并修建了第九屯至左卫、至龙泉寺的两条长 16 公里的大车路。1960 年，完成了尚未通车的 2 个公社（左卫、花山公社）与 169 个大队（含今万全县的 26 个大队）之间的 500 公里道路的建设，实现了队队可通汽车。

第五，到 1965 年底，全县的公路总里程达到 143 公里。其中，有干线公路 2 条，共 83 公里（张枳公路 54 公里、柴马公路 29 公里）；有社级路 5 条，共 60 公里（柴左公路 25 公里、怀三公路 13 公里、三张公路 1 公里、后太公路 13 公里、水西公路 8 公里）。全县 24 个公社（镇），除渡口堡、李信屯、陡坡、乔家房、郑王庄等 5 个公社仅能通马车外，其余均能通汽车。

**（三）“文化大革命”时期的公路建设**

第一，在 1966 年至 1970 年的“三线”公路建设中，在怀安县境内修建了宁远至枳儿岭及怀安城至化稍营的两条正式公路，共长 80.623 公里，并于 1971 年通客班车。随后建成逯家湾洋河漫水大桥 1 座、中桥 5 座、小桥涵 235 道，这是怀安县修建等级公路的开端。1969 年 4 月 19 日至 10 月 6 日，怀安县军民又修建了下强地至阳原交界长 12.3 公里的路基工程，新建和接长小桥涵 40 道，过水路面 2 处共74米，河坝3处共205米，铺筑砂石简易路面12.3公里。1970年，继续修建怀安城至下强地段10公里路基，建小桥涵21道，铺筑砂石简易路面10公里。

第二，宁枳公路是怀安县有史以来第一条标准较高的公路，于1970年建成。该路全长79.54公里，怀安县境里程为58.16公里，有大中桥5座、小桥9座、涵洞156道、过水路面4处、防护工程119处，是怀安县境内的第一条泥结碎（砾）石路面的干线公路。

第三，大力改善社级公路。1970年以前，全县的5条社级公路全长50.74公里。根据社队道路“民办公助，自修自养”的原则，从1970年起，在搞好干线公路养护工作的同时，重点对社级公路进行了改善提高。

第四，修建柴左公路。该路起自柴沟堡头道台村村东张枳公路50K＋860，过南洋河大桥，经西河村、刘家窑、第九屯、第六屯、第三屯、二堡子至左卫（交于宁枳公路）。改建后路基宽7.5米，路面宽5.5米，全长26.912公里。动用土石方11.6万立方米，新建小桥涵95道，铺筑简易砂石路面17公里，共用建勤工6.57万工日，总投资4.5万元。1971年再次投资5000元，完成遗留工程，使全线桥涵更加齐全，路面更加平整，运输更加方便。

第五，建成满洲坡至石墨矿专用路。该路起自柴公路17K＋700，经马圈湾、翁家湾，进入山西天镇县，至内蒙古兴和县石墨矿，路基宽7.5米，路面宽5.5米，在怀安县境内长4.808公里，不仅保证了兴和县石墨矿的开采和运输，也为以后柴马公路满洲坡至西洋河村段的改线创造了条件。之后又补修了左卫至乔家房段，该路起自左卫城北宁枳（今张同）公路25K＋881，经三里台至乔家房，为天然砂石路面，全长4.3公里。1973年，下强地至第三堡公路延长至陡坡（今下陡段），并对5K＋000至8K＋000山区越岭路段裁弯取直、改线降坡，增建小桥2座，路基宽6至7米，路面宽4米，为天然砂石路面，全长9.4公里。

第六，改建了水闸屯大桥至西湾堡段。该路起自张枳公路55K＋400，沿京包铁路经清泉寺、向阳村、南辛庄、西沙滩至西湾堡火车站，再由西湾堡延长至花山。共完成拓宽路基8.25公里，桥涵建筑物24处，动用土石方3万立方米。1974年，继续完成遗留工程。1975年，继续完成路基开山1公里（清泉寺车站至水闸屯大桥）、浆砌片石流水槽11个（西湾堡至南辛庄）、浆砌片石河坝2处共85米、木桩铅丝笼河坝60米等4项遗留工程，并增建小桥涵2道。到1976年，怀安县共有社级公路11条，总长188.933公里。

## 四、发展邮电

### （一）机构沿革

怀安县最早设置的邮政机构见于清光绪三十二年（1906年）。1948年怀安县第二次解放，在柴沟堡镇设电信局和邮政局。1952年邮、电两业合并，成立柴沟堡邮电局，怀安城为邮电支局。1955年改为怀安县邮电支局。1958年1月，怀安、万全两县合并，原万全县的所有支局一起并入怀安县邮电局，之后又相继建立了左卫、头百户、西湾堡、第三堡邮电支局。1965年建立王虎屯邮电所。1969年12月，怀安县邮电局分设邮政局和电信局，邮政局划归地、县革委会领导，电信局划归县人武部领导。1973 年 7 月，根据国务院指示，怀安县的邮电、电信两局合并，称怀安县邮电局，隶属张家口市邮电局。

### （二）邮政业务

20 世纪 50 年代，邮件主要靠铁路干线运输，邮递员以背包步行或驴驮等方式投递报刊信件，60 年代用自行车取代步行，70 年代配备了摩托车接发邮件，可由于乡村道路难走，主要还是靠步行。张林贵从 1958 年开始从事邮递工作，18 年如一日，恪守山区步班乡邮员职责，涉足 6 个公社、85 个村寨，行程 7 万多公里，准确、准时、安全无误地投递邮件 98 万多件，收送包裹 3536 件，代邮包裹 870 多件，代收送汇款 114 568 元，代汇发款 2956 元，还为群众义务代买药品、电池等小物件 930 多次，被群众誉为“铁脚板”“活钟表”。1976 年至 1979 年，张林贵连续 4 年被授予“劳动模范”光荣称号。1977 年，张林贵出席了邮电部召开的学大庆先进工作者会议，受到党和国家领导人的接见。

### （三）电信业务

怀安县解放后，怀安县人民政府接管了柴沟堡电信营业所，电信事业有了长足发展。1953 年，怀安县增设了磁石交换机 100 台，全县 25 个乡均设立了电话站，并分别装设了磁石交换机，与各中心支局总机直通，形成了电信、通信网络，304 个村开通了通话业务。1958 年后，各公社均装设了会议电话机，从县到公社随时可以利用电话会议指挥生产。全县建成了县、公社、大队与省、地内外的电话通信网。1958 年 12 月，怀安县安装“美尔”人工电报机 1 部，铺设人工电报电路1条。1961年，增设磁石交换机2台、200门长途交换机1台。1962年，增设15瓦电台1部。1975年，增设55型电传机2台，铺设电报电路2条。1977年3月，组建2DK-600型400门准电子自动电话机。1979年9月，全县开通自动电话，结束了使用摇把子电话的历史。怀安县的邮电事业迈上了一个新的台阶。

## 五、发展电力

新中国成立前，怀安县的电力发展一片空白。从20世纪50年代开始，怀安县的电力事业才实现从无到有、由点到面，逐步发展起来。

### （一）发电

1953年，中国人民志愿军胜利归国，在柴沟堡镇南门口建师部营房一座。当地驻军用锅驼机带动30千瓦发电机发电，供部队机关照明用电，年底又增大到200马力柴油机带动135千瓦发电机，供全营区照明用电。1954年初，除供部队营区用电外，还供县委、县人委机关照明用电，这是怀安县境内最早的电力能源。

1958年，中共怀安县委决定建立发电站。6月15日，第一台无锡产24千瓦发电机由45马力柴油机配套正式发电，发电站建在柴沟堡胜利街西乐楼。9月15日，第二台捷克产24千瓦发电机投入发电，两台机组轮换发电，日发电10至12小时，仅供县委、县人委机关和纺织厂、农具厂、电影院、人民礼堂用电。

1977年，中共怀安县委制定发电规划，要求边远山区农村在有水利资源的条件下，要积极建立小水电站。渡口堡公社景家山大队于

7 月 1 日建成小水电站一座，装机容量 4.5 千瓦，该电站直到后来输入电网后才退出运行。

**（二）通网电**

1960 年 10 月 1 日，怀安县开始通网电，当时架通 35 千伏线路 44.29 公里（张家口柳树屯变电站至柴沟堡变电站），建成 35 千伏变电站一座，主变一台，容量 1000 千伏安。3.3 千伏配电线路 21.4 公里，配电变压器 35 台，容量 950 千伏安。0.4 千伏低压线路 26.5 公里，装机容量 600 千瓦。通电网后，供柴沟堡各机关单位、厂矿、部队和 5 个生产队用电。

1965 年初，为了满足农业水利设施建设的需要，怀安县成立了输电指挥部。首先输通柴沟堡至后所堡 35 千伏线路 13.9 公里，并在后所堡建 35 千伏变电站一座，主变一台，容量 1000 千伏安。同时，架通后所堡至王虎屯 10 千伏线路 18.15 公里，沿途 10 千伏分支线 27.33 公里，配电变压器 27 台，容量 1410 千伏安。

1966 年 7 月，怀安县输电指挥部又输通 10 千伏线路 17.97 公里，配电变压器 10 台，容量 320 千伏安。9 月，第三批 10 千伏线路 25.8 公里输通，配电变压器 16 台，容量 505 千伏安。10 月，张家口至柴沟堡 10 千伏直送线路又恢复了 35 千伏运行，柴沟堡变电站主变更换为 1800 千伏安。11 月，又建成水闸屯变电站一座，主变一台，容量 560 千伏安。

1967 年 5 月，输通孔家庄至左卫 10 千伏线路。

1968 年 4 月，输通关帝庙至西洋河 10 千伏线路，全长 11.4 公里。至此，全县基本全部通电。输电设备已有 35 千伏变电站 4 座，主变7台，容量9060千伏安。10千伏线路发展到516.93公里，配电变压器600台，容量31 160千伏安。低压线路562.66公里，设备容量28 399.9千瓦，年购电量1 489.3万度，售电量1377万度。

从1960年开始，经过20多年的努力，到20世纪80年代初，全县有输配电设备35千伏线路68.91公里，35千伏变电站6座，主变9台，容量14 950千伏安；10千伏线路786.09公里，配电变压器903台，容量48 465千伏安；低压线路627.96公里，设备容量42 633.2千瓦，购电量5370万度。

**（三）农村输电**

随着农业生产条件的改善和农民生活水平的提高，怀安县的农村用电不断发展。全县农村地区最早通电的是柴沟堡公社的龙王塘大队和东沙洼大队，这两个大队在1962年3月就率先通电。1965年，在怀安县输电指挥部的安排下，开始对前川农村地区输电，1967年对后川农村地区输电，1969年对西川农村地区输电。到1976年，郑王庄公社输电，这是全县最后一个通电的公社，该公社的8个生产大队一次性通电成功。至此，全县21个公社全部通电，304个大队中已有232个通电。怀安县的农村用电网络逐步形成，为全县农村的经济发展奠定了基础。

## 六、发展教育

新中国成立后，怀安县认真贯彻党的教育方针，大力发展教育事业，基础教育、职业教育、成人教育及学校教师队伍建设等均取得了长足发展。

## （一）基础教育

新中国成立后，怀安县全面恢复教育事业，幼儿教育也开始恢复，部分学校复建幼儿班，无幼儿班的学校将应受学前教育的儿童放入小学班学习。农业合作社时期，全县乡村地区广泛建立抱娃娃组、托儿所。1956 年，入托幼儿 12 166 人。1958 年，全县幼儿园（组）发展为 278 个，有教养员 300 多人，入园幼儿 20 418 人。同年，怀安县幼儿园在柴沟堡建立，入园幼儿 20 多人，有教职工 5 人。1962 年，全县的大部分农村幼儿园停办，县办幼儿园每年只招收干部、职工的幼儿 20 人左右。1975 年，各小学及部分生产大队重办幼儿班，称育红班，入园幼儿 4340 人。

新中国成立后，怀安县政府大办小学教育。全县小学发展到 189 所，其中有 2 所高级小学、8 所完全小学，共有学生 18 160 人、教职工 393 人。后借鉴老解放区和苏联的办学经验，扩大班级容量，实行二部制，提高了儿童入学率。1956 年，全县有小学 222 所，共有学生 24 501 人，占学龄儿童总数的 73%。1958 年，全县进一步普及小学教育，小学发展到 259 所，共有学生 29 391 人、教职工 827 人。1964 年，为提高学龄儿童的升学率，全县推行半耕半读教育制度，建立耕读小学 49 所。在全日制学校设耕读班（组）230 个，耕读生达 6639 人。1965 年，全县小学发展到 287 所，在校学生 26 041 人，有教职工 955 人。

怀安县的中学教育始于 1952 年。9 月，在怀安城原县政府旧址建立怀安县初级中学，设教学班 3 个，有学生 150 多人，配备教职工 15 人。1954 年，柴沟堡中学建立。1956 年，左卫中学、头百户中学建立。1957 年，又建立 4 所民办中学。1958 年，柴沟堡中学招收两个高中班，共有学生 100 人，成为全县第一所完全中学。截至 1959 年，全县有 11 所中学（包括 3 所民办中学），在校学生 2658 人。1963 年，调整撤销了王虎屯、西沙城、渡口堡国办中学。1970 年，全县提倡“读初中不出片、读高中不出社”的原则，多数小学附设初中班，改为七年制学校。在此期间，有 8 所国办中学均设高级中学班，同时复办渡口堡、西沙城、王虎屯中学，并且还新建了柴沟堡第二中学和第六屯高级中学。1977 年，全县有中学 152 所（包括高级中学 16 所、完全中学 34 所），在校学生 19 577 人，有教职工 1057 人。1978 年，全县对中学教育进行调整，撤销了 22 所完全中学。

**（二）职业教育**

怀安县的职业教育主要包括师范教育和职业技术教育。

怀安县的师范教育始于民国初年，在县劝学所内设师范传习所。民国二十年（1931 年），建立怀安县乡村师范学校。民国二十四年（1935 年），察哈尔省教育厅在柴沟堡南门外建立怀安、万全、宣化三县联合简易乡村师范学校，后因日军侵华停办。其间，民国十五年（1926 年），怀安城北女校、柴沟堡女校均曾设女子师范班。1952 年，在怀安城开设师范培训班，收学生 40 人，1953 年学生毕业后停办。1953 年，怀安县小学教师业余进修学校建立。1958 年，将怀安城中学初中三年级的两个班改为师范班，有学生 100 人，一年后学生毕业任教。1959 年，设立怀安县初等师范学校，1961 年停办，共招收 5 个班，培养学生 250 人。1979 年，开设河北柴沟堡师范学校附设教师进修中等师范班，收学生 50 人，修业两年。怀安县的师范教育起步较早，并且在新中国成立后不断发展，培养了一大批教育人才。

怀安县的职业技术教育始于1958年，当时全县建起22所农业中学，有学生1198人，1966年发展到49所，有学生2467人。1958年，怀安县金沙滩林场办林业中学，学制3年，1960年停办，培养学生80人。1959年，怀安城创办农业四化学校，设6个班，招收650名学员，设拖拉机、水利排灌两个专业，学制1年，学员毕业后停办。1960年，怀安县建立戏剧学校，收学员70人，次年停办。1963年，张家口农机电力技工学校建立，后迁址宣化，设2个班，收学生100人，均来自西沙城、渡口堡中学。1965年，怀安县林场、农场分别开办林业、农业、良种3所职业学校，学制3年，每校均有学生50人，但只办了一届。同年，张家口专署卫生局在柴沟堡建立卫生学校，招收学员50人，1966年停办。1977年，在县师范学校旧址复办戏校，招收学员50人，次年停办。从20世纪50年代末期到70年代末期，怀安县的职业技术教育时办时停，虽没有一直坚持下来，但每一次尝试都培养了大批技术人才。

**（三）成人教育**

新中国成立后，怀安县的部分乡村始建民校，由村小学教师任教，农民利用晚上的时间学习文化。1950年12月，全县广泛开展农民业余教育，各区、村纷纷成立工农业余教育委员会，聘请义务教师，冬季入民校学习的农民达11 444人。1951年，全县有民校190所，学员9408人，配备民校教师294人，另有分散识字班59个，参加学习者2036人。1952年，扫盲工作委员会成立，全县183所民校的10 251名学员经过3个月的学习，有80%的学员脱盲。1956年，全县 33 个乡镇的 255 个村设有民校，入校人数 3.2 万人，占文盲总数的 56%。后因经历三年经济困难时期，民校大多停办。1963 年，有 28 个村复办民校，招学员 1189 人。1964 年，全县的农民业余学校达到 122 所，有学员 6983 人。

怀安县的职工业余学校成立于 1951 年，配备教师 7 人，设普通班 1 个，有学员 102 人，另有分散学习小组 4 个，有学员 87 人，主要学习语文、数学，兼学党的方针政策。1952 年，柴沟堡搬运队职工业余学校、怀安城手工业职工业余学校、柴沟堡职工业余学校等相继建立，学校的教学任务以扫盲为主。1956 年，怀安县的职工业余学校与干部业余学校合并，组成联合业余学校，设初中班 5 个，招学员 285 人；设小学班 7 个，招学员 560 人。1959 年，全县有 483 名职工参加业余学习。1979 年，电视大学工作站成立，干部职工的业余学习被电视大学、函授学习、入大专院校培训所代替。

## 七、发展医疗

清光绪年间，柴沟堡镇的和顺堂和有生堂药店均设坐堂医生。民国元年（1912 年），柴沟堡、怀安城相继办起中西医诊疗所 7 处。民国时期，全县有 15 处中药店内设坐堂医生。民国二十六年（1937 年），怀安县国民政府创建怀安县卫生院。新中国成立后，怀安县的卫生事业逐步发展，医疗机构日益完善。截至 1978 年，全县有县属医院 2 所、乡（镇）卫生院 6 所、乡村卫生室 245 个。同时，全县还广泛开展了卫生防疫和流行病、地方病防治，以及爱国卫生运动，人民群众的就医看病问题得到有效解决。

**（一）怀安县医院**

怀安县医院建于1950年，初名怀安县卫生所，有医务人员9人，1955年更名为怀安县医院。医院设内科、外科，有病床20张，1956年设化验室，配置超声波机一台。1958年，怀安、万全两县合并，医院更名为怀安县第一人民医院。1961年，怀安、万全两县分置，医院名称改回怀安县医院。1963年，怀安县医院具备了进行一般外科手术的条件，医务人员达到62人。1973年，医院设病床74张，医务人员增至88人。1975年，医院增设心电图室、理疗室、口腔科。

**（二）怀安县中医院**

怀安县中医院的前身是1952年由中医师孙秉衡组织11名个体医生建立的中西医联合诊所，孙秉衡任所长。医院的中医设内科、妇科、外科，西医设内科、儿科。1958年，诊所与满洲坡、沙家屯联合诊所合并，改为集体所有制单位，定名为红旗人民公社卫生院，隶属红旗人民公社。1950年，增设病床10张。1961年，更名为柴沟堡卫生院。1965年，医务人员达20人。1973年，医院的制剂室可自制黄连素、板蓝根、胎盘、安痛定、地霉素等注射液和片剂。

**（三）乡（镇）卫生院**

1952年，渡口堡、满洲坡、沙家屯、头百户、左卫、花山、怀安城、第三堡均成立了中西医联合诊疗所，诊疗所以中医为主，除治疗一般疾病之外，还担负着本地的防疫工作。1958年，诊疗所改为集体所有制单位，称公社卫生院。同年，各公社均建立了卫生院。1972年，怀安城、左卫、头百户、花山、渡口堡、第三堡等6个公社卫生院被改建为6所怀安县医院分院。怀安县卫生局给各分院配备了X光透视机、显微镜等中小型医疗设备，其他公社卫生院仍称原名。各县医院分院、公社卫生院共有医务人员131人，其中医生89人。1973年后，逐年给各分院配置专业技术人员，改善医疗设施，各分院的医疗水平不断提高，不仅可以开展透视、拍片、化验、心电图诊断等工作，还可以进行中小型手术，形成了门诊、住院、巡诊一条龙的医疗服务体系。

**（四）村级医疗机构**

1951年以前，全县农村地区仅有少数私人中医。1952年，在农村始设诊所和医疗点。在1965年的社会主义教育运动中，“四清”工作团医疗队为怀安县的广大农村培养卫生员500人。7月，张家口医专派人在县医院及沙家屯、渡口堡、左卫、头百户、怀安城、西湾堡、第六屯、西沙城等公社卫生院举办了为期6个月的医训班，为全县培养半农半医人员259人，受训人员返村后纷纷建起了村卫生室。1966年5月，卫生部的一名副部长来怀安县进行调研，对此项工作给予了高度评价。1968年，各公社卫生院又为农村培养赤脚医生354人。1969年，全县有89个大队建立了合作医疗室，共配备赤脚医生543人，农民可以免费或半免费就医。1972年，合作医疗室发展到245个。1977年，赤脚医生发展到725人。

## 八、发展文化

**（一）怀安县文化馆**

怀安县文化馆的前身是1909年由阮维熊在怀安城创建的宣讲所，1933年更名为民众教育馆，新中国成立后改称怀安县文化馆。1952

年迁至柴沟堡，与柴沟堡文化馆合并，设有阅览室、展览室，有工作人员5人，后增至15人，在音乐、舞蹈、戏剧、美术、摄影、文学创作等方面人才齐全。文化馆的主要职能是辅导群众的艺术活动、挖掘搜集民间艺术、培养业余文艺人才、活跃城乡群众文化生活、繁荣和发展群众文化事业。文化馆每年都会举行大型彩色周末活动，还会组织摄影、书画艺术展，并不定期开展文艺下乡辅导活动，培养出了一大批文艺骨干。

**（二）怀安县图书馆**

1920年，怀安城建立了图书馆和阅报所，1942年与民众教育馆合并。1951年，县文化馆下设图书馆。1979年，怀安县图书馆单设，有工作人员3人，后增至8人。随着上级文化部门不断加大投入，图书馆的馆藏图书数量不断增加，各类藏书已超过1.3万册。

**（三）怀安县档案馆**

怀安县档案馆的前身是1956年9月由怀安县委、县政府分别成立的机关档案室，1958年10月修建县档案馆，馆址在柴沟堡镇生产街三清寺巷一号院，有房屋11间作为库房，存储档案资料。档案馆内设办公室、业务检查指导科、党史研究室、档案馆等共4个机构。档案库面积160平方米，库存档案资料共56 257卷（册）、图书12 782卷（册），配置工作人员3人。档案馆制定了严格的档案实体安全管理制度和档案库房安全管理制度，不仅达到了“五防”标准，还制定了相关的应急预案。

**（四）怀安县晋剧团**

1951年，柴沟堡镇的武清、武会、武喜、武彬及客居张北的艺人王金婵共同发起组织成立了怀安县晋剧团，并邀请张家口晋剧名伶王云楼、郝胜魁担任主角，还招聘了演员 10 多人。1955 年 9 月，张家口专署将怀安县晋剧团并入地区晋剧团，1959 年恢复独立设置。1961 年，怀安县晋剧团划归国营单位。1970 年，怀安县晋剧团从各中学选拔 20 多名学生进入剧团学习，作为剧团的后备人才进行培养。1977 年 3 月，怀安县晋剧团改称怀安县戏校。9 月，传统戏曲复演，复建怀安县晋剧团，当时有演员 86 人。其间，剧团演出的大型传统剧目有《斩子》《算粮》《打金枝》《十五贯》《屠夫状元》《秦香莲》《走雪山》《金水桥》等几十个。

**（五）文学创作**

怀安人热爱生活，喜欢创作。1950 年，柴沟堡镇业余剧团自编的《良心哥》《改造二流子》等节目受到群众好评。截至 1958 年，全县有业余作者 70 人。1959 年至 1962 年，怀安县文联创办的《怀安文艺》共发表小说、诗歌、散文、曲艺等文学作品近千篇，其中有 30 篇作品被省级报刊转载。1976 年，怀安县文化馆开始组建文学创作队伍，先后创办了青年文学社、春芽文学社等。截至 1978 年，共培养出创作骨干 150 多人，全县的业余作者在地区以上报刊发表的作品有 500 多篇。

## 第四节　“四清”运动

怀安县的“四清”运动是在中共中央集中开展社会主义教育运动的大背景下展开的。1963 年 5 月，中共中央在杭州召开工作会议后，发布了《中共中央关于目前农村工作中若干问题的决定（草案）》（简称“前十条”），全国开始掀起大规模的社会主义教育运动，即“四清”运动。1964 年 9 月，中共中央又召开了工作会议，通过了《中共中央关于农村社会主义教育运动中一些具体政策的规定（修正草案）》（简称“后十条”）。1965 年 1 月，在中共中央政治局召开的全国工作会议上，又通过了《农村社会主义教育运动中目前提出的一些问题》（简称“二十三条”）。在此形势下，中共张家口地委书记葛启带领工作组于 1964 年 1 月下旬进驻怀安县沙家屯公社，开始了以“清工分、清账目、清仓库、清财物”为内容的“四清”试点工作。为抓出“成绩”、抓出“典型”，1964 年 8 月，中共张家口地委确定了怀安县为“四清”重点县，全面贯彻“双十条”和“二十三条，”开始了空前的“四清”运动。

## 一、粗线条“四清”

1964 年 1 月下旬，中共张家口地委书记葛启带领工作组来到怀安县沙家屯公社，贯彻中共中央的“双十条”精神，开始了“四清”试点工作。3 月，中共怀安县委成立了“四清”领导小组，并于 3 月 15 日在全县 23 个公社、278 个生产大队和 1682 个生产队开始了以“清工分、清账目、清仓库、清财物”为内容的粗线条“四清”。生产大队和生产队建立起以贫下中农为骨干的“四清”委员会和“四清”小组，组织群众学习文件，开展鸣放，揭发干部中存在的铺张浪费、多吃、多占、多记工分、投机倒把等经济问题。粗线条“四清”侧重清理的是基层干部中存在的多吃、多占、超支挪用等经济问题，查清问题后要求适时做出“退赔”。粗线条“四清”于1964年底结束。

粗线条“四清”中的“清经济”，本意是清理基层干部中存在的多吃、多占与超支挪用乃至贪污等问题，但随着运动的深入，特别是“二十三条”发布后，由于文件明确地提出“四清”的重点是整走资本主义道路的当权派，加之细线条“四清”的全面展开，以致粗线条“四清”中的“清经济”逐渐演变为了细线条“四清”中的“清经济”。因为关乎“两条道路”的斗争，导致细线条“四清”中的“清经济”明显过了火，逐渐开始了大揭、大批、大斗，并且伴有逼供、诱供。先让干部“洗手洗澡”（即自我检查交代），对“洗不干净者”再行“攻心战”，围攻“钉子人”。大中小会相结合，面对面与背靠背相结合，检举揭发与查账相结合，“攻心战”“攻坚战”一个接一个，不少干部不得不招认。最终结果是全县干部职工中招认有经济问题的达13 035人，其中县、社两级干部职工1941人，分别占参加运动干部职工总数的70.5%和43.3%。农村清出“经济不清干部”11 094人，占农村干部总数的79.1%。

## 二、细线条“四清”

中共张家口地委为了在怀安这个“四清重点县”抓出“典型经验”，搞出“丰硕成果,”组建了10 346人的“四清”工作团，成员中有中央部委和省厅处长级领导干部34人；地委正副书记、专员7人，地区正副部局科长137人；还有不少各县正副书记、县长、科局长等。工作团成员在怀安县集中整训40天后，于1965年1月正式展开工作。“四清”工作团设总团，下设25个分团（全县24个公社，每个公社设1个分团，县直设1个分团)、317个工作队，数千个工作组分驻112个县直单位、202所学校、24个公社、292个生产大队、18184个生产队。工作开展的重点是“清政治”。

“四清”工作队进驻后，从县委到科局，再到公社、大队、生产队，全部宣布党政领导权被工作队接管，基层领导干部一律“靠边站”，等待“四清”。经过一个月的“调查”，“四清”工作总团对怀安县各级领导班子和干部进行了分类排队，并对怀安县做出如下评估：一是怀安县的敌特基础较强，还有一些新老资产阶级分子，是当前阶级斗争中最主要的敌人；二是怀安县民主改革不彻底，土地改革不彻底，一批漏划的地主、富农篡夺了基层领导权；三是从县委到生产队的各级领导都有严重问题，认为以原县委书记张烈为首的中共怀安县委犯了“右倾机会主义路线错误”，是“国民党县委”，县政府是“旧衙门”，全县领导权有30%以上掌握在坏人手中。以此定下了怀安县“四清”运动的基调及斗争对象。在“四清”工作总团的错误思想指导下，各分团、工作队上行下效，人为地扩大打击面，把一些本来属于人民内部矛盾的问题扩大成敌我矛盾，混淆敌我界限。

“清政治”历时一个半月，有136人被视为混入党内的地、富、反、坏分子和蜕化变质分子，有94人被视为混入干部队伍内的地、富、反、坏和贪污分子。在此期间，还进行了民主补课和清查漏划地、富分子工作。经过“深挖重算账”，全县的地、富分子由土改时定的2380户增加到3517户，占总户数的7.7%。同时，对四类分子进行评审，在原有四类分子中有336人被视为改造好的而摘帽，新戴帽者有456人。自此，全县戴帽的共有七种分子、1790人，占总人口的 0.94%。各生产大队相继建立了治保委员会和贫下中农监督改造小组，采取“十个好人夹一个坏人”的办法，对七种分子实施劳动和监督改造。怀安县的干部队伍中被确定有问题的共 2228 人，占干部总数的 12%。原县委书记张烈被定为“右倾机会主义分子”，并被撤职。中共怀安县委的 12 名常委中有 10 人受撤职、调动或其他处分。全县的 53 名科局干部中有 37 人被撤职，24 名公社书记全部被撤，24 名社长中只有 3 人保留职务，有 53.5%的生产大队支部书记被定为三、四类干部，不能继续任职。“清政治”运动中，共发生自杀事件 152 起，死亡 118 人，其中国家干部和职工 14 人、生产大队干部 18 人、小队干部 19 人、“下台”干部 17 人、一般社员 24 人、四类分子 26 人。

“清政治”高潮过后，全县又开展了思想清理和组织清理。先后共有 664 名党员受到开除党籍、留党察看和其他处分，占党员总数的 12.8%，有 13 名预备党员被取消预备资格，占预备党员总数的 22.8%，有 4616 名团员被开除、劝退和受其他处分，占团员总数的 10.1%。同时，对县、社、队三级领导班子也做了调整，各级工会、妇联、治保等组织也进行了整顿。

1965 年 6 月 2 日至 9 月，中共张家口地委在怀安县先后召开了全区四级干部会议和第二次贫下中农代表会议。大会全面总结和肯定了“四清”运动的“伟大成果”。7 月 30 日，“四清”工作队开始撤离。8 月 25 日，工作队全部撤走，“四清”运动正式结束。

### 三、重点工作

一是整理建立“农村俱乐部”。全县按照“一文一武”的方针，提出要切实占领思想阵地的口号。全县 292 个生产大队普遍建立起了“农村俱乐部”，倡导新思想，打倒一切牛鬼蛇神，并且重点开展了“群众大学毛著”活动，全县有 2.7 万多人参加，客观上起到了思想文化繁荣和引领的作用。但是在大揭、大批、大斗的浓厚气氛下，“农村俱乐部”的文艺活动显得苍白无力，一些党团积极分子和群众也多是本着凑热闹、看红火的心理参加的活动。且由于当时条件所限，“农村俱乐部”的设备非常简易，很多活动无法开展。

二是开展全县范围内的医疗卫生下农村活动。全县由地、县 42 个卫生医疗单位抽调 143 名卫生人员组成医疗工作队，从 1964 年 11 月开始，有 25 个医疗小组为“四清”工作队队员和贫下中农开展卫生防疫和医疗保健工作。共进行医疗救治达 224 750 人次，其中贫下中农 38 266 人次；抢救危重病人 601 人次，其中贫下中农 354 人次。还狠抓了对“四清”工作队队员的疾病防治工作，有力地配合了“四清”运动。就当时而言，医疗卫生下农村活动有其积极的意义，客观上解决了部分农村群众看病难的问题，这一点应当给予肯定。

三是坚决开展对敌斗争。这一做法明显与“清政治”紧密联系，并且在实践中出现了明显的扩大化现象，有混淆和扩大矛盾的倾向，造成了一定的危害，但客观上也的确震慑了敌对分子。全县共批判斗争阶级异己分子、蜕化变质分子和有严重破坏活动的四类分子 261 人，有 151 名地、富、反、坏分子交出长短枪（包括火枪）29 支、子弹 139 发、大烟 496 两、大洋 1300 块，另有变天账、旧契约 946 件。由此可见，全县的确存在地、富分子私藏枪支的问题，潜在隐患的确不少。全县原有戴帽的四类分子 1703 人，通过评审，摘帽 336

人，新查出戴帽的七种分子共456人，同时还发现过去错戴帽的45人。在当时的“四清”运动中，对敌斗争虽然明显与“清政治”挂钩过多，导致出现了“左”的错误，但部分做法还是可以得到肯定的。

四是大力开展横扫牛鬼蛇神。与“清思想”紧密结合的就是破除封建迷信，深入宣传唯物主义，声讨封建势力，反对包办、买卖婚姻，破除迷信，崇尚科学，兴无灭资，大力倡导移风易俗，大力批判巫婆神汉，严打“黄腐赌”，这些做法进一步消除了封建思想残余，有一定的积极作用。

五是大力倡导抓革命、促生产，掀起建设高潮。在广大农村地区，“四清”工作队队员身先士卒，带领贫下中农生产种地，涌现出了一批先进典型。农村群众虽是干劲儿足、生产热情高涨，但由于受到“左”倾的影响，多数情况是口号喊得高，实际效果却不大。

## 四、经验教训

“四清”运动是中共中央统一部署领导的一次规模空前的社会主义教育运动，但在实践中，由于特定的历史背景，以及在各级党委政府的具体贯彻落实过程中，坚持以“阶级斗争为纲”做指导，以“两条路线斗争”为基调，客观上犯了严重的极左错误，导致“四清”运动偏离了中共中央最初的社会主义教育初衷。作为这次运动中的重点县，怀安县可谓是经历了自新中国成立至“文化大革命”前，规模最大、声势最猛、危害最重、影响最坏的一次“左”倾错误的政治运动。

### （一）斗争歪曲事实，造成一批冤假错案

“四清”运动造成了一大批冤假错案，尤其是广大农村的基层干

部，受冤最大，受害最大，令人心寒。比如，东沙洼村原党支部书记钟文润，他创办了全县第一个高级农业生产合作社，带领群众苦干实干，使东沙洼村成为全县第一个粮食亩产上《纲要》的村庄。1952年，钟文润被评为察哈尔省“劳动模范”。1958年，他还参加了国庆观礼，见到了众多国家领导人。可是在“四清”运动中，他却被开除党籍，并戴上了坏分子帽子。又比如，全国劳模、曾受到国家领导人接见的原东洋河大队党支部书记李田，在“四清”活动中也被开除党籍，戴上了坏分子帽子。还有全国水利劳模、原沙家屯农场场长李河旺，在“四清”活动中也被双开，并戴上了帽子。在“四清”运动中，过去的先进受批评，过去的经验被否定，过去的成绩成“罪证”，总之是颠倒是非，混淆黑白，本末倒置。而且怀安县“四清”运动中的这些所谓成功的做法，为后来“文革”中批斗“反动权威”、批判“虚假劳模”等做了“样板”，危害影响深远。

**（二）武断开展工作，造成严重后果**

整个“四清”运动应遵循的原则是依靠贫下中农开展“两条路线”的斗争，而在当时，一个是鉴于基层干部群众对中央政策理解的偏差，一个是鉴于农村普遍存在的家族、宗族思想主导，出现了“往死整”的现象。而作为总团、分团、工作队的领导，在实际工作中，片面相信贫下中农，几乎是贫下中农说什么，他们就逼供什么，有的群众借此打击报复，任意加罪干部。在这双重力量的助推下，干部被逼供、诱供，不少人被逼自杀或精神受到严重摧残，还有的被迫“退赔”，连老祖产都拿了出去。总之，在整个“四清”运动中，由于工作队武断开展工作，导致干部受冤，伤害巨大。

**（三）打击范围扩大化，造成恐怖气氛**

在“四清”运动中“清政治”是重点，而在工作实践中，由“整干部”逐渐扩大到所谓地、富、反、坏这些范围，打击面明显扩大，但凡有“问题”的人都随时有被“整”的危险，从而导致人心惶惶。

**（四）影响深远，造成严重思想创伤**

“四清”运动造成的冤假错案直至党的十一届三中全会后，中共怀安县委才真正按照中共中央落实政策的指示精神，拨乱反正，坚持全错全纠、部分错部分纠、不错不纠的原则，对冤假错案彻底平反。1981 年 9 月 23 日，中共怀安县委召开平反大会，为“四清”运动中受到错误批斗、错误处理的县、社、队干部及错划的地富、错戴帽子的人员公开平反、恢复名誉。全县有 2000 多名被错戴帽子的人员摘帽，并为受牵连的亲属、群众消除了影响。此后，还为含冤自杀的人员做了“去世结论”。一大批老干部、老同志也平了反，恢复了名誉。但是回首那段历史，众多亲历者的心灵创伤却是永远无法抹去。

## 第五节 “文化大革命”期间的工农业生产

怀安县的“文化大革命”运动正式开始的标志是 1966 年 8 月，中共中央下达了《关于无产阶级文化大革命的决定》，怀安县柴沟堡师范学校、柴沟堡一中组织起“红卫兵”，开展了“四大”运动。随后，“文化大革命”运动在全县铺开，直到 1976 年 10 月结束。虽然在整个十年动乱期间，各行各业均受到了严重冲击，但是怀安县的工农业生产仍然在艰难中不断前进。

1967 年 3 月 17 日，在“抓革命、促生产”的方针指导下，按照“三结合”（解放军代表、被“解放”的革命领导干部代表、群众组织代表）原则，怀安县革命委员会成立。之后怀安县革命委员会成立了怀安县抓革命、促生产第一线指挥部，负责开展革命生产运动。怀安县抓革命、促生产第一线指挥部下设农业生产、工交财贸等若干办公室，直接指挥领导全县的生产。在此需要特别强调的是，“抓革命、促生产”虽然是在当时政治斗争非常严峻的情况下开展的，但成效还是很明显的。仅以水利工程为例，县内大小洋河治理、太平庄水库、水沟口水库等县内 10 多处水利设施都是在 1967 年至 1973 年间建设完成的，这对改善薄弱的农业生产基础设施起到了积极作用。直到今天，水沟口水库依然是怀安县主要的灌溉工程，每年浇地 3 万亩以上。

1971 年 4 月 16 日，中共怀安县第五次代表大会在柴沟堡召开。会议通过了《关于狠抓根本，进行思想和政治路线教育的决议》，选举产生了中共怀安县第五届委员会，县委与县革委实行一元化领导体制，并且逐步恢复各级党组织。在各级党组织的领导下，全县活学活用毛泽东思想，涌现出了一批先进典型。其中，1971 年 2 月 13 日，头百户公社李家洼学校 12 岁的四年级小学生霍启祥，舍己救人，英勇牺牲，县委、县革委于 7 月 19 日发出《向霍启祥学习的通知》；4 月，太平庄水库再次动工修建，并于 11 月 1 日建成。太平庄水库坝高 17.5 米，当年缓洪蓄水 500 多万立方米，浇地面积 3 万余亩。到 1972 年，水库灌溉能力达 6 万亩设计标准。在这一时期内，全县的农、林、牧等各项事业均取得了较好发展。

1974年至1975年，邓小平同志受毛泽东主席委托，协助周恩来总理工作，此时周恩来总理病情加重，邓小平同志开始全面主持中央工作。中共怀安县委以传达中共十大和全国四届人大会议精神为契机，按照毛泽东主席“安定团结，把国民经济搞上去”的指示，在经济建设方面，对各行各业进行了卓有成效的整顿。农业方面坚持“以粮为纲、全面发展”的方针；工业方面进行调整，落实生产计划，县办骨肥厂、磷肥厂、石墨厂、化肥厂等相继建成投产。1974年，怀安县境内遭受罕见洪灾，部分水利设施被毁，全县掀起重建、修复水利工程的热潮。到1974年底，修复防洪坝2万米，修复渠道工程20多处，新增耕地面积2万亩，建稳产高产田22万亩。1975年，又扩建水利工程64处，扩大水浇地面积2.3万亩。

特别值得一提的是，怀安县围绕“农业学大寨”，掀起了社会主义建设高潮。1971年9月22日，中共怀安县委、怀安县革命委员会发布了《关于进一步深入开展“农业学大寨”群众运动，实现七三年粮食上〈纲要〉的决定（草案）》，重点内容包括：大搞水利建设、大搞农田基本建设、大搞肥源增施肥料、大搞科学实验、大搞林业建设等。1974年，怀安县革命委员会发布了《关于“农业学大寨”，一步一层天，怀安县四年来情况简结》，总结了4年来全县“农业学大寨”所取得的成绩。

一是按照粮食上《纲要》的要求，1974年粮食亩产达到264公斤；二是加快建设水利工程，修建了卫东庄、水沟口、西洋河等3座中型水库和28座小型水库，打井166多眼，建扬水站30多处，建高标准园田、梯田50多万亩，成滩造地2万亩；三是坚持科学种田，重点进行了杂交籽种提纯复壮，从1971年试种杂交高粱开始，到1973年实现普遍种植，种植面积达到9万多亩，总产量达3500万斤，亩产达到374公斤；四是农业机械化得到推广，全县购进拖拉机102台，机耕土地22万亩，全县有30%的土地变为机耕地，扬水站、机井都是机泵灌溉，初步实现了半机械化。

在“农业学大寨”的过程中，全县涌现出了不少先进典型。其中，头百户公社高家窑大队在队长李荣奎的带领下，不畏困难，硬是在沟壑纵横的山区陡坡上建起了层层梯田。每天清早，社员们高举红旗，高喊口号，来到田野山坡，一锹一镐开垦、垒坝，整理梯田。梯田种粮食，垄上栽树，一派生机景象。县里曾多次组织参观学习，李荣奎还被评为红旗标兵。同时，怀安县还涌现出了黄献文、林海洋、郭宝林、王有义、冯富等好干部，还有张万玉、常绪、范生元等劳动模范。

其间，全县抽调部分人员，动用部分物资，开展了对外援助和支援唐山活动。1970年12月20日，柴沟堡公社的孙福美和西沙城公社水闸屯大队的王清（二人均为第二铁路工程十二工程处职工）赴非洲援建坦赞铁路。1976年8月19日，怀安县革委会组织320人，出动拖拉机15台、汽车10辆、脱粒机61台，赴沽源县支援小麦脱粒，9月9日返回。8月24日，县机井队赴迁安县（今迁安市）上庄公社白庄大队救灾，钻井52眼，洗井64眼，修复旧井4眼，制水泥井管4700米，11月24日返回。唐山地震后，9月9日，怀安县革委会组织了支唐民兵团，赴唐山乐亭县开口公社大庙庄支援建设，11月27日返回。

# 第六节　典型标杆成就

## 一、常家沟村，全国水土保持模范村

常家沟村隶属怀安县第六屯乡，坐落在怀安县东南部，地处洋河南岸、白云山脚下，距第六屯乡政府6.5公里，明崇祯年间，由常姓村民建村。20世纪50年代末期，常家沟村是全国水土保持模范村，比大寨村出名还要早，吸引了各级领导前来参观学习。1957年秋，由山西省委、省政府组织的水土保持参观团来常家沟村参观考察，在这支参观团的队伍中就有昔阳县大寨大队党支部书记陈永贵。陈永贵借鉴常家沟村的治理经验，打造出了大寨村，造就了大寨精神。同年，中共中央召开全国农业工作会议时，当时主管农业的中共中央书记处书记谭震林同志，乘飞机从空中视察了常家沟村。1958年1月，常家沟村在全国第二次水土保持工作会议上荣获国务院水土保持委员会颁发的优等奖旗。1958年11月，常家沟村被命名为“全国农业社会主义建设先进单位”，国务院向常家沟村颁发了奖状，国家领导人向常家沟大队赠送了牌匾。

## 二、水濠洼村，山区农田水利建设的旗帜

水濠洼村隶属怀安县柴沟堡镇，清乾隆年间建村，因地形而得名。起初，有武姓村民在此落户，他开发荒山，掘水井取水，称武家窑村。后迁来任姓、郭姓村民定居，他二人合伙将井买下，因对水的

企盼而改村名为水濠洼。1966 年，在水濠洼村党支部书记郝启的带领下，水濠洼村开通了一条长 5.5 公里的盘山大渠，并修建水库，整修梯田，还把水库里的水引到百米高的坡梁上，使 1000 多亩旱坡地变成了水浇地，促进了粮食增产丰收。1966 年 11 月 14 日，《张家口日报》以《毛泽东思想是胜利的根本》为题，整版报道了水濠洼村的先进事迹，并将水濠洼村誉为“山区农田水利建设的旗帜”。随后三年，水濠洼村拓展水利工程，进行小流域治理，大力发展生产，逐渐成了“农业学大寨”的先进典型，被评为怀安县和张家口地区“活学活用毛泽东思想先进集体”，村党支部书记郝启还出席了河北省活学活用毛泽东思想积极分子代表大会，并在会上发了言。随后，郝启写的《用毛主席的哲学思想改天换地》一文，先后在《解放军报》和《河北日报》以整版的篇幅刊登，各级电台也纷纷进行广播。

### 三、尖台寨村，20 世纪闻名全国的“体育之乡”

尖台寨村隶属怀安县左卫镇，清咸丰年间建村，是 20 世纪闻名全国的“体育之乡”。1955 年和 1958 年，尖台寨村作为“群众性体育活动先进单位”，曾两次派代表出席全国青年社会主义积极分子代表大会，受到党和国家领导人的接见，并合影留念。1958 年，中央新闻纪录电影制片厂将尖台寨村的体育运动拍成新闻纪录片在全国公映。1960 年，张永旺作为尖台寨村的民兵连先进典型代表参加了全国民兵代表大会，周恩来总理亲自授予他半自动步枪一支。1975 年和 1983 年，尖台寨村作为“农村群众体育先进单位”，先后出席了第三届、第五届全国运动会。新中国成立以来，尖台寨村曾 7 次参加全国性的体育会议，并多次荣获锦旗和奖状，《人民日报》《光明日报》《体育报》《新体育》等多家报刊和广播电台报道了尖台寨村发展体育运动的情况。

## 四、北郭家窑村，河北省委书记三进村

北郭家窑村隶属怀安县第六屯乡，明万历年间由郭姓村民建村，始称郭家窑村，1982 年因重名改称北郭家窑村。20 世纪 80 年代，北郭家窑村严重缺水，这牵动了时任河北省委书记邢崇智的心。邢崇智书记 3 次走进北郭家窑村，最终于 1996 年实施了整村搬迁工程。新村建在柴左公路南侧，二堡子与第三屯两村中间，南北长 250 米，东西宽 120 米，新民宅均为砖瓦木石结构。河北省委书记三进北郭家窑村，如今已被传为美谈。

## 五、下王屯村，小有名气的卫生村

下王屯村隶属怀安县王虎屯乡。据《怀安县志》记载：明永乐年间建村，原为屯兵之地，称夏王屯。明嘉靖四年（1525 年）筑堡，李、郭、崔、陶 4 姓迁入。下王屯村是怀安县较有名气的卫生村，从民国时期开始就一直保持着讲卫生的良好习惯。尽管当时人们的生活都不太富裕，但讲卫生仍是第一要务。那时候家贫，村民就到离村不远的寺沟山人工挖掘“白土子”当粉刷原料，粉刷室内和房屋前后的墙壁，就连室内的地面也要定期粉刷，所以家家户户的屋里屋外看起来都是干干净净的，并且村民家的院子里也都收拾得整整齐齐。直到今天，下王屯村依然保持着讲卫生的传统，村民很少患各种传染病，

以致村民大多高寿，活到 80 岁是很平常的一件事，更有 90 多岁的老人仍然可以做些简单的家务活。

### 六、郭家房村，20 世纪竹编第一村

郭家房村隶属怀安县柴沟堡镇。清朝末年，柴沟堡两户郭姓佃民因要照料田地而在此居住。民国初年，又从柴沟堡迁来七八户人家形成村落，称郭家房村。20 世纪时，郭家房村的竹篩编织有着很高的声誉，所编织的竹篩远销坝上、内蒙古等地，一度成为张家口市土产公司的常年供货商之一。郭家房村最早编织竹篩是以家庭为单位进行的，到了人民公社时期，成为生产队的一项主要副业。人们利用业余时间编织竹篩，所需原材料直接从张家口土产门市部进购，再将成品竹篩卖给土产公司，根本不用发愁销路。20 世纪 90 年代，村民郭万林家还承揽过铁质篩子的加工任务。

## 第七节　英模人物

### （一）俞昌

俞昌（1899—1975），乳名二腊友，怀安县怀安城镇北瓦窑村人。俞昌自幼家境贫寒，靠当长工、打短工度日。1942 年，俞昌 5 岁的女儿被一只狼冲进屋内叼走，他立下誓言："不打完天下的恶狼誓不为人。"从此，他便走上了打狼之路。新中国成立后，俞昌先后被评为县、省和全国劳模。1950 年 9 月 25 日，俞昌在中南海受到了毛泽东主席的接见，并参加了国庆观礼，成为闻名全国的打狼英雄。1953

年，俞昌参加了中国人民赴朝鲜慰问团，受到朝鲜民主主义人民共和国主席金日成的接见。20 世纪时还有《英雄俞昌打狼》的连环画出版。俞昌打狼时，采用跟踪狼印、寻找狼窝、沿途安装“铁夹子”等办法，连连活捉恶狼。新中国成立后，怀安县政府邀请俞昌出山打狼，仅几个月的时间，他就在怀安县境内打狼 21 只。俞昌还接受各地的邀请，带领他的儿子和徒弟前往察哈尔、内蒙古、东北等地打狼。每到一地，他都言传身教，介绍经验。几年间，俞昌带出了 4000 多名徒弟，并与徒弟一起共打狼 8800 多只。

### （二）李河旺

李河旺（1916—1997），怀安县柴沟堡镇人。1949 年至 1952 年，李河旺连续 4 次被评为省级劳模。1951 年秋，李河旺出席了全国劳动模范会议，参加了国庆观礼，并受到党和国家领导人的接见。李河旺 16 岁时开始当长工，怀安县二次解放后，他积极响应县政府修田治水、发展生产的号召，带领 12 户翻身农民在洋河滩修渠淤地 250 亩，并被推选为区水利委员会主任。之后，他组织群众勘察地形，淤滩造地，一年内修筑新老渠道 24 条，开发荒滩 600 多亩，改造盐碱地 3.8 万多亩，当年增产稻谷 40 多万斤。另外，他还带领沿河 18 个村的农户修建防洪堰 657 米，植树 2.3 万多棵，护地 1750 多亩。1951 年春旱，初夏洋河断流，他又组织农民挖津水槽，修复废井，节水浇田，缓解旱情。同年秋，霜冻早临，他发动群众浇水防霜，使得庄稼免遭霜冻，大灾之年仍获得丰收。

### （三）郭步余

郭步余，1906 年生人，怀安县渡口堡乡桃沟村人。1953 年至

1959 年，先后担任村长、初级农业生产合作社社长、生产大队队长等职。1951 年，郭步余把 12 户农民共 67 人组织起来，筑石坝、引山洪浇灌坡梁地，帮助桃沟村在当年获得了丰收。1952 年，郭步余被评为察哈尔省“农业劳动模范”。

**（四）王云仙**

王云仙，女，1923 年生人，怀安县西沙城乡水闸屯村人。1953 年至 1960 年，先后担任初级农业生产合作社社长、高级农业生产合作社社长、生产大队队长、妇联会主任等职。任职期间，她带领群众修渠治水、淤滩造地，使得水闸屯村的粮食产量逐年增加。1957 年，王云仙被评为河北省“农业劳动模范”。

**（五）牛连顺**

牛连顺，1903 年生人，怀安县头百户镇磨泥湾村人，曾担任村党支部书记。农业合作化时期，他带头参加互助组、初级农业生产合作社，积极响应政府号召，在爱国丰产运动中苦干实干，发展生产，成绩显著。1952 年，牛连顺被评为察哈尔省“劳动模范”。

**（六）孙怀潘**

孙怀潘，1901 年生人，怀安县左卫镇刘家堡村人，曾担任初级农业生产合作社社长。新中国成立初期，他积极响应党的号召，组织土改后的农民成立农业互助组、初级农业生产合作社，带领群众在洋河滩上大干几个春冬，修渠筑坝，淤地造田，新增土地 720 亩，增产粮食 5.3 万公斤，植树造林 120 多亩，拦洪蓄水，防风固沙，为发展农业生产做出了突出贡献。1952 年，孙怀潘被评为察哈尔省“劳动模范”。

### （七）苏景山

苏景山，1930 年生人，怀安县第三堡乡塔儿村人。1955 年，苏景山从部队退伍后，任村民兵连连长。他热爱民兵工作，经常组织民兵进行军事训练，并在生产劳动中发挥突击队作用，还在全县的民兵比武中取得了优异成绩。由于民兵工作开展得十分活跃，有力地促进了农业生产，深受群众好评。1960 年 4 月，苏景山出席了全国民兵代表大会，受到了党和国家领导人的接见，并被授予半自动步枪一支。

### （八）李永明

李永明，1908 年生人，怀安县王虎屯乡中所堡村人。1946 年至 1960 年，先后担任农会主任、村党支部书记等职。新中国成立初期，他带领群众进行土地改革，防洪护田，发展生产，并且在粮食征购等各项工作中积极肯干，成绩显著。1951 年和 1952 年，李永明连续两年被评为察哈尔省“农业劳动模范”。

### （九）宋然

宋然，1917 年生人，怀安县头百户镇一堵墙村人。1952 年至 1958 年，先后担任村党支部委员、村党支部书记、生产大队队长等职。1951 年，他组织 18 户农民成立了农业互助组，使组内 238 亩耕地当年增产 40%，亩产达到 158 公斤。他还对组内的 3 亩白麻实行合理密植，两次定苗，精耕细作，适时施肥，亩产达到 126 公斤，为群众做出了榜样。1952 年，宋然被评为察哈尔省“劳动模范”。

### （十）张有花

张有花，女，1938 年生人，怀安县左卫镇人。1957 年，她在农业生产合作社带头创办养猪场，组织7名妇女自己动手组建猪圈30个，养母猪30头，仔猪成活率达99%。到1959年，存栏数达500多头，向国家出售肉猪400多头。因7名妇女的名字中都带有一个“花”字，故当地人称“七花”养猪场，该养猪场被评为全县“模范养猪场”。1960年3月，张有花出席了河北省社会主义建设“三八妇女红旗手”会议，并被授予“女民兵三八红旗手”荣誉称号。4月，她出席了全国民兵代表大会，受到党和国家领导人的接见，并被授予半自动步枪一支。

**（十一）张志英**

张志英，1928年生人，怀安县头百户镇后所堡村人。张志英1953年参加工作，先后担任怀安县头百户区委干部、左卫供销社业务员、粮食局直属库业务员、怀安城粮库主任、花山公社粮食助理员等职。1959年，张志英被评为河北省“劳动模范”。

**（十二）张林贵**

张林贵，1931年生人，怀安县王虎屯乡枳儿岭村人。1958年至1976年，张林贵为山区步班乡邮员，他18年间涉足6个公社、85个村寨，行程达7万多公里，准确、准时、安全无误地投递邮件98万多件，收送包裹3536件，代邮包裹870多件，代收送汇款114 568元，代汇发款2956元。除了做好本职工作外，他还义务为群众代买药品、电池等小物件930多次，被群众誉为“铁脚板”“活钟表”，是全心全意为人民服务的乡邮员。1976年至1979年，张林贵连续4年被授予“劳动模范”光荣称号。1977年，张林贵出席了邮电部召开的学大庆先进工作者会议，受到党和国家领导人的接见。

### （十三）林海洋

林海洋，1922 年生人，怀安县怀安城镇山旗屯村人。新中国成立后，先后担任初级农业生产合作社社长、高级农业生产合作社社长、村党支部书记等职。农业合作化初期，他带领群众大搞农田水利基础建设，山地开荒 60 亩，河滩淤地 100 亩，发展水浇地 500 亩，使全村耕地的亩产提高了一倍，实现了总产量的大幅度提高。1952 年和 1955 年，林海洋先后被评为察哈尔省和河北省“劳动模范”。

### （十四）钟文润

钟文润，1927 年生人，怀安县柴沟堡镇东沙洼村人。1949 年至 1964 年，先后担任初级农业生产合作社社长、高级农业生产合作社社长、生产大队队长、村党支部书记等职。新中国成立初期，他积极推进农业合作化运动，并于 1956 年创办了全县第一个高级农业生产合作社。他大干实干，修渠筑坝，拦洪蓄水，扩大水浇地面积，改造中低产田，使东沙洼村成为全县第一个粮食亩产上《纲要》的村庄，受到怀安县政府的嘉奖。1952 年，钟文润被评为察哈尔省“劳动模范”。1958 年，应邀到北京参加国庆观礼。

### （十五）施恒

施恒，1926 年生人，怀安县柴沟堡镇人，曾任村党支部书记、民兵连指导员等职。他结合工作实际，大力开展民兵工作，劳武结合，开展了多种形式的竞赛活动，做到生产、训练两不误，集体收入年年超额完成任务，多次受到上级部门表彰。在重大节日期间，他坚持带领民兵巡逻安保，维护地方治安。1960 年，施恒出席了全国民兵代表大会，受到党和国家领导人的接见，并被授予半自动步枪一支。

### （十六）唐富

唐富，1931 年生人，怀安县柴沟堡镇人。1948 年参加中国人民解放军，1950 年在抗美援朝战争中荣立三等功，1954 年转业，1955 年担任怀安县粮食局干部，1956 年调到怀安县法院工作，1959 年曾出席河北省司法系统先进工作者代表大会，后被评为河北省“劳动模范”。

### （十七）黄献文

黄献文，1924 年生人，怀安县怀安城镇人。黄献文自幼家境贫寒，随父亲打短工、当长工度日。1954 年加入中国共产党，先后担任农业互助组组长、初级农业生产合作社社长、高级农业生产合作社社长、村党支部书记、公社党委委员、革委会副主任等职。多次出席省、地、县劳模和先进个人代表大会。1966 年，黄献文应邀参加国庆观礼，受到党和国家领导人的接见。

### （十八）靳春珍

靳春珍，1916 年生人，怀安县渡口堡乡景家湾村人。1948 年至 1974 年，先后担任村长、初级农业生产合作社社长、村党支部书记等职。20 世纪 50 年代初，他积极响应政府号召，组织农业互助组，创办初级农业生产合作社，带领群众大搞农田水利基础建设。1952 年，全村粮食大幅增产，靳春珍因此深受群众拥戴。1951 年和 1952 年，靳春珍连续两年出席了察哈尔省劳模大会。

### （十九）冀月娥

冀月娥，女，1932 年生人，怀安县太平庄乡太平庄村人，曾担任村团支部书记。在 1951 年开展的爱国丰产运动中，她积极组织男女青年参加劳动竞赛，学习科学文化，取得了突出成绩。1952 年，冀月娥被评为察哈尔省“农业劳动模范”。

# 第四章　改革开放（1978—2012）

## 第一节　拨乱反正，统一思想

1976 年 10 月 6 日，党中央一举粉碎“四人帮”。1976 年至 1978 年，怀安县通过拨乱反正，清算“四人帮”罪行，经济建设和社会发展逐步回到正确的历史轨道上来。伴随着党的十一届三中全会和中央工作会议的召开，全党的工作重点从 1979 年开始逐步转移到社会主义现代化建设上来，要求全党同志和全国人民解放思想、开动机器、集中力量加快完成实现四个现代化的历史任务。

党的十一届三中全会的公报发表后，怀安县党组织立即组织认真学习。1979 年 1 月，中共怀安县委召开了有 800 余人参加的工作会议，传达贯彻党的十一届三中全会和中央工作会议精神，研究部署把全县的工作重点转移到社会主义现代化建设上来。会议指出，在抓思想发动的同时，要从实际出发，把注意力从主要搞政治运动转到搞社会主义现代化建设上来。要进一步落实党的政策，发展安定团结的政治局面。同时强调了要发扬民主，要恢复党的实事求是、群众路线、批评与自我批评的优良传统和作风。会议还宣布，为在“文化大革命”中受到错误批判的同志平反，并宣布撤销一切有关“反击右倾翻案风”内容的文件。

## 一、平反冤假错案

中共怀安县委按照党的十一届三中全会和中央工作会议精神，在加紧研究部署如何把全县的工作重点转移到社会主义现代化建设上来的同时，开始对历次政治运动中立案审查的案件做了全面复查，大张旗鼓地开展了对冤假错案及处理失当的案件的平反与纠正工作。

### （一）“右派”摘帽改正

1957年，全县划“右派”分子152人。经复查，到1980年改正150人。原定有“右派”言行受到处理的28人中，改正26人；原划为“反社会主义分子”和受牵连的子女38人，全部予以改正。改正后，135人重新安排了工作，22人恢复了原职务。

### （二）“反右倾”案件

1959年，全县有293名党员干部受到重点批判，其中受处分的有287人。1962年复查时，对多数人进行了甄别平反。此次复查后，对所有受伤害的人员进行了彻底平反，并对他们的工作和生活进行了妥善安置。

### （三）“四清”“文革”中的案件

此次共复查“四清”“文革”中的案件4303件，除原来已做结论免于处分者外，受到党纪、政纪处分者1683人。其中，国家干部311人，职工283人，农村干部、党员、社员1089人。复查后，恢复党籍394人，恢复公职83人，撤销处分1375人，减轻处分96人，维持原处分212人。对未受处理的2620人，全部恢复名誉。

### （四）司法部门刑事案件纠正

对司法部门在“四清”“文革”中办理的320件刑事案件进行了重新审核，平反纠正123件；对办理的拘、捕、戴、劳案件共802件进行了重新审核，纠正668件。

### （五）地、富分子纠正

对“四清”中被划定地主、富农成分的1137户进行了纠正，共纠正了1054户，并恢复其土地改革时的原定成分。

### （六）扣发工资纠正

对“文革”中被扣发工资的119名干部职工共补发工资2.17万元，退还没收的房屋473间、款1.75万元，查抄物资除退还原物外，另退款788万元；给被“罢官”、免职的102名老干部恢复了职务，安排了工作。

## 二、贯彻落实党的十一届三中全会精神

为全面贯彻党的十一届三中全会精神，怀安县组织了万人宣讲团。由中共怀安县委宣传部牵头，中共怀安县委党校配合，分成31个宣讲工作队，深入全县21个公社进行宣讲。在宣讲过程中，要求突出“三种形式、一个到位”，即一种形式是针对公社党员及党员干部，以上党课集中学习为主；一种形式是针对村党员及村干部，以会

议传达、以会代培的形式为主，重在宣讲会议的主要内容；一种形式是针对广大群众，以县、乡两级广播站播放宣讲稿和乡干部包村宣讲为主，并通过印发宣传小册子、村里办黑板报等形式大张旗鼓地进行宣传。“一个到位”就是确保宣传到位。

在宣讲过程中，要注重消除村干部和群众的认识顾虑，打消其害怕心理，要坚决澄清“村干部和群众认为联产承包责任制是一下子回到解放前”的错误认识。特别需要消除干部群众不敢承包土地，“怕将来政策有变”的心理阴影，要进行思想上的大统一。

## 三、真理标准讨论

1978 年 11 月 29 日至 30 日，中共怀安县委召开常委会议，开展了关于实践是检验真理的唯一标准的大讨论。随后，中共怀安县委宣传部部长参加了 12 月中共河北省委在党校组织的各地、市、县委宣传部部长会议，用 45 天时间进行了关于实践是检验真理标准的专题理论学习。同时，河北省内的许多理论工作者在《河北日报》《河北学刊》《共产党员》等报刊上发表文章，重申辩证唯物主义的基本观点，批判“两个凡是”的唯心主义错误。这些举措都为怀安县的真理标准讨论指明了方向。

1979 年 9 月，中共怀安县委宣传部召开由县直机关、公社党委书记参加的会议，号召继续开展真理标准问题的讨论。10 月，中共怀安县委又召开了有公社党委书记和县直机关党员副局长以上干部共 360 人参加的工作会议。会上讨论了如何进一步开展真理标准的讨论，端正思想路线，批判“林彪、江青反革命集团”的极左路线，进一步解放思想的问题。会议提出：解放思想就是要实事求是，一切从实际出发，揭露矛盾，正视现实，拨乱反正，用实践是检验真理的唯一标准这个武器，破除“两个凡是”、唯书、唯上、本本主义，切实端正思想路线，为执行正确的政治路线打下基础。通过对真理问题进行一系列深入的讨论，推动了全县在各方面的拨乱反正。紧接着，全县各公社党委成员和公社干部相继开展了真理标准大讨论，全县上下逐步统一了思想。

全县自上而下开展的真理标准大讨论，是一次生动的解放思想、端正路线的教育。全县结合现实，重新对阶级斗争的内涵、什么是社会主义、怎样看待落实中的问题、如何掌握经济规律等问题有了理性认识。经过深入讨论，比较透彻地理解了党的工作重心转移到社会主义现代化建设上来的现实意义，也深入地思考了阶级斗争熄灭论和扩大化两个极端，进一步明确了当前的主要矛盾是国内生产水平低，满足不了人民生活的物质需求。同时，坚持了正确的社会主义方向，坚定了落实党的政策的决心，对经济发展规律进行了重新认识，为进一步尊重科学、科学种植、科学发展农业生产奠定了基础。

## 第二节　经济体制改革

党的十一届三中全会召开以后，改革开放的春风漫卷怀安大地，全县进入了改革开放的社会主义现代化建设新时期。1978 年至 2012 年，怀安人民在县委、县政府的正确领导下，建设中国特色社会主义的热情空前高涨。作为传统农业大县，怀安县的广大农村地区经过实行家庭联产承办责任制、二轮土地承包、税费改革等措施，农村经济和农村各项事业取得了长足的发展。怀安县的工业通过企业改制，在改革中求生存、求发展，围绕“工业立县”的战略目标，以园区建设为抓手，大力发展汽车生产、商贸物流、应急产业等优势产业，打造地方工业体系。全县的基础建设、社会事业、城乡面貌、人民生活等发生了翻天覆地的变化。

## 一、农村经济体制改革

### （一）家庭联产承包责任制

怀安县实行家庭联产承包责任制始于 1979 年，起初称联产到组责任制。1979 年 3 月初，全县召开“三干会”，明确传达了中央、省、市的会议精神。5、6 月间，以沙家屯公社郭家房村为试点先期展开。到 1981 年，全县有 1135 个生产队实行了各种类型的生产责任制。1982 年，中共怀安县委根据中央工作会议精神，决定实行包干到户责任制，当年有 1099 个生产队实行。到 1983 年，全县 1136 个生产队全部实行联产到户责任制。1984 年，联产到户责任制更名为家庭联产承包责任制。怀安县政府为承包人颁发了《承包土地使用证》，落实了一期承包，使用期到 1999 年底。农民有了土地使用自主权，大大激发了他们的生产积极性，从而更加注重农田投入。是年，全县农业总产值 8717 万元，比上年增长 61%；人均纯收入 324 元，比上年增长 62 元；粮食总产量 10 281.5 万公斤，比上年增长 11.5%；油料总产量 1350 万公斤，比上年增长 191%。

家庭联产承包责任制解放了生产力，允许劳动力从事其他行业，农村经济呈现多业发展的局面，各种专业户、重点户应运而生，专业村也随之产生。1980 年，第六屯村原党支部书记郭振亮，承包了村旁民生渠坝濠外成行的杨树，没几年就成了杨树专业户；1981 年，柴沟堡镇三街村村主任忻凯宽，承包了东沙洼一带 70 亩的土地种植玉米，后来成为柴沟堡镇第一个种植大户；是年，柴沟堡镇五街的党支部书记杨玉明，承包了原体委大院的池塘，直到 1986 年还在生产鲜鱼，收入颇丰。他还承包了安家梁的 20 亩果园，有各类果树上千株，收入可观，并由此成为 20 世纪 80 年代村里最早的万元户之一。当时全县召开表彰会，时任县长王继昌亲自给他颁奖，披红戴花，还奖励了他一台 21 英寸彩电。

1988 年，全县的专业户和重点户达 14 801 户，占总农户数的 25.4%，其中有种植业 8353 户、加工业 1502 户、运输业 632 户。全县还组建起联合体 722 个，包括户与户联合的 350 个、户与集体联合的 352 个、集体与集体联合的 17 个、集体与城市挂钩的 3 个。

实行家庭联产承包责任制以后，农民有了大量的农闲时间，搞副业就成了致富的另一条捷径。1982 年，北庄堡村老党员王成吉购买了电影放映设备，组建起全县第一个，也是全县唯一一个家庭电影队。他的电影队充分利用农民晚上的休息时间，常年活跃在全县 21 个乡镇的 270 多个行政村，年放映电影 300 多场，极大地丰富了乡村百姓的文化生活。王成吉的成功激发了不少村民的创业热情，武万生于 20 世纪 90 年代初率先开始经营电动车，成为全县第一个经营电动车的个体老板。

1999 年 2 月，怀安县政府出台了《关于搞好二轮土地承包工作的意见》和《二轮土地承包工作中一些具体问题的处理意见》，制定出“土地承包期再延长 30 年，承包期内增人不增地、减人不减地和建立土地承包经营权流转机制”的基础政策。全县有土地承包顺延的 127 个村、小调整的 133 个村、大调整的 13 个村，承包合同一式四份，县、乡、村、个人各存一份，怀安县政府统一发放《土地承包经营权证书》，承包期限从 2000 年 1 月 1 日至 2029 年 12 月 31 日。二轮土地承包的落实，给农民吃了定心丸，广大农民对农田的投入力度再度加大，设施农业、高效农业逐年增加。农业结构逐渐形成马铃薯、蔬菜、畜牧、林果等 4 个主导产业。全县的农业总产值从 1988 年的 6519 万元上升到 2012 年的 171 724 万元，农业增效，农民增收；全县的农民人均消费支出由 1988 年的 358 元增长到 2012 年的4 657.1 元。小康村数量年年增加，贫困人口年年减少。

与此同时，怀安县委、县政府对境内的荒山、荒坡、荒滩、荒沟进行了拍卖。1994 年，在王虎屯乡白玉庄村、满洲坡乡满洲坡村和景家湾村、辛窑乡陡坡村、李信屯乡旧堡村和李信屯村试行拍卖 1820 亩“四荒”的使用权，使用年限为 30 至 70 年，最终得到拍卖金 2 万元。1995 年，怀安县委、县政府制定了《关于拍卖荒山、荒坡、荒沟、荒滩使用权的试行意见》，“四荒”拍卖工作在全县展开。1998 年 3 月，怀安县委、县政府再次出台了《关于加快“四荒”使用权拍卖工作的实施意见》。1998 年至 2002 年，全县有 941 户和 4 个单位共购买“四荒”11.18 万亩，拍卖金达 416.89 万元，拍卖金全部用于了“四荒”治理。购荒者投入资金 68.31 万元，共开发治理“四荒”2.57 万亩。

### （二）合作基金会

1985年，全县的21个乡镇均建立起了农村合作基金会，为农民解决生产资金问题。1987年，全县21个乡镇的305个行政村中有299个行政村建起了经济联合社（简称经联社），由集体和农户共同经营。经联社以从开发性生产起步、发展壮大集体经济、开办新的生产项目、开辟新的收入来源为宗旨，为农民统一调运籽种、化肥；统一浇水、机耕；统一搞农田基础建设、技术培训、科学种田、区域化种植、防病防虫害；统一组织农机具等。为农民进行产前、产中、产后服务，成为具有合理规模的生产联合体。1990年，各乡、镇均建立了乡镇经济联合社，并制定了《经联社章程》，对村经联社进行指导、协调。之后全县开展了“四个一”（建好一个党支部、走好一条致富路、办好一个合作服务组织、集体积累创收一万元）达标活动。年内有98个村达标，集体创收万元以上的村有71个，集体积累万元以上的村有63个，创收、积累均达万元以上的村有57个。全县各级经联社于20世纪90年代后期相继解散。

## 二、工商企业、乡镇企业体制改革

怀安县的工商企业体制改革起步于1984年7月。1984年7月12日，全县经济改革动员大会召开，之后怀安县的工商企业历经了各种形式的责任制，且成效不错。从1986年起，中共怀安县委遵照《中共中央关于经济体制改革的决定》，对工商企业的经营体制和管理体制进行改革，经济效益得到显著提高。1988年，全县财政收入1 188.4万元，比1978年增长了201%。1992年至2003年，中共中央提出确立和建设社会主义市场经济体制，这是改革开放以来经济体制改革理论的重大突破，开创了经济体制改革新实践。特别是 2003 年召开的党的十六届三中全会，通过了《中共中央关于完善社会主义市场经济体制若干问题的决定》，标志着中国经济体制改革从初步建立社会主义市场经济体制进入完善社会主义市场经济体制的新时期。截至 2012 年，经过一系列体制改革，怀安县的经济步入快速发展时期。

**（一）工商企业经济体制改革**

1984 年至 1988 年，怀安县全面推行经营承包责任制。全县 20 个县属工业企业和 8 个商业、供销、粮食企业率先实行承包，随后在全县工商企业中逐步推广。承包形式主要有 4 种：一是实现利润总额包干；二是利润基数定额包干；三是亏损企业减亏责任制；四是销售费用包干。总体上遵循完成任务者受奖、完不成者受罚的原则，从而调动了职工的工作积极性，促进了企业的发展。1988 年，全县完成工业总产值 5 278.3 万元，实现利润 534.04 万元，完成税金 338.53 万元，同改革前的 1978 年相比，分别增长了 61%、135%和 335%。

同时，扩大企业自主权。根据国家实行的计划经济和市场经济调节相结合的政策，企业实行“三权”下放，即计划管理权、一定范围的人事任免权、产品经营权。企业有了自主权，一批新的生产项目应势而生。改革开放以来，全县新开发了果脯、钢制文件柜、刺丝、镀锌铅丝、螺纹锥、坩埚、内外墙涂料、R 型早强水泥、乳化沥青、玻璃纤维薄毡、栅格板、地膜机、水暖炉子、木螺丝等 14 种新产品。企业内部在分配上取消了“大锅饭”，真正实施按劳分配的办法。实行计件工资、超定额计奖、单位产品工资含量包干、百元销售含工资量等分配办法和一定限额的奖金制度，干部职工的生产积极性得以调动。1988 年，全县职工人均实现利税 900 元，人均收入 1474 元，分别是 1978 年的 2.25 倍和 3.12 倍。从 1986 年起，全县对国营企业实行利改税管理体制，进一步增强了企业实力。1988 年，全县工业企业固定资产净值达到3 710.7万元，比 1978 年增长了 138%。

1997 年 12 月，中共怀安县委下发文件，做出进一步深化企业改革的决定，明确了企业改革的指导思想、原则和目标任务。要求逐步建立“产权清晰、权责明确、政企分开、管理科学”的现代企业制度，将产权制度改革作为切入点和中心环节，对全县 78 个国有、集体企业进行产权制度改革。改革形式可采取租赁、委托经营、公有民营、分立重组、股份合作等，要求经过一年的运作达到预期目的。截至 2003 年，县内的水泥厂、农机修造厂、印刷厂、建材厂都已改为股份制；啤酒厂挂靠宣化钟楼啤酒集团承包经营；化肥厂、造纸厂、刀具厂向外租赁；寺沟铁矿、空心砖厂出售；综合厂等企业破产。商业流通企业实行“国退民进”的方针，国营商业体制被彻底打破，市场由多种经济成分取代。

截至 2012 年，全县深入实施“工业提升计划”，全部工业增加值达到 150 648 万元，有规模以上工业企业 27 家，实现营业利润 50 516 万元。其中，国有控股企业 1 家，实现利税 10 856 万元；私人控股企业 25 家，实现利税 37 449 万元。全年规模以上工业企业产品销售收入 340 996 万元。民营经济规模持续扩大，民营企业达到 11 353 家，所缴纳利税占全部财政收入的 63%。

### （二）乡镇企业管理体制改革

怀安县的乡镇企业管理体制改革主要从管理机构、管理体制、经营机制、激励机制等方面入手，全面进行。

1. 管理机构

怀安县首先设立了乡镇企业管理局。1990 年 7 月，又成立了地质矿产管理局（增设矿管股），局长由乡镇企业管理局局长兼任，一套人马两个牌子。1993 年，四大镇所设机构更名为经济委员会，委员会设主任 1 人、副主任 1 至 2 人，主任由副科局级待遇提升为正科局级待遇。1996 年，全县合并为 11 个乡镇后，各乡、镇机构统称为企业管理委员会，主任均为正科级待遇，副主任为副科级待遇。2002 年 6 月，乡镇企业管理局并入县经贸局，矿管股并入县国土资源局，各乡、镇设企业管理委员会。

2. 管理体制

1980 年以前，乡镇企业由乡镇、村集体所有，管理人员由农村干部担任或兼任。社办企业的工人均为生产队社员，计酬由公社出具证明，回所在生产大队或生产队按同等劳力记工分，年终参加生产队分配，每月发放数量不多的生活补贴费。队办企业的工人按劳记工分，年终参加生产队分配，有的也发一些补贴。20 世纪 80 年代，乡镇企业大多为集体经营，产品自销，自主经营，自负盈亏，独立核算。原辅料自采自购，不纳入国家计划。1990 年 5 月，国家颁布了《中华人民共和国乡村集体所有制企业条例》，规定乡村集体所有制实行多种形式的经营责任制，县政府在乡镇企业推行承包经营责任制的过程中，要减少行政干预，企业的购销调存经营活动有了自主权。

1993年12月15日，怀安县政府依据张家口市委、市政府制定的《张家口市乡镇企业股份合作制试行办法》，成立了股份制改革实施领导小组，县、乡两级联动，首先把新上的骨干企业按较为规范的股份制企业筹建，而后把现存企业转轨改革，通过清产、折股、扩股改建为股份制。随后，对关停、亏损、微利企业实行租赁、转让、拍卖、破产等措施。截至2003年，乡镇村集体所有制企业改股份制经营5家、租赁24家、承包59家、转让1家、挂靠3家、拍卖37家、破产6家、关停10家、待改5家。通过企业改制，不但强化了管理，企业经营也更加灵活，同时因多方位、多渠道筹资，解决了资金对企业发展的困扰，提高了企业的竞争力和抗风险能力，为企业发展开拓了更广阔的前景。

3. 经营机制

乡镇企业的经营机制改革先后经过了工分制、工资制、集体承包厂长负责制、股份合作制等几个阶段。

4. 激励机制

20世纪90年代，怀安县委、县政府采取多元化、多渠道、多形式的方法，挖掘潜力，广集各路资金，有力地促进了乡镇企业的发展。

走出“山门”引资金。1993年，怀安县委、县政府及时制定了关于发展乡镇企业的7项、44条优惠政策，鼓励社会各界人士引进外资，并按引进资金数额给予一定奖励。同时，发动干部群众走出“山门”找资金、找对策。头百户镇党委书记和一名村支书，从千里之外的宁夏引进资金80万元，又贷款20万元，最终使得钢卷管厂项目上马。

联营办厂搞合资。怀安县注重创办联营式企业，借他人之火，点自己明灯。引导那些有资源、有项目的乡镇，通过合资联营，优势互补，形成取长补短、共图发展的新格局。李信屯一带的矿产资源相当丰富，可苦于没有资金无法开采。县粮食局与王虎屯乡结成合作伙伴，投资 200 万元，使得李信屯的磁铁矿资源迅速得到开发。

广纳股份集游资。怀安县大力提倡和发展股份制企业，使民间游资真正用到刀刃上。左卫镇胡家屯村在兴办小型轧钢厂缺少资金的情况下，乡村领导采取集资入股、按利分红的方法，以每股 1 万元，收集闲散资金 13 万元，最终使得轧钢厂顺利投产运行。

## 三、民营经济发展

1989 年以来，在党的富民政策指引下，随着改革开放的逐步深入和市场经济体制的建立及完善，民营经济与乡镇企业相伴而生，并蓬勃发展。1995 年以来，怀安县的民营经济发展大体可以分为 3 个阶段。

发展阶段（1989 年至 1995 年）。在这一阶段，怀安县委、县政府始终把发展乡镇企业和民营经济作为发展区域经济的重要措施，每年都要召开专题会议，及时对发展私营经济工作进行研究部署，放宽个体、私营企业从业人员资格、经营范围和经营方式，简化登记审批手续，支持鼓励个体、私营经济，全县民营经济快速发展。1995 年，全县乡镇企业发展到 7671 家，比 1989 年增加 1329 家，总产值达到 64 993万元，是 1989 年的 5.7 倍。这一时期的民营经济处于资金积累和滚动发展阶段，观念逐步转变，实力逐步增强。

壮大阶段（1996 年至 2003 年）。这一阶段的主要特点是个体工商户的发展速度与效益逐年提高，私营企业越做越大。截至 2003 年底，全县的个体工商户发展到 2755 家，从业人员达到 8685 人；私营企业发展到 94 家，注册资金 12 049 万元，从业人员达到 1299 人。1996 年以来，怀安县委、县政府先后出台了《关于进一步扩大对内对外开放，强化招商引资工作实施意见》《关于支持和鼓励党政机关事业单位兴办经济实体若干规定》《关于支持和鼓励个体经济发展实施意见》《关于经济小区暂行办法》《怀安县鼓励国内外客商投资的规定》等一系列鼓励支持私营经济的政策，全县民营经济迅速壮大。截至 2003 年，全县的私营企业注册资金达到 12 049 万元，注册资金在 100 万至 500 万元的企业有 48 家，注册资金在 500 万元以上的企业有 1 家。

提升阶段（2003 年至 2012 年）。这一阶段民营经济更加注重加强内部管理，提升产品质量，做好市场调查分析，积极进行自我转型。怀安县牢牢把握稳增长、调结构、惠民生、促和谐的工作总基调，强化工业提升和工业立县，基本解决了乡镇企业改制后的各项遗留问题。截至 2012 年，全县的民营企业达到 11 353 家，民营经济上缴税金 3.7 亿元，成为全县财政收入的重要支柱。

# 第三节 政治体制改革

## 一、党政机构改革

为了适应经济建设的需要，怀安县党政机关的机构设置进行了改革。1979 年 5 月，实行党政分家，县委书记、公社书记不再兼任革命委员会主任职务。1981 年，公社革命委员会更名为公社管理委员会，1982 年 5 月，怀安县委、县革委分设，废止了一元化的领导体制。8 月，废止革委建制，恢复了县人民政府的政体。1983 年 10 月，调整了县委和县政府工作部门，将原来的 61 个工作部门调整为 42 个。同时，将县委纪律检查委员会升格为中共怀安县纪律检查委员会。1984 年 1 月，对农村人民公社政社合一的体制进行改革，恢复了乡（镇）村建制，将 21 个公社管理委员会变为 18 个乡、3 个镇，分别设乡（镇）党委会、人民政府，各乡、镇增设企业管理委员会。1987 年，中共怀安县委对机构再次进行调整，撤销了 31 个非常设机构，所属工作分别归属有关职能部门。

1996 年 11 月，中共怀安县委的工作机构调整为 8 个，有纪律检查委员会（与监察局合署办公）、办公室（包括机要局、保密局、信访局、督查机构）、组织部（包括县委组织员办公室、老干部局、机关党委、干部考核委员会办公室、机构编制委员会办公室）、宣传部（包括精神文明办公室）、统战部（包括台湾工作办公室）、政法委员会（与社会治安综合治理办公室、司法局合署办公）、县委党校、档案史志局（包括党史研究室、地方志办公室）。2002 年 5 月，中共怀安县委的工作机构调整为 10 个，有纪律检查委员会（与监察局合署办公）、办公室（包括信访局、机要局、保密局、政研室、督查室、处理法轮功问题领导小组办公室）、统战部、组织部（包括老干部局）、宣传部（包括精神文明委员会办公室）、政法委员会（与社会治安综合治理办公室合署办公）、农村工作部、县直机关党委、县委党校、档案史志局（包括党史研究室），共有编制 145 人。

2002 年 5 月中旬，怀安县出台了《县乡机构改革实施意见》，进一步合理了机构设置和人员编制，按照精简、统一、效能的原则，优化结构，精兵简政，实行干部能上能下、能进能出的管理新机制。党政机构调整为 28 个，行政编制减少到 321 人，乡镇行政编制减少到 299 人，县直和乡镇分流 312 名工作人员。直到 2012 年，怀安县的党政机构基本没有再做过调整，行政编制严格按照有关文件规定执行。

## 二、干部管理制度改革

1988 年以前，全县的干部来源主要是军干转业和大中专毕业生分配及工农战线转干人员，普遍年龄偏大、文化程度偏低。1988 年，中共怀安县委按照干部“革命化、年轻化、知识化、专业化”的使用标准，对各级领导班子进行调整。117 名老干部退居二线，担任巡视员、顾问、督导员、调研员，提拔 83 名符合“四化”标准的干部走上领导岗位。1988 年至 1998 年，有 86 名领导干部退居二线，免去职务，保留职级。2002 年至 2003 年，有 143 名领导干部提前离岗，保留职级。1998 年以来，凡提拔副科级以上干部均向社会公示（不包括人大任命的干部），并严格实行一年试用期制度。2002 年以后，随着组织部颁发《党政领导干部选拔任用工作条例》，选任干部工作逐步科学化、民主化、规范化。截至 2012 年，全县的干部选任工作更加严谨、规范。

### 三、国家公务员制度的建立

1993 年 10 月，《国家公务员暂行条例》开始施行。截至 2003 年，怀安县共配备国家公务员 815 人，其中县直单位 350 人、乡镇 168 人。1994 年，中共怀安县委在县纪委、县委办、县委组织部、县委宣传部、县委统战部、干部考核委员会办公室、机构编制委员会办公室、县直机关党委、县老干部局、县工会、团县委、县妇联、县人大、县政协等 14 个部门和乡镇党委推行国家公务员制度。1997 年 5 月，经中共张家口市委组织部审批，确定了 12 个党群部门进行过渡，县人大、县政协暂不过渡。全县的干部队伍向高学历和学有专长转化，低学历干部逐渐减少。到 2003 年，全县干部中拥有大专以上学历的比 1988 年增长了 267.66％，拥有中专学历的比 1988 年减少了 7.5％，拥有高中学历的比 1988 年减少了 78.35％，拥有初中以下学历的比 1988 年减少了 98.8％。同时，35 岁以下干部比 1988 年增长了 79％，妇女干部比 1988 年增长了 97.42％。到 2012 年，全县的国家公务员实行公开报考、公开选拔。

## 四、民主法治建设

### （一）完善人民代表大会制度

1988年以后，怀安县人大常委会先后制定了《怀安县人大常委会议事制度》《怀安县人大常委会议事规则》。到2000年8月，将《怀安县人大常委会议事规则》修订为8章、40条，对议事权限、会议召开、议案提出和审议、听取和审议工作报告、质询、罢免、发言、表决等方面的内容进行了细化和规定。同时，进一步完善了监督工作制度，先后制定了《怀安县人大常委会与“一府两院”的联系制度》《怀安县人民代表大会常务委员会实施监督暂行办法》《怀安县错案和执法过错责任追究办法》《怀安县大案要案报告制度》《怀安县人大常委会人事任免暂行办法》《怀安县人大常委会关于县代表持证视察的暂行办法》等，使怀安县人民代表大会的各项工作逐步走上规范化。到2012年，县、乡两级人大更加注重发挥监督作用，更加关注民生，积极发挥代表作用，全面推进民主法治建设。

### （二）完善政治协商制度

怀安县把完善政治协商制度作为政治体制改革的重要内容和发扬社会主义民主的重要形式，先后发出了《中共怀安县委关于加强政协工作的意见》《中共怀安县委关于进一步做好跨世纪人民政协工作的意见》。随后，逐步制定和完善了政协委员会和常委会工作规则，先后制定出台了《政协怀安县委员会工作规则》《政协怀安县委员会工作组（委）工作规则》《政协怀安县委员会专门委员会和工作组组织通则》《政协怀安县委员会提案工作条例》等，使怀安县的政治协商制度更加完善，履行政治协商、民主监督、参政议政职能的力度进一步加强，推进了政治文明建设。

**（三）政务公开制度的建立和完善**

从1993年开始，怀安县委、县政府部署在乡镇、村、县直部门及重点部门的下属事业单位实行政务公开制度。各部门和行政村建立了政务公开栏，定时予以公布，并设举报电话和监督箱，接受群众监督。村务公开的内容为“十公开一监督”，2003年后，又增加了农业税附加及转移支付和“一事一议”项目，以及村民关心的重大事项。乡镇政务公开的内容为：收支、计划生育和婚姻、宅基地批办、电费电价、征购、三提六统、“两工”使用、干部责任目标完成、资金收支、救灾款物发放、土地管理、树木砍伐、群众关心的热点、执法部门执法依据、收费标准、处罚收入及支出。政府部门公开的内容为：机构设置和职能、办事职责及权限、行政与事业性收费项目和标准及其依据。2003年后，全县推行政务公开的部门达到241个，其中有的单位通过政务公开网、政府触摸网、电子屏等形式进行公开。

**（四）基层民主政治建设**

自1996年开始进行的基层民主政治建设共分为鱼水工程、“1114”工程、基层民主政治建设等3个阶段。鱼水工程有15项内容，分别对县级、乡镇领导机关和执法部门提出要求，要认真解决群众最不满意、最迫切需要解决的重点、难点问题，要进一步树立心系群众、谋事想民、勤政爱民、办事为民的良好形象。对村党支部提出要扎扎实实办成几件让农民高兴的事情，通过依法治村、民主管理、民主监督和村务公开，使农民对村干部放心，对基层组织放心。1997

年 4 月，中共怀安县委提出“1114”工程，即突出一个主题（就是以正确处理新时期人民内部矛盾为主题）、抓住一个关键（就是努力提高基层干部素质这个关键）、明确一个目标（就是深化村务公开，建立社会主义市场经济条件下的农村民主管理新体制）、搞好 4 项治理（就是对干部违法施政、加重农民负担、财务混乱和公款吃喝等 4 个群众反映最强烈的问题进行专项治理）。1988 年，中共怀安县委成立了农村基层民主政治建设领导小组。11 月 27 日，“两基”建设工作会议召开，会上制定了《关于加强农村基层民主政治建设的意见》，并下发了《关于在全县普遍推进农村基层民主政治建设的实施细则》《关于村级基层民主政治建设管理新体制达标验收试行办法》《关于对各乡镇农村基层民主政治建设工作进行考核的意见》等 3 个文件，全县的基层民主政治建设步入规范化。基层民主政治建设的开展，推动了小康村的建设，截至 2012 年，全县有 11 个乡镇、88 个村达到小康标准。

## 第四节　社会保障体制改革

### 一、基本养老制度改革

对于国家工作人员，养老金由财政统筹。凡是干部够离休条件者，按照 1982 年国务院颁发的规定执行，按照参加工作的期限分别发放养老金，在原工资照发的基础上，分别给予本人月工资标准的 2 个月、1 个月的补贴。凡干部够退休条件者，按照 1978 年国务院颁发的暂行办法执行，按工作年限分别计发退休金，按本人月工资基数分95％至70％计发。1993年工资改革后，退休人员的退休费按本人职务工资与津贴之和的一定比例计发；在职人员调整工资时，退休人员不分等级，按人增加一定数额工资。凡是国家机关的工人退休待遇仿照干部退休计算退休费。自1993年起，对1949年10月1日前参加工作的，除享受本人100％的原工资外，按同等条件在职人员的月工资增加100元退休费。对于县办企业职工，1986年10月前，固定工按工龄计发本人月工资的60％至70％，由原单位发放；1984年12月至1986年12月，劳动合同制工人的养老保险由县保险公司收缴。1986年10月2日，怀安县成立了劳动保险所，由企业缴纳职工月工资的17％到保险所为养老保险金，退休人员工资由保险所按月发放。自1994年开始，改由原单位发放，可由于部分企业经营状况不佳，部分退休人员只能领取200元生活费或得不到退休费。2003年，恢复由保险所统一发放，企业退休职工月养老金在400至600元。截至2003年底，领取养老金人数达1814人。对于农村人口，1996年4月，怀安县民政局成立了农村社会养老保险事业管理处。2001年8月，移交社会劳动保险事业管理所。交保年龄为20至60周岁，领取年龄一般在60周岁以上。保险资金实行以个人为主、集体补助为辅、国家给予政策扶持的原则。截至2003年底，共有农村人口7632人参加了农民保险，其中126人开始领取养老金。1986年10月1日，怀安县成立了养老保险统筹委员会，下设社会保险事业管理所，2003年更名为社会保险事业管理中心。保险对象为国有企业、城镇集体企业、城镇私营企业的职工，以及实行企业化管理的事业单位职工、城镇个体工商户的雇工、自由职业者和机关事业单位的劳动合同制工人及农民。1987年，接纳由县保险公司收缴的746名劳动合同制工人的养老保险管理。1988年，实现退休养老保险县级社会统筹。1994年4月1日，将固定工、劳动合同制职工、临时工全部纳入省级统筹。1998年，将私营企业和个体劳动者的养老保险金全部纳入省级统筹范围。截至2003年底，全县有全民企业48个、集体企业17个、私营企业1个参加省级养老统筹。其中参保人数5229人，离退休人员1814人，年人均缴费1010元，离退休人员年均发放5788元。到2012年，城乡人民群众全部纳入基本养老保险体系。

## 二、失业保险制度改革

1996年，怀安县开始进行各类企业的改制工作，对亏损严重、效益低下的企业实行关、停、并、转，在改制过程中出现了部分职工下岗、失业的情况。截至2003年底，累计登记下岗失业人员3232人，其中国有企业下岗失业1748人、集体企业下岗失业1484人。1997年10月1日，对下岗职工按城镇贫困居民最低生活保险制度发放救助，救助人数核定为540人。2002年以前，主要对由于精简职工而造成失业的人员发放原工资的40%进行定期救济，人员在20人左右。2003年，定期救助对象达2539人，共发放救济款89.936万元。1997年以后，实行职工下岗再就业，怀安县劳动就业服务局成立，按照再就业优惠政策统一管理再就业工作。在怀安城、柴沟堡、左卫、头百户等4个镇建立了劳动事务工作站，组织就业培训、职业指导、职业介绍、档案管理、失业保险等就业服务和再就业援助工作。截至 2003 年 10 月，为 1748 名下岗人员办理了再就业优惠证，对 245 名自谋职业实现再就业者累计减免税费 3.6 万元。为缓解就业压力，全县采取了多渠道的劳务输出。1990 年至 1999 年，累计劳务输出 6512 人次。2000 年输出 515 人次，2001 年输出 785 人次，2002 年输出 360 人次，2003 年输出 960 人次。失业保险由单纯的定期救助转向再就业服务，此后，再就业服务持续跟进。2012 年，城镇新增就业 1404 人，下岗失业人员再就业 447 人，农村新增就业 2676 人。

### 三、社会救济制度改革

社会救济分为定期救济、因灾救济和临时救济，主要以实物救济为主。自 1981 年起，全县开始实施“双扶”扶贫工作，即将有限的资金用于农村贫困户和优抚对象，开拓“造血”功能，从根本上使“双扶”对象脱贫致富。1986 年，抽调县、乡党政机关干部组成扶贫工作队，实行“一包三年”扶贫责任制，县政府发放扶贫优抚贷款 66.57 万元，共扶持 4269 户，使 3547 户脱贫、236 户致富。1988 年底，怀安县政府拨出扶贫周转金 95.24 万元、扶贫专项资金 23.5 万元、部门扶持资金 5 万元，以及部分实物，抽调省、地、县、乡 2433 人组成工作组深入 219 个村的 28 480 户进行包扶。民政局以 20 万元资金扶持青水山等 10 个村建成畜牧养殖专业村，有 350 户从事专业养殖。1986 年，将收回的 39 万元扶持资金用于太平庄福利针织厂等 9 个福利企业发展生产，引进“雕平绣花”项目，使 387 名残疾人就业，实现月收入 300 多元。“造血”式扶贫以发展生产为主，可以使有限的资金发挥更大的作用。到 2012 年，以城乡低保救助、医疗救助为主的救助制度日趋完善，共核实农村低保对象 25 565 人、城镇低保对象 3740 人、五保对象 1367 人，年内共发放城乡、五保供养资金 4 039.86 万元。为 25 931 名农村低保、五保对象缴纳参合资金 129.66 万元；发放农村医疗救助资金 159.74 万元，救助 1074 人次，门诊救助 3001 人次，发放救助资金 120.04 万元；发放城镇医疗救助资金 13.35 万元，救助 54 人次，门诊救助 214 人次，发放救助资金 10.7 万元；争取市级大病医疗救助资金 80.52 万元，救助 82 人次。

### 四、城镇住房制度改革

计划经济时期，干部、职工在城镇的住房多为公产房，到 1981 年底，有公产房 5128 间。住房人每月按住房面积缴纳住房费，房屋修缮由房管部门负责。部分企业自建职工住宅房，职工居住按平方米计住房费，修缮由单位负责。由于住房属于福利性事业，故房租较低，不足以支付正常修缮所需费用。因公房紧缺，住房便成了干部、职工的热点问题，由此引发的矛盾纠纷和不正之风不断。1988 年 3 月，怀安县政府根据国家指示精神，改革住房制度，住房市场化，并将公产房售予干部、职工。到 9 月，房产公司出售房屋 1219 间，楼房 89 套；企业单位出售房屋 2928 间。截至 2003 年，通过落实政策退还和房改出售房屋共 3982 间，由房产公司管理的公产房尚存 1146 间。为适应住房的市场化需求，1990 年 11 月，怀安县成立了房地产交易管理所，隶属城建局。截至 2003 年，共发放房屋所有权证 14 241本，其中买卖房屋 1342 起。1999 年，经河北省建委批准，怀安县成立了四级房地产市场评价所，对交易房屋进行评估。截至

2003 年，共办理抵押房屋 1897 户。随着房地产市场的发展，截至 2003 年，怀安县城共有 5 家房地产开发公司，开发建筑面积 53 477.85平方米，住房进一步向市场化迈进。到 2012 年，全县住房完全实现了市场化和商品化。

## 五、职工医疗保险制度改革

1981 年以前，行政事业单位实行全额公费医疗，患者在指定医院就诊，费用由财政结算支付，个人自付挂号费。1981 年以后，改为医疗费每月按标准分拨到单位，由单位自管，方式不一。1986 年以后，实行医疗经费包干制，每季人均 12 元，离休干部、二等乙级伤残军人每季人均 37.5 元，1988 年改为每季人均 50 元，行政事业单位的人员按工龄划分定额档次。1989 年，怀安县政府根据卫生部、财政部的相关文件，出台了《关于进一步改进公费医疗管理的暂行办法》，详细规定了享受公费医疗的范围及标准。1990 年，怀安县下发《关于大力紧缩开支的决定》，县财政局、卫生局据此联合下发了《公费医疗管理办法实施细则》，规定公费医疗实行拨款核销制，废除以拨代支制。1993 年，怀安县政府制定了《改革县直单位公费医疗管理办法的实施意见》。《意见》规定：从 1993 年元月起，对县直党政机关、事业单位的干部职工的公费医疗费用，统一包到县医院、中医院和县直单位下设的校、院、站、所的驻地医疗单位，实行包干基数，分月拨款，超支不补，节余留用。凡个人自选单位和自购药品所花费用，一律不准报销。随着医疗保险制度改革的深入，职工疾病医疗互助也随之不断完善，到 2012 年，各级工会组织认真做好职工重大疾病医疗互助活动的信息管理工作，共有4041名职工参加了重大疾病医疗互助活动，筹集互助金14.55万元，共为56名职工报销医疗费11.69万元。

## 第五节 社会事业体制改革

### 一、科技体制改革

怀安县是传统农业大县，新中国成立后，一直以发展农业科技事业为主，但由于受体制影响，发展缓慢。1978年，全县农、林、牧、水、工业、建筑等行业的技术人员中，只有138人获得了专业技术职称。1981年以后，全县每年以“实事求是、因地制宜、放眼长远、统筹兼顾、面向生产”的指导思想和“力所能及、量力而行”的原则组织实施科技计划，并保证项目的实施和实现效益。1985年以后，全县的科技体制进一步改革，通过科技示范园建设，科技人员承包项目，与大专院校联合开发项目，大力发展科技事业。为调动科技人员的积极性，全县每年都会评定技术职称。截至1988年，全县评聘各类科技人员3163人，其中农民技术人员285人。截至2003年，全县评聘各类科技人员3613人，其中农民技术人员953人，怀安县的科技队伍得到迅速壮大。科技体制的改革促进了1991年至1993年技术开发的大发展，科技辐射粮油种植面积53万亩、家畜家禽饲养78.65万头（只）、工程防护林20万亩、果园5.7万亩、水土保持面积950平方公里，项目总计投资6000万元，农田工艺科技含量覆盖面积达

40%，并取得了显著的经济效益。2003 年，农业总产值由 1988 年的 6519 万元上升到 28 270 万元，农民人均纯收入由 1988 年的 358 元上升到 1884 元；工业总产值由 1988 年的 3333 万元上升到 19 156 万元。科技体制改革带来的经济快速发展，充分体现了科学技术是第一生产力，是历史和社会发展的根本动力。此后，全县的科技项目和科技培训常态化，仅 2012 年，全县的各类专业技术人员就达到 3098 人，申报国家、省、市科技项目 8 个，立项 3 个，科技三项费用支出 321 万元。

## 二、教育体制改革

1983 年以前，怀安县的教育管理由县统管，基层设文教助理员。1984 年实行分级办学后，各乡、镇开始对辖区内的学校进行管理。1986 年以后，乡镇学校由乡镇教育总校管理，县教育局辖 8 所国办中学和职业教育中心、教师进修学校、县幼儿园。1989 年起，实施普及九年义务教育工程。1996 年，怀安县政府进一步强化教育优先发展的战略地位，调整学校布局，优化教育结构。截至 2003 年，全县的小学由 1989 年的 269 所减为 103 所；教学班由 909 个减为 724 个；学龄儿童入学率由 99.1%上升到 99.75%；学生巩固率由 99.56%上升到 99.98%。全县还将 29 所初中合并为 12 所，确定划片招生，学生就近免试入初中学习。实施普及九年义务教育工程以后，怀安县的教育部门建立了教学评估体系，逐步将应试教育向素质教育转轨，实现了 1998 年省、市“普九”验收达标。1999 年以后，全县多渠道投入资金 669.04 万元添置教学仪器，并开展普及实验达标工作。2000 年，全县小学实现“普九”“普实”双达标。学生学杂费负担逐年减轻。2003 年，中小学实行“一费制”，含教科书费、作业本费、电教教材费、取暖费、学杂费。小学收费标准按每生每年 160 元，初中收费标准按每生每年 260 元，上浮不超过 20%。截至 2012 年，全县有各类学校 58 所，其中中学 8 所（高中 1 所、初中 7 所）、小学 37 所、职教中心 1 所、进修学校 1 所、幼儿园 10 所、特教学校 1 所。各类学校的占地总面积 118.4 万平方米，校舍建筑面积 20.6 万平方米，拥有各类图书 100.6 万册、计算机 3530 台、教职工人数 2368 人，其中专职教师 1979 人。全县普通高中招生 918 人，在校生 2520 人，毕业生 660 人；初中招生 2038 人，在校生 6948 人，毕业生 2055 人；小学招生 2318 人，在校生 14 246 人，毕业生 2060 人；幼儿园在园幼儿 3039 人；中等职业教育招生 1037 人，在校生 3688 人，毕业生 1514 人。初中入学率 99.8%，学龄儿童入学率 99.9%。

### 三、文化体制改革

计划经济时期，全县的文化事业呈福利型社会服务状况，机构及设施所需经费由县财政统包，属于县财政全部补贴的事业。进入市场经济后，全县的文化事业逐步进入市场，文化成果商品化，文化单位对使用文化商品的部门逐步实行自收自支体制，开始面向市场，并在市场竞争中求生存、求发展。乡镇文化事业机构属于乡镇事业机构，经费由乡镇筹措，县财政补贴。截至 2003 年，属县财政统包的单位有文化体育旅游局及其下属单位文化馆、图书馆、文物保护所。1995 年以后，县财政只核发人员工资，事业经费实行特事特议，由县财政核拨。属于自收自支的单位有电影放映公司、影剧院。怀安县晋剧团于1992年解散，人员分散进入县办企业。新华书店于1997年划归河北省新华书店集团。乡镇文化站初建于1982年，截至1988年，全县共有乡镇文化站21个，乡镇文化站共有房屋915间、专职人员38人。进入20世纪90年代，全县的文化事业坚持“为人民服务、为社会主义服务”的发展方向，每年都会组织科技、文化、卫生“三下乡”活动，送科技图书和文艺节目进乡村，深受农民群众的欢迎。随着私人演出团体的出现，逐渐成为城乡文化服务不可替代的民营团体。截至2003年，全县有国营、集体和个体文化经营户84家，其中网吧17家、印刷厂8家、打字复印部5家、书店书屋13家、棋牌馆18家、音像摊点20家、歌舞厅2家、电子游戏厅1家。县文体局成立了文化市场稽查队，配备3名执法人员，会同公安、工商等部门每年都会开展执法专项治理，营造了良好的文化环境。截至2012年末，全县有文化站11个、文物保护古迹436处、电视塔1座、有线电视用户1.4万户。

## 四、卫生体制改革

怀安县的卫生体制改革首先是从县级医院开始的。1986年，医院管理体制改革逐步向市场化转化。县医院实行经费包干、定额管理、超额提成的责任制。工资采用浮动形式，超额完成任务上浮动，完不成任务下浮动，纯盈利医院与科室、个人三七比例分配，七成为公共积累，三成兑现奖金。1988年，县中医院与各科室签订了“经济岗位责任状”。当年收治住院患者比上一年增长了113%，门诊患者较上一年增长了 5.6％，业务收入增长了 64.8％。乡镇卫生院实行独立核算、自负盈亏、民主管理、按劳分配的管理体制，及时向市场转型。1988 年，县医院实行院长负责制，医院、科室两级核算，科室实行百分目标管理制度。随后，县中医院、县卫生防疫站分别于 1993 年和 1996 年推行了百分目标管理体制。截至 2012 年，全县有卫生机构 366 个，其中医院、卫生院 13 个，妇幼保健院 1 个，疾病预防控制中心 1 个，拥有各类卫生技术人员 552 人。全县 11 个卫生院全部达到标准化要求，标准化村级卫生室达到 98％以上。全县全面推行新型农村合作医疗，农民参合率达到 93.85％，为 322 935 人次报免医药费 4 112.52 万元，有效减轻了农民群众的负担。

## 第六节　阶段性主要成就

### 一、第十个五年计划时期的主要成就

#### （一）经济实力显著增强

2005 年，全县生产总值完成 12 亿元，“十五”期间年均增长 9.5％，完成“十五”目标的 148.9％；全社会固定资产投资累计完成 14.82 亿元；全部财政收入完成 1.86 亿元，年均增长 41.6％，完成“十五”目标的 286.2％；农民人均纯收入达 2800 元，比 2000 年增加 992 元，完成“十五”目标的 107.7％；城镇居民可支配收入达 5800 元，比 2000 年增加 2386 元；2004 年，在河北省综合经济实力排位中怀安县居 107 位，在张家口市综合排位中居第 5 位。

## （二）经济机构调整成效明显

第一、第二、第三产业比重由 2000 年的 30.9∶39∶30.1 调整为 2005 年的 30∶31.7∶38.3，各产业内部比例关系趋于合理。农业产业结构调整迈出新步伐，努力探索和实践了“久旱条件下农民增收模式”，实施了各类农业基础设施建设项目 20 多个，累计完成投资 1.1 亿元，有效改善了农业生产条件，初步形成了畜牧、蔬菜、马铃薯、林果等 4 个特色主导产业。工业经济结构趋于合理，化肥、水泥等传统产业经过改制，经济效益逐步提升，以矿业开发为主的资源开发利用型企业生产经营规模进一步扩大。第三产业迅速发展壮大，煤炭转运、餐饮服务、物流等产业逐步成为县域主体财源。民营经济总量不断增加，截至 2005 年末，全县个体工商户发展到 6825 户，私营企业发展到 205 户，在推进经济发展、扩大就业等方面发挥着重要作用。区域结构调整成效突出，重点建设了柴沟堡、左卫、怀安城—头百户等 3 个经济集聚区，经济集聚效应逐步显现。2005 年，3 个经济集聚区完成税收 1.1 亿元，占全部财政收入的 60％以上，为“十一五”经济发展搭建起了坚实的平台。

## （三）项目建设和招商引资成效显著

全县共谋划运作投资 50 万元以上项目 462 个，实施了丹拉高速公路服务区、宏都食品有限公司、大境门水泥厂、河北北盟实业有限公司等 213 个重点建设项目；谋划运作了怀安电厂、玉米淀粉深加工、战略石油储备基地、新东阳休闲度假旅游综合开发等项目。开放领域逐步扩大，初步形成了以北京、江苏张家港、浙江、台湾为核心的招商区域。“十五”期间，全县实际利用外资 238 万美元，县外到位资金 16.47 亿元，新上引资项目 336 个，引进各类人才 729 人。

### （四）社会事业全面进步

城乡基础设施建设方面，左卫镇、柴沟堡镇被列入“全国重点小城镇建设”行列，之后相继完成了县城总体规划、县城南西北环城路、铁路地道桥等一大批城乡基础设施建设；交通道路建设方面，完成了柴后线“三改二”、柴新线等公路建设；“村村通”工程完成 165 个村共 420 公里，占全县行政村总数的 60%；架设有线电视光缆 380 公里，实现了市、县、乡三级光缆联网，完成了城乡电网改造工程，配电容量达 1.4 万千伏安，电话交换机总量达 6 万台；优化整合了教育资源，撤并中小学 125 所，通过了河北省“两基”巩固复检；社会保障工作进一步强化，为企事业单位离退休人员发放养老金 4 883.5 万元，为国有企业下岗职工发放生活费 296 万元，启动了城镇职工基本医疗保险，全县参保人数达 11 695 人。

## 二、第十一个五年规划时期的主要成就

### （一）县域经济跨越发展，综合实力显著增强

2010 年，全县生产总值完成 42.4 亿元，是 2005 年的 3.3 倍；全部财政收入完成 4.54 亿元，其中地方一般预算收入完成 1.59 亿元，分别是 2005 年的 2.4 倍和 3.9 倍；全社会固定资产投资完成 42.3 亿元，是 2005 年的 8.3 倍；规模以上工业增加值完成 8.5 亿元，是 2005 年的 10.7 倍；民营企业达到 625 家，比 2005 年净增 261 家。县域经济发展呈现出发力提速、向好趋优的良好态势。

### （二）城乡建设统筹推进，人居环境加速优化

围绕打造“山水生态宜居城市”的目标，坚持以城镇面貌“三年大变样”活动为抓手，实施了怀安县历史上规模最大、投入最多、力度最强的城镇建设工程，掀起了一场波澜壮阔的城建攻坚战。仅2008年至2010年间，就完成城建投资46.4亿元。新修了长胜大街、文苑路、振兴大街、广安街东延等主要道路，结束了县城没有贯通东西、南北主街道的历史；改扩建旧城火车站西街、南北大街、东西大街等主次街道14条，形成了“五纵三横一环”路网体系，城镇建设框架全面拉开，城区面积由2007年的7.1平方公里拓展到22.5平方公里。引进了张家口城投集团、通炜房地产开发公司，启动建设了怀安县城建史上设计理念最新、标准最高、面积最大、功能最完善的区域开发工程。建成了世恩广场公园、南山森林公园，改写了怀安县无公园、广场的历史。完成了怀安县城污水处理厂、垃圾填埋场、集中供水、集中供热等市政工程，成为张家口市第一个实行污水集中处理、集中供热的县城。“十一五”期间，新开发文苑小区、通泰家园、宏升庄园等住宅小区23个，新增住宅面积59.4万平方米，正在建设的房地产面积84万平方米。开通了3条县城公交线路，运行里程达20公里，极大地方便了群众出行。现在的怀安县城，道路畅通了、设施增多了、功能完善了、形象更加亮丽了，一座宜居宜业的新型城市正在逐步形成。坚持把新民居建设作为城乡统筹发展的突破口，全力推进左卫镇景泉堡等13个示范村建设，村容村貌、村民生产生活条件发生了根本性变化，成为环境优美的样板村、经济发展的核心村、民主和谐的先进村。怀安县被评为张家口市“三年大变样”工作

先进县、河北省新农村建设先进县，景泉新村成为张家口市唯一一个省级联村建设样板村，园子沟村被评为河北省新民居建设优秀示范村。

**（三）社会事业蓬勃发展，人民生活明显改善**

大力实施道路畅通工程。“十一五”期间，新增等级公路 710 公里，全县具备条件的村全部实现通村道路硬化。全面推进教育布局调整，启动建设了县城新区小学，新建、改扩建学校 32 所，促进了教育均衡发展。不断完善社会保障体系，全县养老、失业、医疗等保险覆盖面进一步扩大，城乡低保实现了应保尽保，作为全国首批、张家口市第一个新型农村社会养老保险试点县，各项工作运行良好，试点经验在河北省推广。加快发展卫生事业，建设了县城综合医院，新建、改建卫生院（室）69 个，乡镇卫生院基本药物制度、人事制度等改革全面完成，面向基层的公益性医疗服务功能明显增强，怀安县被评为河北省标准化规范化乡镇卫生院示范县。着力发展文化事业，在全国率先建成县级数字图书馆，成立了北方唯一一个青少年围棋训练基地。全力实施保障性安居工程，建设廉租房 216 套，改造农村危房 3700 户。2010 年，农民人均纯收入达到 3992 元，城镇居民人均可支配收入达到 12 251 元，分别比 2005 年增加 1019 元和 6439 元。群众的生活条件得到明显改善，满意度、幸福感大幅提升。

**（四）民主法制不断健全，社会环境更加和谐**

深入推进民主政治建设，支持人大、政府、政协依法履责，各大班子的职能作用得到充分发挥；高度重视新时期爱国统一战线工作，工商联和无党派人士在服务发展、促进发展中做出了新的贡献；着力抓好群团工作，工、青、妇等人民团体的桥梁纽带作用不断增强；注重加强人武工作，国防教育、预备役建设取得新成绩。全面加强社会管理创新，怀安县“创新干群沟通五项机制”的经验做法在张家口市推广；始终恪守维稳政治责任，以严密的举措、顽强的作风坚决落实各项重大维稳任务，奥运安保、国庆60周年安保等维稳工作受到省、市领导的肯定和表彰，怀安县连续5年被评为河北省平安铁路示范县。

### （五）党的建设全面加强，执政能力同步提升

深入开展学习实践科学发展观、创先争优等活动，注重用党的创新理论武装党员干部，各级党组织和领导干部总揽全局、协调各方、引领发展的能力不断增强。坚持注重品行、崇尚实干、重视基层、群众公认的选人用人导向，一大批思想解放、作风过硬、德才兼备、勇于担当的干部走上了各级领导岗位，在广大干部中形成了爱岗尽责、干事创业的良好氛围。深入开展“三级联创”和基层党建精品工程创建活动，推进“一村一名大学生村官”工程，基层党组织的创造力、凝聚力和战斗力进一步增强。扎实抓好党风廉政建设和反腐败工作，在河北省率先推行的纪委委员党内集体询问制度，受到省、市纪委领导的充分肯定，并在河北省推广。

## 三、第十二个五年规划时期的主要成就

### （一）综合经济实力逐步提升

2015年，全县生产总值完成64亿元，同比增长6.5%；固定资产投资完成94.5亿元，同比增长13.5%；全部财政收入完成6.84亿

元，同比增长 4.5%；公共财政预算收入完成 3.76 亿元，同比增长 15.8%；城乡居民人均可支配收入分别为 20 952 元和 8044 元，同比分别增长 11%和 13%；社会消费品零售总额完成 22.1 亿元，同比增长 9.6%；万元地区生产总值能耗降低 3.9%；全年新增规模以上工业企业 2 家，规模以上工业增加值完成 14.7 亿元，同比增长 7.5%；新增民营企业 316 家、个体工商户 1140 户，上缴税金 2.9 亿元；利用外资 4698 万美元，完成年任务的 392%。

**（二）产业园区建设扎实推进**

南山经济开发区被河北省政府批复为省级经济开发区。沃尔沃汽车项目进展顺利，发动机制造项目的两条外装线全部达产，缸体机加工线开始生产并小批量出口，缸盖加工线正在进行调试，全年生产发动机 6.75 万台，实现产值 14.3 亿元，上缴税金 6600 万元；张家口凯悦整车项目正式获得工信部立项批复，冲压、焊装、涂装、总装等 4 个工艺车间完成封闭。河北怀安工业园区被工信部、国家发改委、科技部联合授予全国首批“国家应急产业示范基地”称号。中防通用项目一期工程建成投产，英正辉环保包装产品项目奠基，太弘威视检测、科盾应急指挥车、江南航天应急救援装备等项目正式签约。中瑞合作园起步区实质性启动，实施了一期 465 亩土地收储及中瑞大桥、十里沙河治理等基础设施建设。园区建设的扎实推进，为招商引资、项目建设搭建了平台。2015 年，全县谋划实施的 100 个重点项目顺利推进，完成投资 54.26 亿元，其中列入省、市重点的 9 个项目完成投资 39.37 亿元。

### （三）农业农村工作不断加强

脱贫攻坚强势推进。按照精准扶贫的要求，全县认真开展了115个贫困村的建档立卡工作。通过基础设施建设、产业发展、劳动力转移等渠道，全县23个村的1.3万人稳定脱贫。累计发放各类扶贫互助金1 528.3万元，有效缓解了贫困农户生产资金紧缺的状况。主导产业不断壮大。实施农业产业化重点项目11个，市级产业化龙头企业达到21家，农民专业合作社发展到347家。设施蔬菜种植面积、生猪饲养量稳步增长。积极培育增收后续产业，头百户、渡口堡等乡镇的药材、油用牡丹种植面积达到1.1万亩。基础设施进一步完善。完成36.8公里乡村公路改造工程。实施了农村饮水安全、高标准农田建设等项目，农村生产生活条件持续改善。农村土地承包确权登记工作全面推进，成为张家口市唯一一个农村土地承包确权整县推进县。

### （四）城乡面貌发生明显变化

实施城建重点项目20项，完成投资4.75亿元。《怀安县城乡总体规划（2013—2030）》经张家口市政府批准后实施。巩固提升省级园林县城创建成果，完成迎宾园等游园建设；对兴安公园和县城游园进行提档升级，新增绿地面积21.54万平方米。完成了山水沟子村道路硬化工程；铺设天然气管道8.3公里；新建换热站2座，新增供热面积20万平方米。城管数字化指挥中心与治安、交管等平台实现并网，并与市级平台联网运行。张呼、张大高铁及京新高速建设工作有序推进。5个省级美丽乡村建设重点村共实施各类项目92个，其中富民沟村被评为省级美丽乡村，农村居住环境得到提升。

### （五）生态环境得到改善

继续做好“增绿、兴水、治污”工作。实施了京津风沙源二期、西洋河河道治理、水土流失治理等生态建设工程。完成植树造林4万亩，重点打造了寿桃山林场、沃尔沃万亩森林公园等精品工程。通过开展节能减排、打非治违等专项行动，多措并举防治污染。对左卫区域的煤炭市场进行了集中清理，关停取缔黏土砖瓦企业22家，拆除、改造燃煤锅炉12台。全县细颗粒物平均浓度同比下降7%；化学需氧量及氨氮、二氧化硫、氮氧化物排放量分别比上年削减0.3%、0.6%、7.7%、11.8%。全年空气优良天数达到255天。

社会事业全面发展。克服财政资金短缺的困难，优先保障民生，全年共支出10.1亿元，占地方公共财政预算支出的60%。城镇新增就业再就业2168人，农村劳动力向非农产业转移2700人。完成了保障性住房和农村危房改造任务。为离退休人员社会化发放养老保险金1.4亿元，发放率达100%。机关事业单位的工作人员全部纳入工伤保险范畴。60周岁以上老人的基础养老金发放标准提高到75元。新建4所示范性互助幸福院。柴沟堡一中的教学质量不断提升，一本以上人数增长128%，增幅位居张家口市前列。职教中心深化校企合作，与凯悦整车、中防通用等多家企业签订了合作培训协议，毕业生就业率显著提高。医药卫生体制改革进一步深化，完成对160个行政村卫生室资源的整合，20个标准化村卫生室建成投用。全县新农合参合人数达到15.9万人，参合率达96.9%。县、乡级住院补偿比例分别提高到75%和95%。完成全县1%人口抽样入户调查工作。深入开展文化体育活动，成功举办了第三届“中国·怀安杯”全国业余围棋公开赛；怀安县精武石材有限公司被河北省文化厅授予河北省第四批“文化产业示范基地”称号。

**（六）企业改制积极推进**

化肥厂进入资产变现阶段，水泥厂完成土地收储。行政审批改革力度进一步加大，取消和调整审批事项 24 项。发放“助保贷”贷款 1600 万元，中小企业融资难问题得到一定缓解。深入开展严打整治、安全生产、食品药品安全等专项行动，维护了社会和谐安定。

## 第七节　发展优势凸显

### 一、区位优势

怀安县居晋、冀、蒙三省（区）交界处，地处京津冀都市圈和晋冀蒙经济圈的交汇处，素有“金三角”之称，地理位置优越，交通便捷。怀安县东靠宣化县，南连阳原县，西面和西南与山西省天镇县接壤，西北与尚义县毗邻，北以洋河与万全区为界。距离张家口市主城区约 45 公里，距北京市约 220 公里，距天津新港约 350 公里，距呼和浩特市约 280 公里，距大同市约 120 公里。怀安县的交通十分便捷，京藏高速、京新高速直通怀安，京包铁路横贯全境，110 国道、207 国道途经腹地。怀安县距张家口机场只有约 30 分钟的车程，特别是张呼高铁、张大高铁在怀安县城交汇，并设枢纽站，从怀安县乘坐高铁，1 小时左右可到达北京，1 小时 40 分钟左右可到达呼和浩特，怀安县已经完全融入了首都一小时经济圈，同时也是京津冀进入西北五省的重要通道。

## 二、自然优势

怀安县为中原农耕文化与北方游牧民族的连接地带，这里四季分明，地域特色显著。自古以来，怀安县境内的洋河、洪塘河造就了傍水而居的生存选择。纵观怀安县境，以沙梁台为界，洪塘河纵贯南川，肥沃了两岸土壤，旧县城治所旧怀安村和怀安城正处于洪塘河之畔。正是洪塘河两岸的富庶，人民的安居乐业，才有了“怀恩而安”之景象。北川以 3 条洋河（南洋河、西洋河、东洋河）纵贯，万亩洋河湿地，滋养了洋河明珠——柴沟堡和左卫城。

怀安县山清水秀，生态优美。怀安县位于洋河上游，属海河流域永定河水系，是河北省水资源较为丰富的县区。县内有常年性较大河流 5 条，中小型水库 9 座，总库容 3740 万立方米。怀安县属大陆性气候，年平均气温 8 摄氏度，年平均无霜期 150 天，年均降水量 400 毫米。怀安县是全国空气质量最好的县区之一，连续 5 年空气质量优级天数在 180 天以上，好于二级的天数超过 320 天。县内拥有灵官庙和金沙滩两大林场，全县森林覆盖率达 38%。规划到 2022 年，全县森林覆盖率达到 50%以上，成功创建国家森林城市。

## 三、文化优势

### （一）历史悠久的千年古县

怀安县早在春秋战国时期就已有建制，西汉元封元年（前 110 年），于县境南部旧怀安村村北置夷舆县。此后，又先后设置马城县

（在今县境良民沟）、当城县（在今县境王虎屯），不久废弃。直至唐长庆二年（822 年），在旧怀安村建怀安县。自唐朝以来，除明朝时改称怀安卫外，其县名及县境区域未有过大的改变，故被称为“千年古县”。

**（二）两河孕育的农耕沃野**

怀安县境以沙梁台为界，古代时，南川以洪塘河为中心的冲击小平原是人口聚居区，旧怀安村犹如镶嵌在洪塘河畔的一颗明珠，成了县治所在地。北川有洋河和东洋河、西洋河、南洋河 3 条洋河支流纵横，成为农耕沃野，灌溉便利，稻米飘香。可以说“两河孕育”是怀安人文历史之源。

**（三）浓郁的边塞风情**

一条古长城雄踞在怀安县境北部，且处于长城军事重镇的战略要冲（东西有宣（化）至大（同）两府驿道相通），属于明长城九边重镇管辖之地，历来就是北方少数民族游牧文化与中原农耕文明的交汇之处。明代长城沿线实行卫所制，明朝时怀安县改名怀安卫，修筑屯堡，建设村寨，具有典型的军事特征。怀安县境内的村庄几乎都是军事屯兵之地，后由军事建制逐渐演变为居民生活的村庄。

**（四）耕读传家誉冠八方**

怀安人崇尚耕读传家，尊师重教。在明清科举中，怀安人才辈出，有史记载的各类进士、举人、生员达 400 多人。民国乃至现代，俊彦英才众多。耕读传家铸就了怀安的教育之基，也成就了怀安“文化县”的美誉。

### （五）碹窑文化底蕴深厚

怀安人世代居住在碹窑，全县的 273 个行政村中，以“窑”字命名的村庄有 40 个。碹窑是我国北方人“抟土而居”的活化石，不仅冬暖夏凉，而且是原生态民俗体验的最佳去处。如今，怀安碹窑已被列入张家口市非物质文化遗产名录。

### （六）围棋文化是当代独秀

围棋选择了千年古县怀安，千年古县怀安也发展成了围棋之乡。围棋最初是军事对抗在棋盘上的演练，被众多军事将领所青睐，因此历史上著名的军事家不乏围棋高手。魏晋时期的棋品制度，亦称“魏晋风度”，客观上让入仕者不得不成为“围棋高手”。竹林七贤中的阮籍，不仅嗜酒如命，而且在围棋上也很有造诣。之后阮籍的后代为避战乱来到怀安定居，自此围棋棋艺传入怀安。到了唐朝，围棋不仅风靡全国，还走出了国门。明清以来，晋商东移，其经商之道与围棋棋道一脉相承。新中国成立后，文化发展开启了新时代。20 世纪 80 年代，伴随着改革开放的东风，中华民族迎来了盛世曙光，国运与时俱进，怀安体育大兴，围棋的大兴也迎来了千载难逢的机缘。正是这个时候，竹可羽引领着怀安围棋一路走来。

## 四、旅游优势

怀安是红色革命老区，红色旅游资源丰富，革命遗址、遗迹广布，其中有怀安县烈士陵园、怀安城镇烈士陵园、武士敏故居、阮慕韩纪念馆等 4 处爱国主义教育基地，年可接待两万人次参观瞻仰。水闸屯侵华日军碉堡是省级重点文物保护单位。柴沟堡有原 51055 部队驻地旧址、坦克团营房旧址、五八二团营房旧址、炮团营房旧址等驻军遗址。近年来，怀安县还先后打造了柴沟堡镇世恩公园、武士敏铜像等爱国主义教育景点。

另外，怀安县的自然景观奇特，山川秀美，历史文物古迹众多，如国宝级寺庙昭化寺、塞外名寺虎窝寺等，还有长城、烽火台、汉墓群等，都诉说着怀安县久远的边塞风情。特别是有着浓厚历史文化积淀的名城、名镇、名村、名堡、名景，在怀安县星罗棋布。

## 五、产业优势

### （一）高端装备

按照“核心零部件、大部件、汽车整车”全产业链发展思路，依托吉利沃尔沃汽车发动机和吉利汽车整车生产等项目，发展高端装备制造业。领克汽车张家口工厂于 2017 年 12 月 9 日正式落成投产，工厂的智能化、信息化、自动化程度达到国际先进水平；沃尔沃汽车发动机工厂全年生产汽车发动机 13.6 万台，产值达到 24.7 亿元；汽车零部件产业园建设顺利推进，加拿大麦格纳汽车座椅等企业投产运营。

### （二）应急制造

围绕发展壮大国家应急产业示范基地，怀安县引进北京中安三秒科技有限公司，启动应急基地综合体系建设。中防通用入选河北省百家“两化融合”重点企业。英正辉环保材料等项目完成厂房建设，已完成设备的安装调试，并投产运营。

### （三）再生能源

以建设可再生能源示范区为引领，全面推进光伏、风电产业发展。

### （四）光伏产业

整合财政涉农资金 2.83 亿元，大力建设光伏电站。全县有 78 个村单独建成村级光伏电站，37 个村联建村级电站 11 个。目前，全县共建有 115 个村级光伏扶贫电站，电站总装机容量达 10 万千瓦，已全部并网发电。河北寰达贸易有限责任公司第六屯乡 20 兆瓦光伏电站、怀安县昊明新能源有限公司怀安县 50 兆瓦光伏电站、怀安美恒光伏发电有限公司渡口堡乡 30 兆瓦集中式光伏扶贫电站均已发电。

### （五）风电项目

列入张家口市百万基地三期规划的中国水电顾问集团怀安县新能源有限公司渡口堡风电场项目，总装机容量 100 兆瓦，目前已完成招投标工作。新签约的中节能、金风科技、正润集团、中国三峡等 4 个风电项目正在进行前期测风工作。

### （六）现代服务

以高铁新城为支撑，坚持现代服务产业定位，吸纳总部办公、金融服务、星级酒店、高档公寓等项目入驻，突出发展教育文化、休闲养老、高端商务、商业地产、康体医疗等朝阳产业。将怀安县的高铁机遇转化为以现代服务业为支撑的高铁新经济，努力打造产业新高地、城市新家园、生态新空间、怀安新名片。

# 第八节　全面对外开放

1995 年 5 月 9 日，国务院正式批准包括怀安县在内的坝下 7 县、4 区全面对外开放，怀安县的开放工作正式起步。1996 年 6 月，怀安县成立对外开放办公室，开放工作全面展开。同年，怀安县委、县政府出台了《关于加快开放招商引资的若干规定》，为开放工作制定了政策依据。随后，根据形势的需要，又先后 4 次出台了相关优惠政策。1998 年 4 月，全县组织部分科级干部分东、西两线进行了组团考察，在 6 月 9 日召开的全县开放工作会议上，开展了“解放思想大讨论”活动，增强了干部群众的开放开发意识和思想观念。与此同时，怀安县委、县政府在优化投资环境方面积极采取措施。首先，以“三个有利于”为标准，按照上级政策、政令先后制定和完善了一系列优惠政策，使政策环境得到优化。其次，改善服务环境，成立收费服务大厅，承诺为投资者提供从立项、审批到发证的“全程一站式”服务，并在全县推广“窗口式管理、大厅式办理、敞开式审批、一个来回办结”的“一条龙”审批制度和限时办结制度，变“暗箱操作”为“阳光作业”。再次，强化诚实守信意识，杜绝欺诈行为，树立“诚信怀安”良好形象。在构筑大开放格局的同时，全县树立立足发展抓环境的思想，把优化环境融入改革开放、招商引资等各项具体工作之中，以环境的优化促进经济的发展，以经济的发展检验环境的优化，实现优化环境与经济发展的齐驱并进。全县确立了全方位、宽领域、多层次、多渠道的对内对外开放工作思路，全县上下以“外向带动、内联入手、外引突破”为手段，以打入京津沪、沟通晋冀蒙为视野，以提速、增效、进位为目标，全面构筑大开放、大发展的塞外“金三角”。据不完全统计，1998 年至 2003 年，全县共引进内资 10 亿元，引进外资 533 万美元，引进各类管理和技术人才 583 人。仅 2003 年一年，全县就引进内资 3.06 亿元，引进外资 53 万美元，签订各类经济技术合作项目 48 个，新上引资 100 万元以上的项目 42 个，其中引资 300 万元以上的项目 8 个，引进各类人才 52 人。2003 年以后，全县的开放力度逐年加大。2012 年，全县引进县外资金共 22.79 亿元，引进县外项目 182 个，并且当年全部实现投产。

# 第五章　伟大复兴（2012—2020）

革命老区精神、红色革命基因和优良的革命传统给素有“文化县”之称的怀安留下了深厚的历史文化积淀，新时代新任务，新机遇新挑战，给怀安的发展和崛起注入了崭新的活力。

党的十八大以来，怀安县委、县政府认真贯彻习近平总书记系列重要讲话精神，深入落实中央和省委、市委的决策部署，科学提出符合县情实际的奋斗目标、发展思路和战略举措。紧紧把握中国特色社会主义发展方向，以实现“两个一百年”奋斗目标和中华民族伟大复兴的中国梦为长远战略布局，抢抓京津冀协同发展、京张携手举办冬奥会、建设国家可再生能源示范区、建设国家应急产业示范基地、张呼和张大高铁建设及怀安设枢纽站、国务院办公厅和工信部帮扶等六大机遇，坚持创新、协调、绿色、开放、共享、转型、借势、统筹的发展理念，坚持“工业立县、商贸活县、全民创业、绿色崛起”总思路，坚持“项目核心、城镇带动、园区载体、市场运作、借力发展”工作总要求，坚持“转型升级、跨越赶超、又好又快”工作主基调，坚守发展、生态、民生3条底线，大力发展高端装备、应急制造、商贸物流、再生能源四大主导产业，统筹推进政治、经济、社会、文化、生态文明建设和党的建设，全力打造北京周边工业强县和山水园林特色城市。特别是“十三五”时期，是建设工业强县、美丽怀安的关键阶段，是全面建成小康社会的决胜期，是全面深化改革的攻坚期，也是深入推进产业结构调整、实现转型升级的加速期。通过全县上下的齐心努力，初步建成了一个政治更加清明、经济更加繁荣、社会更加和谐、生态更加优美、人民更加幸福的怀安。

## 第一节　党建工作开启新征程

党的十八大以来，中共怀安县委坚持以党建工作为统领，将抓党建作为最重要的政治任务列入议事日程，认真贯彻落实党的十八大、十九大精神，深入学习习近平新时代中国特色社会主义思想和党中央治国理政新战略、新部署，严格落实中央“八项规定”，坚决反对“四风”，深入开展党的群众路线教育实践活动、“三严三实”专题教育活动，推进“两学一做”学习教育常态化、制度化，扎实有效地开展了“不忘初心、牢记使命”主题教育，用党的创新理论武装头脑，增强“四个意识”，坚定“四个自信”，做到“两个维护”，严守政治纪律和政治规矩，坚决做到令行禁止。

**（一）加强基层组织建设**

一是大力实施“素质提升”行动。采取专题培训与现场观摩、交流研讨与理论测试相结合等方式，对扶贫领导干部、村干部、驻村第一书记、党员致富带头人等进行“系统化、菜单式、全覆盖”培训。2019 年先后举办培训班 22 期，受训人员达 3300 余人次，切实提高了相关人员的工作能力和综合素质。

二是积极推行“主题党日”活动。按照“有固定时间、有明确主题、有活泼形式、有良好成效、有浓厚氛围”的要求，把每月的 25 日定为党支部主题党日，围绕“5＋N”，即组织学习讨论、开展党性分析、民主议事决策、服务党员群众、集中交纳党费 5 项“基本动作”，结合重点工作丰富“自选动作”，组织全体党员集中开展。全年各级党组织开展重温入党誓词、知识竞赛、红色教育、志愿服务等各类活动 68 余次。

三是擂台比武，专项述职。定期召开乡镇党委书记抓基层党建工作述职暨脱贫攻坚擂台赛，乡镇党委书记述职晾晒，县领导逐乡镇点评提问，县扶贫开发和脱贫工作领导小组成员单位结合部门职能现场提问，“两代表一委员”和基层干部代表民主评分，排名全县通报，真正述出了责任、评出了压力、鼓足了干劲。

四是常态督导，整改提升。将抓基层党建列为大督查重要内容，派出 5 个督查组，围绕村“两委”换届、执行“三会一课”制度、召开民主生活会、开展组织生活会等，对乡镇和县直部门单位开展了 4 轮集中督导检查，并下发督办单，指出问题和不足，限期整改落实，进一步推进基层组织建设的各项工作有效落实。

五是着力整顿软弱涣散的村党组织。由县级领导班子成员带队，走遍所分包乡镇的村，深入开展调研摸底，聚焦村党组织书记不胜任脱贫攻坚奔小康要求，班子不团结、凝聚力战斗力不强、信访问题突出等问题，确定整顿对象 25 个，采取“四个一”措施，确保高质量完成整顿任务。

六是持续加强综合服务站建设。全县的村委会基础设施建设项目共 20 个，涉及 4 个乡镇、17 个村，目前已全部完工。怀安县制定了《农村综合服务站“六有”建设标准》，实现 273 个行政村综合服务站全覆盖。

七是推进支部标准化、规范化建设。编印《“五星党支部”标准化手册》，在全县的农村、社区、机关、企业和社会组织等领域开展党支部标准化、规范化创建，坚持分类指导具体抓、对照标准体系深入抓、围绕提质提效重点抓，全面提升基层党建工作质量。

八是大力实施农村“领头羊工程”。选优配强村党组织书记队伍，激励村党组织书记发展特色产业、兴办企业，应用新技术、推广新品种，当好“领头羊”。实施村干部星级化管理，推行“小微权力清单”，实行奖勤罚懒与经济待遇挂钩、奖先罚后与政治荣誉挂钩、奖优罚劣与调整使用挂钩的“三奖三罚三挂钩”制度，进一步压实主体责任，强化履职担当，激发干事创业热情。

九是充分发挥党员的先锋模范作用。创新实施“党员创业带富”工程，鼓励和支持党员领办创办农民合作社、家庭农场，发展特色产业，让每个有劳动力的党员都有增收致富项目，每个贫困村都有 3 名以上党员作为致富带头人，每个有帮带能力的党员至少结对帮扶 1 户建档立卡贫困户。组织召开了全县庆祝建党 98 周年暨“两优一先”表彰大会，会上表彰了 50 名优秀共产党员、50 名优秀党务工作者和 30 个先进基层党组织。拍摄制作革命人物专题片《抗日名将——武士敏》，并在中组部共产党员网播出。

十是突出驻村第一书记的帮扶作用。加强精准选派、督促指导、管理考核和激励保障，真正选好、管好、用好 262 名驻村第一书记，确保在建强基层组织、推动精准扶贫、为民办事服务、提升治理水平等方面发挥骨干作用。

十一是实行“五推五强”党建模式。按照“三个有利于”原则，设置功能型党小组、区域型党小组，全县 1093 个村民小组组建党小组 665 个，组建率达到 100%。根据村民小组的实际，因需设置法律法规宣传岗、民主监督管理岗、民事纠纷调解岗等 8 类具体责任岗位供党员选择，实现“人人有岗位、事事争先做”的良好局面。进一步完善党委—党支部—党小组层级管理模式。

十二是打造“三线三区”党建精品长廊。立足村情村貌、资源禀赋，重点培育了 15 个红色文化、民俗风情、特色产业、生态宜居、乡村治理特色村。形成了东沙洼村、第九屯村等洋新线现代农业示范区；崛仑屯村、北庄堡村等柴后线乡村振兴示范区；东房子村、叶家辛窑村等张同线生态旅游示范区。

十三是创新探索“新媒体+党建”平台。以二堡子村、段家庄村等 4 个村为试点，推行腾讯的“为村”平台，发挥了网上党建的引领作用，充分激发了党员群众参政议政的热情，成效明显，“为村”平台管理位列河北省前茅。全县 273 个村全部建立了“党建微信群”，加强对外出党员的网上教育管理，发起了“致外出党员的一封信”活动，使流动党员“有家”“有为”。

十四是建立“月双访”“六个一”结对帮扶机制。落实“月双访”

制度，深入开展“六个一”活动，全县5831名帮扶责任人坚持每月两次深入包联户开展帮扶工作，为贫困户送去米面油、牛奶、粽子、饺子等慰问品。积极推行“爱心代办”，为群众解决困难、代办事项8500多件，基层群众满意度达到95%以上。

### （二）强化干部管理工作

在干部选拔过程中，坚持党管干部原则，严格执行党中央关于干部选拔任用的有关规定，充分发挥民主集中制，做到党委（组）集体研究决定，每个环节和程序都做到公开透明，坚决纠正和查处选人用人上的不正之风和腐败问题，尤其认真落实“三个区分开来”。不断完善人才激励机制，解决好人才“引不进”“留不住”的问题。狠抓纪律作风，做到“四个严格执行”，筑牢履行全面从严治党基石。在具体操作中，毫不放松对“四风”的整治。严格落实中央八项规定精神；严格执行《中国共产党廉洁自律准则》《中国共产党纪律处分条例》等法规制度，加强对党员干部的日常教育管理监督；严格执行新形势下党内政治生活若干准则，突出抓好领导机关和领导干部这个重点，营造风清气正的良好政治生态；严格落实民主集中制各项规定；严格执行“三重一大”集体决策、“一把手”末位表态和回避等制度；严格执行“三会一课”、民主生活会和组织生活会、谈心谈话、党员民主评议等制度；严格执行《中国共产党党内监督条例》，做好自我监督。

### （三）持之以恒正风肃纪

狠抓“反腐倡廉”，以落实问责倒逼履行全面从严治党责任落实。严格执行《中国共产党问责条例》和河北省实施办法，落实全面从严治党“两个责任”，坚持从抓纪律执行和严把制度入手，深入推进反腐倡廉工作，以深入推进扶贫领域腐败和作风问题专项治理、扫黑除恶专项斗争为契机，紧盯群众反映强烈的突出问题，加大集中整治和督查督办力度，坚决纠正损害群众利益的行为。与此同时，认真组织开展全面从严治党责任检查、党的领导干部述责述廉评议和基层党建工作述职评议，每年 7 月和翌年 1 月，向上级党委、纪委书面报告履行全面从严治党主体责任和监督责任情况，遇有重要问题及时请示报告。让党员干部知敬畏、存戒惧、守底线，习惯在受监督和约束的环境中工作生活，强化不敢腐的震慑，扎牢不能腐的笼子，增强不想腐的自觉。

## 第二节　经济发展质量稳步提升

全县坚持“工业立县、商贸活县、全民创业、绿色崛起”总思路，坚持“转型升级、跨越赶超、又好又快”工作主基调，坚守发展、生态、民生 3 条底线，全力推进新旧动能转换，为全面建成小康社会取得新的重大进展。怀安县的经济综合实力显著增强，“十三五”以来，地区生产总值年均增长 11.2%，财政收入年均增长 10.92%，一般公共预算收入年均增长 7.02%，规上工业增加值年均增长 40.0%，全县固定资产投资效率进一步增强；万元地区生产总值能耗总体下降 27.5%，完成了“十三五”目标任务；产业结构持续优化，三大产业结构由 2015 年的 22.7∶30.2∶47.1 发展到 2020 年的 9.6∶59.6∶30.8，第二产业提高了 29.4 个百分点，其中汽车制造占比提升显著；预计社会消费品零售总额年均增长 6.9%；预计城乡居民人均可支配收入分别年均增长 9.6%和 11.4%。绿色产业可持续发展成为实现怀安绿色崛起的重要基础。着力厚植产业竞争优势，依托产业发展条件，广泛培育市场主体，大力推动高端制造、应急服务、新型能源、特色农牧、健康养生、文化旅游等六大绿色产业发展。重点项目建设有序推进，领克汽车、沃尔沃发动机等重大项目相继投产。“十三五”期间，全县共实施重点项目 453 个，共完成投资 167.8 亿元，51 个项目被列入张家口市重点项目。企业科技含量提高，沃尔沃发动机和吉利汽车两家国家“两化融合”企业应用先进技术效果明显。沃尔沃发动机制造有限公司、领克整车、凯越大部件、热华锅炉、广建公司、英正辉包装、耐德液压公司等企业获得研发中心证书。

## 第三节　精准扶贫、精准脱贫取得决定性胜利

深入贯彻落实习近平总书记关于扶贫工作的重要论述，全力推动党中央和省、市决策部署落地落实，在国务院办公厅、工信部、农业农村部的倾力帮扶下，怀安县的 3.6 万贫困人口全部稳定脱贫，158 个贫困村全部出列，实现整县脱贫摘帽，全县绝对贫困问题得到历史性解决，新时代脱贫攻坚目标如期完成。建立产业就业增收体系。建成 7 家扶贫产业化龙头企业、493 家专业合作社、76 个扶贫示范园，带动 1.8 万户贫困户持续增收。光伏扶贫电站装机容量达到 10 万千瓦，通过公益岗位和生活补助带动 1.1 万户贫困户增收。消费扶贫逐

步壮大，带动7700户贫困户增收。积极拓宽贫困劳动力就业渠道，1.5万贫困人口实现务工增收。“两不愁三保障”问题得到根本解决。全面保障义务教育，各个阶段贫困家庭学生全部享受“两免一补”和“三免一助”政策，全县26 178名适龄儿童无一人辍学。精准落实医疗保障政策，贫困人口全部纳入基本医保、大病保险、医疗救助三重保障范围，个人缴费财政全额资助，全县17家定点医疗机构全部实行“先诊疗后付费”和“一站式”就医结算。为1.01万贫困人口办理门诊特殊病证；建档立卡贫困人口家庭医生服务实现全覆盖。筑牢住房安全屏障，累计新建、维修危房5585户，新建幸福互助院10所。紧盯农村饮水安全，对189个村、18.95万人的饮水安全进行巩固提升，全部达到国家标准。不断优化配置资源要素。研究出台扶贫政策78个，累计投入财政涉农整合资金8.02亿元、专项扶贫资金6.16亿元、县财政扶贫资金1.79亿元，农村面貌焕然一新，农村生产生活条件极大改善。巩固提升脱贫成果机制，大力推进东西部扶贫协作，实施“千企帮千村”扶贫行动，构建起专项扶贫、行业扶贫、社会扶贫的大格局。严格落实驻村帮扶工作，组建215个县直单位驻村工作队，安排5759名帮扶责任人包联贫困户，实现行政村和贫困户帮扶全覆盖。健全完善防贫长效机制，设立1098万元“精准防贫保险”，对“脱贫不稳定户”和“边缘易致贫户”分别建账，动态管理。

## 第四节　基础设施能级得到提升

“十三五”期间，全县基本形成了以“两纵三横”国、省干线为主骨架，以县、乡公路为辐射网络的基本交通结构格局。全县公路总里程1 596.331公里，其中高速 78.66 公里、国道 117.72 公里、省道 44.93 公里、县道 28.20 公里、乡道 278.14 公里、专道 12.87 公里、村道1 006.65公里。京新高速和张呼高铁、张大高铁建成通车，怀安迈入高铁时代，新建高铁车站东路、高铁车站西路、友谊大街，怀远路北延、工业街南延等道路工程已完工，实现高铁、公交车、自驾车、出租车“多车”联动。棚户区改造稳步推进。全县坚持推进高铁新城建设与旧城区改造同步推进。“十三五”期间，全县完成“五一广场”老旧小区、通泰佳园等改造工程及两个回迁安置房小区建设。农村人居环境不断改善。全面实施“农村人居环境三年行动计划”，对全县的乡村垃圾进行集中清理，启动年投资 1850 万元的农村环卫市场一体化项目。

## 第五节　“首都两区”建设不断推进

实施蓝天、碧水、净土、绿地专项行动，全力打好污染防治攻坚战，全县空气质量不断好转。强力推进大气污染综合防治“1＋19”专项行动，严厉打击非法采矿采砂、焚烧秸秆等行为，关停取缔“散乱污”摊点 29 个，全县生态环境不断改善，细颗粒物浓度逐年下降，空气优良天数逐年上升。全力推进农村地区冬季清洁取暖，从2017年开始，全县共实施“电代煤”3803户、“气代煤”155户，公服机构完成“电代煤”56家。2019年和2020年共推广洁净煤3.9581万吨，配套炉具2000套，确保设备安全使用，让广大群众温暖过冬、安全过冬、清洁过冬。水污染防治全面推进，完善河湖长工作机制，设置各级河湖长336名，聘用巡查员633人，实现县域河流全覆盖，全县5个地表水监测断面、1个集中式饮用水水源地水质全部达标。总投资1.54亿元的西洋河县城段生态综合治理一期工程主体基本竣工；永定河综合治理与生态修复张家口市洋河综合整治工程开工建设。大力推进生态环境综合执法，强化重点排污单位管控，国电怀安热电厂两台机组完成脱硝优化改造，完成161台35蒸吨/小时及以下燃煤锅炉淘汰改造任务，16家企业废气、废水在线监测设备联网运行。加强日常监管和督导，农村环卫市场化项目有序运营，实现垃圾统收统运，覆盖所有村庄。有序推进土壤污染防治和风险管控，土壤环境质量趋好。造林绿化不断推进，“十三五”时期，积极推进人工造林、封山育林、森林抚育等各项工程，累计完成营造林75万亩，全县林草覆盖率达到62%，生态建设取得显著成效。

## 第六节　人民生活福祉持续增进

坚持开财源、争资金、节支出、强管理，在县级财政极为拮据的情况下，始终坚持民生优先，有力保障脱贫攻坚、民生工程、工资经费、生态建设等重大事项支出。就业空间不断拓展，认真落实各项就业再就业政策，多渠道创造就业岗位，登记失业率控制在3.13%以内。保障水平持续提高，强化社会保障、综合救助，全县工伤、养老、失业、医疗等各类保险的保障面持续扩大，农村低保的年保障标准提高到4644元/人/年，较2016年提升60.1%；特困人员的基本生活标准提高到6060元/人/年，较2016年提升102%；城镇低保的年保障标准提高到7920元/人/年，较2016年提升40.4%。全面落实残疾人困难生活、重度护理补贴政策，两项政策累计发放补贴2 480.48万元。文教卫事业全面发展，坚持教育优先，统筹发展学前教育、基础教育、职业教育，教师队伍逐渐强大，“十三五”期间，全县共招聘教师233人，加强乡村小规模学校和乡镇寄宿制学校建设，完成薄弱学校改造工程，县职教中心在产教融合、校企合作方面取得新进展。医疗服务水平不断提升，新建、修缮村卫生室84个，2020年招录村医24人、派遣劳务医生35人，县中医院新建业务楼主体工程、县医院附属配套工程完工，北京大学人民医院、怀柔区医院及张家口市第一医院对口帮扶县医院，河北省中医院对口帮扶县中医院，全县二级医疗机构对口支援乡镇卫生院实现全覆盖。

## 第七节　社会治理能力明显增强

深入推进政务公开，政府行为更加科学规范、阳光透明。扎实做好国务院大督查、省市重点工作大督查、12345市长热线反馈问题整改，政府执行力持续提升。积极推进省级“文明县城”“洁净城市”创建活动，大力开展市容环境和空间秩序综合整治，县城“脏乱差”

现象得到有效改善。积极推进“厕所革命”，县城新建公厕 16 座，改造公厕 17 座，并已全部投入使用；完成农村厕所改造 2455 座。全面加强应急和消防安全工作，消除火灾隐患。粮食安全及应急物资储备工作不断加强，天丰粮储被授予“河北省粮食安全宣传教育基地”称号。扫黑除恶专项斗争深入推进，打掉恶势力集团 4 个、恶势力团伙 9 个，协助张家口市公安局打掉黑社会性质组织团伙 1 个，有效维护了社会和谐稳定。认真贯彻落实退役军人各项优待政策，县财政出资 500 万元作为初始资金，成立了河北省怀安县关爱退役军人基金会。深入开展“5＋1”专项治理、安全生产大排查、食药安全专项整治行动，严厉查处违法占地、私挖滥采、企业安全生产、食药安全等案件。大力推进阳光信访，实现信访事项受理、办理、答复、告知等处理过程在网上全公开，让群众少跑路，数据多跑腿，提高信访工作透明度和公信力，并主动接受群众的评价和监督，关键是用好网上信访信息系统，信访工作和安全生产形势总体平稳，社会保持和谐稳定。面对新冠肺炎疫情的冲击，扎实做好“六稳”工作，全面落实“六保”任务，经济社会发展恢复平稳增长态势。

# 第六章　远景展望（2021—2025）

## 第一节　“十四五”时期面临的新机遇和新挑战

“十四五”时期是从全面建成小康社会向全面开启社会主义现代化建设新征程的历史交汇期，是怀安县对标高质量建设“首都两区”和“河北一翼”的关键阶段，怀安县已经和全国一道迈进新时代、踏上新征程。受国际外部环境不确定性因素增多、国内经济社会转型发展等影响，怀安县的经济社会发展面临着错综复杂的形势，机遇和挑战交织并存。

### 一、从发展的机遇看

新一轮科技革命加速演进、首都经济圈大力建设、绿色发展潮流兴起，“十四五”期间是怀安县谋划发展新篇章，经济社会进入更有效率、更加公平和更可持续的高质量发展新阶段的难得机遇。

**（一）全球科技革命加速演进，持续激发经济社会发展新动能**

当前，全球科技创新密集活跃，带动新技术、新产业、新模式快速发展。作为第一生产力，科技的革命是导致生产关系和上层建筑层面世界格局演变的最根本动力。充分发挥创新第一动力作用，以强大的创新能力为怀安县应对风险挑战、把握战略机遇和实现高质量发展提供有力支撑。新一轮科技革命加速了产业变革，为怀安县布局绿色产业、建设现代化经济体系、推动经济结构优化升级提供了新空间。

**（二）京津冀协同发展和加快推动“首都两区”建设，开创怀安高质量发展新局面**

京津冀协同发展确定了“一核、双城、三轴、四区、多节点”的空间格局，怀安县位于西北部生态涵养区，其重点是发挥生态保障、水源涵养、旅游休闲、绿色产品供给等主要功能。未来需要把握加快推动“首都两区”建设的机会，坚决沿着习近平总书记提出的绿水青山就是金山银山之路砥砺前行。强化重点领域对接，着力提升水源涵养功能，着力强化生态环境支撑，着力构建绿色产业体系，在保障首都水资源和生态环境安全的基础上，走出一条经济欠发达地区生态兴县、生态强县的路子，推动经济发展质量变革、效率变革、动力变革，谱写生态文明建设的美丽篇章。

**（三）绿色发展潮流兴起，不断拓宽产业发展新空间**

绿色发展作为关系我国发展全局的一个重要理念，体现了党对经济社会发展规律认识的深化，将指引我们更好地实现中华民族永续发展。加强生态文明建设、推进绿色发展，是怀安县贯彻落实党中央、国务院关于加快生态文明建设、构建高质量现代化经济体系的必然要求，是深入推进供给侧结构性改革、实现产业转型升级、回应人民群众对美好生活向往的重要举措。随着京津冀协同发展、京张联合举办冬奥会、张家口市获批可再生能源示范区建设等，给怀安县绿色发展带来了前所未有的新机遇。怀安县发展绿色产业，既是推进生态文明建设，打赢污染防治攻坚战的有力支撑，也是培育绿色发展新动能，实现高质量发展的重要内容，更是体现了全新发展观，蕴含和弘扬了天人合一、道法自然的中华民族传统智慧，开辟了人与自然和谐共生的现代化之路。

## 二、从面临的挑战看

我们也清醒地认识到，“十四五”期间，伴随着国内经济下行压力加大，全县经济社会发展面临的绿色产业支撑体系软、财政保障能力弱、生态环境建设压力大、民生领域和营商环境短等问题和挑战可能更加凸显。

### （一）绿色产业支撑体系尚未形成

怀安县秉承绿色高质量发展理念，大力推进落后产能淘汰，着力构建以高端制造、应急服务、新型能源、特色农牧、健康养生、文化旅游等为主的绿色产业体系，推动新型绿色产业转型发展，但产业集聚缓慢，高质量绿色产业支撑体系尚未形成。以汽车为主导的高端制造和应急服务两大主导产业上下游配套企业规模小、数量少；项目谋划、争取、储备总量不够，新开工项目产能释放不足，推动经济持续发展、高质量发展的基础还不牢固。

### （二）财政保障基础依然薄弱

京津冀协同发展为怀安县发挥区位、交通、资源优势带来了机遇，吸引了京津高端要素和产业转移，但是怀安县与京津地区相比，经济发展水平仍存在一定差距，与张家口地区生产总值、公共预算收入等还有一定距离。重点项目建设资金缺口仍然较大，财政收支矛盾较为突出，保工资、保运转、保民生的任务仍然艰巨。

### （三）生态环境建设压力较大

怀安县作为京津冀生态涵养功能区、京津生态屏障、北京的重要水源地和重要的生态敏感区，县域生态环境发展标准严格。目前，即便县域生态环境正在不断改善和优化，但是生态环境相对比较脆弱，植树立地条件差，种植业灌溉方式粗放，流域治理跨区协同机制亟待建立，水安全保障、大气污染防治、秸秆禁烧工作仍需进一步加强，这些都为水源涵养带来了新的挑战。

### （四）民生领域存在短板，营商环境有待优化

城乡基础设施和公共服务设施建设相对滞后，公共服务仍有短板，社会保障体系不尽完善，教育、医疗、文化、体育等方面与群众的期待仍有不小差距，人民群众的获得感和幸福感还有待提升。行政审批前置环节多、所需要件多、审批流程长的问题依然存在。民营企业总量不大、实力不强，部分企业生产经营困难，对县域经济发展的支撑力不强。

总体来看，“十四五”时期，怀安县面临的机遇前所未有，面临的挑战也是前所未有，只有坚持从全局谋划一域、以一域服务全局，才能积极应对挑战、牢牢把握机遇，才能在多重目标中寻求动态平

衡，才能在高质量发展中实现系统优化。“十四五”时期，怀安县仍处于并将长期处于发展的重要战略期，经济长期向好的基本趋势没有改变，虽然面临着前所未有的挑战和风险，但怀安人民有信心、有能力、有条件战胜前进道路上的各种风险挑战并大有作为。全县必须围绕高质量发展这个根本遵循，只要坚定必胜信心，保持战略定力，迎难而上，发扬斗争精神，攻坚克难，就一定能在危机中育新机，于变局中开新局；就一定能不辜负全县人民的信任和重托，把怀安的事情办好；就一定能在克服困难和挑战中取得新成就，开启建设怀安强县的新篇章。

## 第二节　指导思想和基本原则

### 一、指导思想

高举中国特色社会主义伟大旗帜，深入贯彻党的十九大和十九届二中、三中、四中、五中全会精神，坚持以马克思列宁主义、毛泽东思想、邓小平理论、“三个代表”重要思想、科学发展观、习近平新时代中国特色社会主义思想为指导，全面贯彻党的基本理论、基本路线、基本方略，统筹推进经济建设、政治建设、文化建设、社会建设、生态文明建设的总体布局，协调推进全面建设社会主义现代化国家、全面深化改革、全面依法治国、全面从严治党的战略布局，坚定不移地贯彻创新、协调、绿色、开放、共享的新发展理念，坚持稳中求进的工作总基调。按照中共张家口市委提出的以建成“首都两区”、打造“河北一翼”为纲，以建设“五城”为章，以发展七大主导产业为节，以重点工作和具体项目为目，围绕“工业立县、商贸活县、全民创业、绿色崛起”总思路，秉持“项目核心、园区载体、城镇带动、创新驱动、市场运作、借力发展”，以党建为第一根本，以项目为第一核心，以民生为第一中心，以稳定为基本底线，统筹发展和安全，发展实体经济、县域经济和民营经济，不断壮大高端制造、应急服务、新型能源、特色农牧、健康养生、文化旅游等六大产业，树立新发展理念，融入新发展格局，推进社会治理体系和治理能力现代化，实现经济行稳致远、社会安定和谐，为张家口市建设“首都两区”，打造“河北一翼”，加快实现京张同城化发展，推动怀安社会主义现代化建设奠定坚实基础。

## 二、基本原则

### （一）坚持党的全面领导

坚持和完善党领导经济社会发展的体制机制，始终同以习近平同志为核心的党中央保持高度一致，不断提高贯彻新发展理念、构建新发展格局的能力和水平，为实现高质量发展提供根本保证。

### （二）坚持以人民为中心

坚持人民主体地位，坚持共同富裕方向，始终做到发展为了人民、发展依靠人民、发展成果由人民共享，为民办事、为民造福，增进民生福祉，促进社会公平，顺应人民对美好生活的向往。

### （三）坚持新发展理念

始终把新发展理念贯穿发展全过程和各领域，切实转变发展方式，加快转型升级和提质增效，积极融入新发展格局，实现更高质量、更有效率、更加公平、更可持续、更为安全的发展。

坚持质量优先和稳定增长相结合。将质量和效益作为衡量发展绩效的主要标准，牢固树立绿水青山就是金山银山的理念，坚定走生产发展、生活富裕、生态良好的文明发展道路，深化供给侧结构性改革，以改善生态环境为重点，以绿色可持续发展为支撑，努力打造青山常在、绿水长流、空气常新的美丽怀安，让广大人民群众在优美的生态环境中生产生活。

坚持固本培元和增强韧性相统筹。着眼解决当前问题和谋划长远发展，进一步强化忧患意识和底线思维，加快建设“首都两区”，紧紧围绕筑牢实体经济根基，加固发展底板，厚植竞争优势，提升应对复杂环境变化的调整转型能力，率先在生态环境修复、民生福祉改善、绿色产业发展等领域实现较大突破，确保怀安经济发展保持充分活力，保证社会发展和谐稳定。

坚持创新驱动和风险防范相促进。实施创新驱动发展战略，发挥科技创新在县域供给侧结构性改革中的支撑引领作用，强化科技与县域经济社会发展有效对接，打通从科技强、产业强到经济社会发展强的通道。强化安全红线意识，制定实施有效措施，有针对性地防范化解投资、金融、数据流动、生态和公共卫生等领域的重大风险，优化开放环境，切实把安全发展作为城市现代文明的重要标志。

### （四）坚持深化改革开放

坚定不移地推进改革开放，破除影响高质量发展、高品质生活的体制机制障碍，加强治理体系和治理能力现代化建设，强化有利于提高资源配置效率、有利于调动全社会积极性的举措，持续增强发展动力。

坚持有效市场和有为政府相协调。充分发挥市场配置资源的决定性作用，更好地发挥政府作用，营造良好的政策环境和稳定的市场预期。加快形成统一开放、竞争有序的市场体系，激发市场主体活力；加快健全激励相容的制度体系，激发广大干部特别是地方干部的积极性，全力打造市场化、法治化、国际化的营商环境。

**（五）坚持系统观念和辩证思维**

坚决当好首都政治“护城河”，自觉运用系统科学的辩证方法解决问题、推动工作，加强前瞻性思考、全局性谋划、战略性布局、整体性推进，固根基、扬优势、补短板、强弱项，实现发展质量、结构、规模、速度、效益、安全相统一。

坚持尽力而为和量力而行。聚焦群众所急、所需、所盼的民生实事，把增进人民福祉、促进人的全面发展作为发展的出发点和落脚点，在经济可持续、财力可支撑的基础上，精准发力，久久为功，加大优质公共产品和服务供给，不断促进社会公平正义，让改革发展成果持续惠及广大人民群众，提高人民群众的获得感和幸福感。

## 第三节　经济和社会发展目标

### 一、“十四五”时期的经济和社会发展主要目标

锚定 2035 年远景目标，综合考虑怀安县的发展条件，坚持党的全面领导，坚持以人民为中心，坚持新发展理念，坚持深化改革开

放，坚持系统观念和辩证思维，确立“十四五”时期怀安县经济和社会发展的主要目标。

### （一）经济发展取得新成效

综合实力实现新跨越。经济结构更加优化，供给侧结构性改革取得重大进展，高铁经济、实体经济和装备制造、应急服务加快发展，农业基础更加稳固，高铁新城引擎效应全面释放，城乡发展协调性明显增强，综合经济实力不断提高，主要经济指标保持中高速增长。“十四五”期间，地区生产总值平均增长率达到5%，对张家口市经济发展的贡献率明显提高。

创新驱动发展取得新突破。高起点规划、高标准建设高新技术产业开发区等创新创业平台，推动大众创业、万众创新，打造发展新引擎，培育发展新动能，引领怀安县创新驱动发展。发挥企业家在县域创新驱动发展中的关键作用，让科技特派员成为乡村振兴的重要“引擎”，支持科技领军人才、高技能人才、专业技术人才等到怀安县开展创业服务，聚才、用才、育才环境显著改善。到2025年，每年至少组织一次科技专家服务讲师团活动。

产业发展获得新提升。产业结构进一步优化，非农产业占比进一步提升，战略新兴产业、数字经济等比重显著提高，新动能日益成为拉动经济增长的主动力。

### （二）改革开放迈出新步伐

重点领域改革扎实推进，要素市场化配置机制更加健全，公平竞争制度更加完善，以改革激活释放怀安高质量发展潜能，营商环境更加优化，河北怀安经济开发区能级大幅提升。

**（三）社会文明程度得到新提高**

社会主义核心价值观融入社会发展各方面，人民的思想道德素质、科学文化素质和身心健康素质明显提升，公共文化服务体系更加完善，人民的精神文化生活日益丰富。

**（四）生态文明建设实现新进步**

国土空间开发保护格局得到优化，绿色生产生活方式加快形成，主要污染物排放总量持续减少，城乡人居环境明显改善，"首都两区"建设取得明显成效，水源涵养功能明显提升。到 2025 年，达到或优于三类水体占地表水比例和细颗粒物年均浓度完成下达任务，森林覆盖率达到 40％。

**（五）民生福祉达到新水平**

实现更加充分、更高质量就业，居民收入增长和经济增长基本同步，基本公共服务均等化水平明显提高，教育、医疗卫生、社会保障等社会事业不断改善，脱贫攻坚成果巩固拓展，乡村振兴战略全面推进。到 2025 年，常住人口城镇化率达到 52％左右。"一心、三点、四片、双十字发展"的县城空间发展格局进一步优化，"一带两轴、三核联动"的城乡发展结构使区域协作协同效益显著。农村更加繁荣，新型城镇化和新农村协调推进，迈入城乡一体化的新阶段。

**（六）社会治理效能得到新提升**

依法治县迈出坚实步伐，社会公平正义进一步彰显，共建、共治、共享的社会治理格局基本形成，重大突发公共事件应急能力和防灾、减灾、抗灾、救灾能力明显增强，发展安全保障更加有力。以安全生产为基础的综合性、全方位、系统化的县域安全发展体系基本健全，形成共建、共治、共享的县域安全社会治理格局，县域安全发展水平明显提升。

“十四五”时期怀安县经济和社会发展指标

| 序号 | 指标名称 | 单位 | 2020年基数 | 2025年目标 | 年均增长（累计） | 属性 |
|---|---|---|---|---|---|---|
| 经济发展（2项） | | | | | | |
| 1 | 地区生产总值增长率 | % | — | — | 5 | 预期性 |
| 2 | 常住人口城镇化率 | % | 47 | 52 | 1 | 预期性 |
| 创新驱动（2项） | | | | | | |
| 3 | 研究与开发经费投入占地区生产总值比例 | % | — | — | 8 | 预期性 |
| 4 | 每万人口拥有发明专利数 | 件 | 0.2 | 0.3 | 0.02 | 预期性 |
| 生态文明（7项） | | | | | | |
| 5 | 单位地区生产总值能源消耗降幅 | % | — | — | 完成张家口市下达的任务 | 约束性 |
| 6 | 单位地区生产总值二氧化碳排放降幅 | % | — | — | 完成张家口市下达的任务 | 约束性 |
| 7 | 地级及以上城市空气质量优良天数比率 | % | — | — | 完成张家口市下达的任务 | 约束性 |
| 8 | 地级及以上城市细颗粒物浓度降幅 | % | — | — | 完成张家口市下达的任务 | 约束性 |
| 9 | 达到或好于三类水体占地表水比例 | % | — | — | 完成张家口市下达的任务 | 约束性 |

续表

| 序号 | 指标名称 | 单位 | 2020 年基数 | 2025 年目标 | 年均增长（累计） | 属性 |
|---|---|---|---|---|---|---|
| 10 | 森林覆盖率 | % | 38% | 40% | 0.4 | 约束性 |
| 11 | 能源综合生产能力 | 万吨标准煤 | 2.46 | 大于 2.46 | — | 预期性 |
| 民生福祉（6 项） | | | | | | |
| 12 | 居民人均可支配收入增长率 | % | — | — | 5.8 | 预期性 |
| 13 | 人均预期寿命 | 岁 | 77 | 78 | 0.2 | 预期性 |
| 14 | 每千人口拥有执业（助理）医师 | 人 | 1.68 | 2.88 | 0.24 | 约束性 |
| 15 | 居民基本养老保险参保率 | % | 90 | 92 | 0.4 | 预期性 |
| 16 | 每千人口拥有 3 岁以下婴幼儿托位数 | 个 | 0 | 0.3 | 0.06 | 预期性 |
| 17 | 粮食综合生产能力 | 亿斤 | 2.366 | 2.4 | 0.0068 | 预期性 |

## 二、远景目标

根据党中央和省、市的相关文件精神，结合怀安县实际，展望2035 年，怀安县要达到基本实现社会主义现代化远景目标的要求。全县综合经济实力大幅跃升，经济总量和城乡居民人均收入迈上新的台阶；基本实现新型工业化、信息化、城镇化、农业现代化，建成现代化经济体系；基本实现治理体系和治理能力现代化，建成更高水平的法治怀安、平安怀安；基本建成文化强县、教育强县、人才强县、体育强县、健康怀安，公民素质和社会文明程度达到新高度；生态环境建设取得重大成效，广泛形成绿色生产生活方式，基本建成天蓝、地绿、水秀的美丽怀安；全面深化改革和发展深度融合、高效联动，形成对外开放新格局；基本公共服务实现均等化，城乡发展差距和居民生活水平差距显著缩小；人民生活更加美好，人的全面发展、全体人民共同富裕取得新成效，为全面建设社会主义现代化国家贡献力量。

## 第四节　主要工作

### 一、坚持以新发展理念为引领，加快发展县域主导产业和推动产业结构优化升级

坚持实体经济兴怀安，推进“一产向后延、二产两头连、三产走高端”，提高经济质量效益和核心竞争力。积极融入京津冀协同发展战略格局，主动融入京张同城化发展，瞄准京津转移产业，加大招商引资力度，承接北京非首都功能产业转移，引进优质资本和先进技术，实现集聚融合发展。推进怀安与怀柔合作升级，搭建“两怀”跨区域合作交流平台。持续调整优化经济结构，发展壮大高端制造、应急服务、新型能源、特色农牧、健康养生、文化旅游等六大产业，推动装备制造和应急服务产业比重不断提升。以怀安经济开发区为主要承载平台，加快国家应急产业示范基地建设，推进产业集约集群发展。加快发展现代服务业，推动现代服务业同制造业、现代农业深度

融合发展，积极培育养老、育幼、文旅、家政、物业、物流等现代服务业，推动生活性服务业向高品质和多样化升级。借助冬奥契机，发展围棋、冰雪等体育产业。实施“科技兴县”战略，鼓励企业扩大研发投入，培育科技型中小企业和高新技术企业，提高科技成果在怀安的孵化转化成效。实施“人才兴县”战略，建立并完善怀安人才库。

## 二、以“首都两区”建设为引领，促进人与自然和谐共生

深入贯彻习近平总书记的生态文明思想，围绕“首都两区”建设，持续改善全县的生态环境质量。打赢蓝天保卫战，实施减排、抑尘、压煤、治车、控秸等五大工程，开展工程治理减排、“散乱污”企业整治、结构调整减排、管理减排、区域联防联控等五大行动，解决大气环境突出问题。打好碧水保卫战，开展水污染防治行动，全面落实河湖长制，实施严重污染水体整治、良好水体保护、水污染防治设施建设、饮用水环境安全保障等四大工程，抓好洋河等河流综合治理，确保优良水体全部达标。推进净土保卫战，全面落实土壤污染防治行动计划，加强农业面源污染综合防治，实施土壤污染治理与修复等六大行动。加强矿山尾矿库安全处理、综合利用和治理修复，有序推进矿山综合整治，有效防范风险。推进绿地提升战，建立长效机制，巩固“十三五”时期造林成果。持续加强防护管控，提升生态系统质量和稳定性，维护区域生态安全。推动绿色低碳发展，全面实行排污许可制，推进排污权、用能权、用水权市场化交易。实施清洁能源替代工程和“绿色出行”行动，大力发展光伏、风电等新能源。

## 三、坚持全面深化改革，切实打造高质量发展新动力

坚持市场化取向和高效能标准，以改革激活释放怀安高质量发展潜能。深化经济领域改革，坚持创新举措，通过改革推动解决县内工信、商务、粮食、供销等系统的历史遗留问题。加强财政资源统筹，强化绩效管理。激发市场主体活力，完善促进中小微企业和个体工商户发展的政策体系，加大税费、融资等优惠政策落实力度，优化民营经济发展环境，破除制约民营企业发展的各种壁垒。切实转变政府职能，深化“放管服”改革，实施涉企经营许可事项清单管理，分类推进审批制度改革，大力推广“最多跑一次”，压缩审批时间。全面推行“双随机一公开”，加强重大政策事前评估和事后评价，对新产业、新业态实行包容审慎监管。

## 四、统筹城乡建设，完善提升新时代新型城乡关系

统筹城乡建设关系，发挥县城和镇村的作用，提高城镇管理水平和智慧水平，引领城乡建设高品质发展。深入实施乡村振兴战略，严格落实“四个不摘”要求，完善防止返贫监测和帮扶机制。坚持农业农村优先发展，促进各类要素更多向乡村流动，围绕“二十字”方针，积极谋划实施乡村振兴战略，推进脱贫攻坚巩固提升与乡村振兴有机衔接，加快形成城乡互补、全面融合、共同繁荣的新型城乡关系。统筹推动“四好农村路”“空心村”治理、“厕所革命”等工作，补齐影响群众生活品质的短板。推进农村土地、农村集体产权、集体林权等制度改革，盘活农村资产资源。坚持优化国土空间布局，继续

推动总体规划与专项规划、详细规划有机衔接，科学划定生态保护红线、永久基本农田、城镇开发边界等 3 条控制线，统筹好生产、生活、生态三大空间布局。完善规划法规政策体系，严格审批和监管，坚持“一张蓝图干到底”。稳步提升新型城镇化水平，加快高铁新城建设，推动产城教融合发展，打造城市“会客厅”、商业综合体，大力推进老旧小区、老旧管网改造和社区建设。加强智慧城市建设，强化社区治理服务能力，开展文明城市、卫生县城、森林城市创建，提升城市综合治理水平。以高铁站点和国、省干道沿线为重点，打造一批康养、旅游等特色小镇，以镇带村，以村促镇，促进镇（乡）村联动发展。

## 五、坚持以人民为中心的发展思想，持续改善人民生活品质

加强普惠性、基础性、兜底性民生建设，积极办好民生实事。强化就业优先政策，加快建立高校毕业生、退役军人、农民工和城镇困难人员等重点群体就业支持体系，扩大公益性岗位安置，做好就业再就业工作。推动教育高质量发展，推进学前教育普及普惠发展、义务教育优质均衡发展、普通高中教育高质量发展、职业教育产教融合发展。加强教育基础设施建设，新改建一批公办幼儿园、义务教育寄宿学校。加大优质医疗卫生服务供给，深化医药卫生体制改革，巩固“四医联动”改革成果，提高医保基金的使用效率。完善医防协同机制，深入开展爱国卫生运动，抓好新冠肺炎疫情常态化防控工作，提高突发公共卫生事件监测预警和应急处置能力。健全社会保障体系，坚持应保尽保原则，构建覆盖全民、统筹城乡、公平统一、可持续的

多层次社会保障制度。健全分层分类、城乡统筹的社会救助体系，做好残疾人、农村留守儿童和妇女、老年人的关爱服务工作。提升怀安文化品位，发掘优秀传统文化和特色地方文化，打造“一心、一廊、一环、五片区”旅游格局。实施文化惠民工程，加快冰雪场馆、全民健身广场建设，发展体育运动，增强人民体质。推进安全怀安建设，有效防范化解各种风险，坚决守住不发生系统性、区域性风险底线。创新社会治理模式，把矛盾化解在基层。强化安全生产和食品药品安全监管，打击各类违法犯罪活动，保障人民群众的生命财产安全。

# 第七章　大事记

一九二八年

9 月，怀安县隶属察哈尔省，为三等县。全县设 5 个区，怀安城为一区，左卫为二区，强地为三区，王虎屯为四区，柴沟堡为五区。

一九三六年

3 月，怀安人民在全国抗日救亡运动的影响下，自发掀起“抵制日货”宣传活动，柴沟堡各校师生高举抗日标语上街游行。

一九三七年

7 月 13 日，日军飞机轰炸柴沟堡。

8 月 23 日，日军飞机轰炸怀安城。

8 月 28 日，日军占领柴沟堡。

8 月，日军占领怀安县。

9 月 1 日，王家窑惨案发生。

9 月 10 日，日军占领怀安城。

9 月 10 日，“建益半”惨案发生。

9 月，日军飞机轰炸水闸屯村。

### 一九三八年

7 月，日军飞机轰炸左卫。

### 一九三九年

9 月 1 日，怀安县隶属察南政厅。

### 一九四一年

8 月，怀安县与万全县合并为万安县，县政府设在万安镇（柴沟堡）。

### 一九四四年

10 月，中共冀察区十三（察南）地方委员会成立，管辖怀安县。

12 月 26 日，中共怀安县工作委员会成立。

### 一九四五年

3 月，收编土匪组建游击支队。

3 月，怀安县工作队成立。

4 月，怀安县办事处成立。

4 月，收编土匪组建抗日游击大队。

5 月 13 日，怀安城第一次解放。

5 月 17 日，俞家屯激战。

6 月，中共天怀县工作委员会、天怀县办事处成立。

6 月，怀安县办事处武装委员会成立。

7 月，怀安县办事处情报站成立。

8 月 23 日，张家口解放。

8 月 31 日，柴沟堡解放。

8月31日，怀安县第一次解放，怀安县恢复建制，中共怀安县委、怀安县政府成立。

8月，怀安县划归六专区领导。

9月，天怀县撤销。

## 一九四六年

1月，张家口各地的群众性锄奸反霸、清算复仇斗争均已转入减租退租增资斗争阶段，怀安也开展了群众性运动，广大农民从地主手中分得了土地、粮食和其他财物，农民生活普遍得到改善。

8月，怀安县土改工作队成立。

8月，怀安县开展第一次土地改革。

9月，中共兴天怀联合县工作委员会成立。

10月，国民党飞机轰炸柴沟堡。

10月，国民党军队占领怀安县。

11月10日，根据上级指示及斗争需要，中共冀察区十三地委决定筹建中共天阳怀联合县工作委员会和天阳怀联合县政府。

11月27日，高山事件发生。

12月，天阳怀联合县成立。

12月，国民党怀安县政府成立。

## 一九四七年

1月，天阳怀联合县支队成立。

1月，宣涿怀联合县成立。

3月19日，庙儿岩惨案发生。

6月，中共天阳怀联合县路北工作委员会成立。

## 一九四八年

1 月，天阳怀联合县、宣涿怀联合县撤销，中共怀安县委、怀安县人民政府恢复建制。

2 月，天阳怀联合县支队改编为中共察南军分区独立第十五团，又名西山团。

10 月 30 日，怀安城第二次解放。

11 月 29 日，怀安县第二次解放。

## 一九四九年

1 月 30 日，怀安县开展第二次土地改革。

7 月 3 日，怀安县剿匪指挥部成立，在全县开展剿灭土匪工作。

8 月 1 日，怀安县隶属察南专区。

8 月 12 日，怀安县武装部改称怀安县人民武装部。

10 月 1 日，怀安人民同全国人民一起热烈庆祝中华人民共和国成立。

12 月 15 日至 18 日，怀安县第一届各界人民代表大会在怀安城召开。

## 一九五〇年

7 月，怀安县开展镇压反革命运动。

8 月 17 日至 9 月 13 日，怀安县开展整党整风运动。

10 月，怀安县掀起轰轰烈烈的保家卫国热潮，广大人民群众主动捐款捐物，支持抗美援朝运动。

11 月，在怀安城苗圃建立革命烈士纪念塔一座，设烈士名录碑一块。

## 一九五一年

1 月 8 日，怀安县抗美援朝征兵动员会议召开。

1 月 29 日，捣毁一贯道“公坛”4 个，抓捕点传师、坛主及作恶的道徒 196 人。

3 月 10 日，逮捕反动党团骨干、反动恶霸、残匪特务等 109 人。

5 月 21 日，公捕公判大会召开，公开处决了 7 名反革命罪犯。

10 月，怀安县广泛开展拥军优属活动。

## 一九五二年

1 月 25 日，怀安县节约检查委员会成立，负责领导“三反”运动。

6 月 1 日至 15 日，在柴沟堡镇私营工商户中开展“五反”运动。

9 月，在怀安城为抗美援朝特等功臣史忠举行追悼大会。

11 月，怀安县隶属张家口专区。

## 一九五三年

3 月，为抗美援朝特等功臣胡连召开庆功大会。

## 一九五五年

7 月，怀安县开展肃反运动。

7 月，怀安县第一届手工业社员代表大会召开。

## 一九五六年

1 月，怀安县私营工商业全部实现公私合营。

1 月，怀安县人武部建立预备役兵源登记卡，对转业干部、复员退伍军人的军兵种、专业技术、任职等情况登记造册，以备征召。

## 一九五八年

10 月，怀安县与万全县合并，称怀安县。

10 月，怀安县档案馆建立。

## 一九五九年

5 月，怀安县隶属张家口市。

## 一九六一年

12 月 25 日，怀安县、万全县分置，怀安县隶属张家口地区。

## 一九六二年

1 月，怀安县第二届手工业社员代表大会召开。

2 月，怀安县人武部设专职政委，此后由县委书记兼任人武部第一政委。

## 一九六四年

3 月，怀安县“四清”小组成立。

## 一九六五年

6 月 2 日至 9 日，全区四级干部会议和第二次贫下中农代表会议先后在怀安县召开。

## 一九六七年

3 月 17 日，怀安县革命委员会成立。

## 一九六九年

5 月 20 日，怀安县战备领导小组成立。

8 月 28 日，怀安县武装民兵独立团成立。

## 一九七一年

4 月 16 日，中共怀安县第五次代表大会在柴沟堡召开。

## 一九七六年

9月，中共怀安县委组织民兵团赴唐山抗震救灾。

## 一九七八年

11月29日至30日，中共怀安县委召开常委会议，开展关于实践是检验真理的唯一标准的大讨论。

## 一九七九年

1月，中共怀安县委召开了有800余人参加的工作会议，传达贯彻党的十一届三中全会和中央工作会议精神。

5月，怀安县实行党政分家，县委书记、公社书记不再兼任革命委员会主任职务。

## 一九八一年

9月23日，中共怀安县委召开平反大会，为“四清“运动中受到错误批斗、错误处理的县、社、队干部及错划的地富、错戴帽子的人员公开平反、恢复名誉。

## 一九八二年

5月，怀安县委、县革委分设，废止了一元化的领导体制。

## 一九八三年

4月14日，武士敏故居重修落成典礼举行。

## 一九八四年

9月22日，怀安县陆军预备役反坦克炮兵团建立。

## 一九八六年

6月，阮慕韩纪念馆建成，并举行了阮慕韩骨灰安放仪式。

10月1日，怀安县养老保险统筹委员会成立。

10 月 2 日，怀安县劳动保险所成立。

### 一九八九年

1 月，郑王庄至桦皮岭公路修建完工。

8 月，怀安县被列为国家级重点贫困县，怀安县扶贫救灾领导小组改称怀安县扶贫领导小组。

### 一九九〇年

5 月，怀安县被中国围棋协会命名为“全国围棋之乡”。

### 一九九二年

6 月 9 日，在河北省军区召开的全省民兵、预备役工作双先会上，怀安县预备役炮团被评为先进单位。

7 月 1 日，崛仑屯沙河改道工程动工。

### 一九九三年

4 月，怀安县土地资源调查工作结束。

4 月，中共怀安县委第五次（扩大）会议决定改建张同公路，由县长牵头成立工程指挥部。

9 月 23 日，水闸屯至西湾堡公路改建项目竣工。

12 月 15 日，怀安县股份制改革实施领导小组成立。

### 一九九四年

2 月，怀安县再次被列为国家级重点贫困县，怀安县扶贫领导小组改称怀安县扶贫开发领导小组。

3 月，河北省委、省政府授予怀安县“双拥模范县”称号。

9 月，怀安县职教中心教学楼建成。

## 一九九五年

5 月 9 日，国务院正式批准包括怀安县在内的坝下 7 县、4 区全面对外开放，怀安县的开放工作正式起步。

9 月，怀安县第一所希望小学建成。

11 月 21 日，张同公路改建项目竣工。

## 一九九六年

2 月，怀安县的行政区划进行调整，并乡扩镇，由 21 个乡镇调整为 11 个乡镇。

2 月，中共怀安县委决定投资改建柴后公路。

4 月，怀安县民政局成立农村社会养老保险事业管理处。

5 月 3 日，怀安县政府研究通过了《怀安县土地利用总体规划》，并建立了土地执法大队监督检查机构。

6 月，怀安县对外开放办公室成立。

7 月 29 日，怀安县预备役炮团举行预备役军官授衔仪式。

11 月 9 日，110 国道怀安段竣工通车。

11 月，中共怀安县委的工作机构调整为 8 个。

## 一九九七年

4 月，中共怀安县委提出“1114”工程。

12 月，中共怀安县委下发文件，做出进一步深化企业改革的决定，明确企业改革的指导思想、原则和目标任务。

12 月，中共怀安县委决定投资重建张同公路的左卫洋河大桥和怀化公路的李家沟隧道。

## 一九九八年

2月，怀安县政府批准怀安县水泥厂改制为怀安县三圆水泥股份合作公司。

3月，怀安县建材厂整体出售给职工，改制为怀安县振兴建材股份合作公司。

5月26日，怀安县啤酒厂由宣化钟楼集团托管，改称宣化钟楼集团怀安啤酒有限公司。

7月13日，怀安县政府决定开发西洋河至新坝房段滩涂，并成立领导小组。

10月31日，怀安县农村电网改造指挥部成立。

12月，怀安县扶贫攻坚大会战指挥部成立。

## 一九九九年

2月，中共怀安县委提出农村二轮土地承包的5条方针，怀安县政府出台《关于搞好二轮土地承包工作的意见》和《二轮土地承包工作中一些具体问题的处理意见》。

11月，张同公路的左卫洋河大桥重建项目竣工。

12月，怀安县被全国双拥工作领导小组和民政部评为“全国爱心献功臣行动先进县”。

## 二〇〇〇年

2月，怀安县安达煤炭有限公司专用铁路线建成运营。

4月15日，怀安县10万亩自压喷灌一期工程竣工。

7月29日，怀安县政府在水沟口二库举行10万亩自压喷灌首期万亩工程竣工剪彩仪式。

8 月，怀安县广播电视“村村通”工程完工，解决了 105 个盲点村。

10 月 9 日，怀化公路的李家沟隧道竣工通车。

## 二〇〇一年

6 月 25 日，怀安县昭化寺被列为第五批全国重点文物保护单位。

6 月，怀安县农网 10 千伏配电线路改造项目竣工。

7 月，怀安县洋河陵园公墓落成。

## 二〇〇二年

5 月，中共怀安县委的工作机构调整为 10 个。

7 月，怀安县化肥厂实施租赁经营，改制为张家口双环化肥有限责任公司。

9 月，西洋河水库除险加固工程启动。

10 月 28 日，柴新公路竣工通车。

## 二〇〇三年

1 月 6 日，怀安县委、县政府的相关领导赴北京，向国务院办公厅定点扶贫工作领导小组就全县经济和扶贫工作、项目建设及亟须帮助解决的问题做重点汇报，怀安县新旧城区连接线铁路地道桥项目被铁道部破格立项。

3 月，怀安县有线电视光缆联网工程开工。

4 月 22 日，怀安县防治非典型性肺炎县长办公会召开。

7 月，怀安县有线电视光缆联网工程完工。

10 月 9 日，怀安县新旧城区连接线铁路地道桥项目开工建设。

## 二〇〇四年

6 月 23 日，全县通村公路现场会在怀安城镇召开。

11 月 18 日，省道柴后线二级公路改建工程竣工通车。

12 月 1 日，怀安县老干部活动中心落成座谈会召开。

## 二〇〇五年

1 月 22 日，中欧（上水源）国际生态示范区项目启动暨第一届上水源国际冰雪节开幕仪式在左卫镇生态示范项目区举行。

6 月 16 日，怀安县委、县政府正式命名柴沟堡镇民主街学校为怀安县围棋学校，并举行了揭牌仪式。

6 月 30 日，康世恩塑像落成揭幕仪式举行。

8 月 28 日，怀安宏都食品有限公司优种猪繁育基地揭牌暨生猪屠宰加工厂奠基仪式在怀安城镇举行。

10 月 19 日，怀安县医疗保险管理中心揭牌仪式举行。

12 月 2 日，怀安县柴沟堡第三中学更名为世恩中学，并举行了揭牌仪式。

## 二〇〇六年

3 月 29 日，怀安县长胜大街拆迁改造项目签约仪式举行。

4 月 18 日，国电怀安热电厂 2×300 兆瓦供热机组工程项目获国家发改委核准批复。

5 月 8 日，怀安县长胜大街拆迁改造项目暨文苑新区工程奠基仪式举行。

5 月 18 日，怀安县财政局办公大楼落成庆典仪式举行。

6 月 22 日，怀安县人民检察院技侦业务楼落成庆典仪式举行。

7 月 22 日，新东阳集团河北左卫金沙滩体育娱乐有限公司建设项目奠基仪式在左卫镇举行。

8 月 19 日，国电怀安热电厂开工仪式举行。

8 月 30 日，张家口盛华工业园区暨四氯化钛项目奠基仪式在左卫镇举行。

10 月 23 日，县道洋新线二级公路项目竣工通车，并与省道南赤线、宝平线，县道白郭线一同在尚义县举行了通车剪彩仪式。

10 月 29 日，怀安宏都食品有限公司生猪屠宰加工厂开业仪式举行。

11 月 10 日，怀安县医院病房楼竣工庆典仪式举行。

## 二〇〇七年

1 月 6 日，第三届上水源国际冰雪节启动暨怀安县上水源滑雪学校成立仪式在左卫镇经济集聚区产业服务中心举行。

4 月 19 日，怀安县职教中心举行国家级重点中等职业学校揭牌仪式。

4 月 24 日，怀安县公安局办公楼搬迁庆典仪式举行。

12 月 20 日，国电怀安热电厂一期工程一号机组顺利投入商业运营。

## 二〇〇八年

3 月 25 日，国电怀安热电厂一期工程二号机组顺利投入商业运营。

4 月 18 日，怀安县光荣院由左卫镇第四屯迁驻柴沟堡镇何家庙巷 1 号。

10月7日，怀安县计划生育服务大楼揭牌启用仪式举行。

10月28日，怀安县城长胜大街竣工通车剪彩仪式举行。

二〇〇九年

9月1日，广建南山产业园项目签约仪式举行。

10月26日，怀安县虎窝寺修复工程暨大雄宝殿奠基仪式举行。

二〇一〇年

6月23日，怀安县城1路、2路公交车正式开通营运。

7月24日，河北怀安大雄华东国际商贸城项目签约仪式举行。

二〇一一年

5月5日，吉利集团张家口项目奠基仪式在南山产业集聚区举行。

5月30日，河北富隆饲料有限公司开业庆典举行。

6月23日，怀安县振兴大街铁路地道桥工程开工仪式举行。

9月16日，张家口市商业银行怀安县支行开业庆典仪式举行。

11月9日，天津港张家口物流基地开工奠基暨张家口市津安国际物流有限公司揭牌仪式举行。

12月18日，大雄国际商贸港营销中心启运暨招商启动仪式举行。

二〇一二年

4月4日，烈士迁葬仪式在怀安县烈士陵园举行，共迁葬烈士9人。

4月7日，怀安县城乡建设暨创建省级园林县城动员大会召开。

5月18日，怀安县大雄国际商贸港一期工程开工典礼举行。

8月21日，张家口内陆港暨海关监管区运营启动仪式在南山产业集聚区举行。

9月3日，天津港张家口营销中心揭牌暨天津港张家口物流基地开业仪式举行。

9月24日，怀安县烈士陵园修缮项目开工。

10月30日，京新高速公路宣化县洋河南至怀安县西洋河段开工奠基仪式举行。

11月6日，凯悦汽车大部件制造项目开工奠基仪式举行。

## 二〇一三年

9月，怀安县烈士陵园修缮项目竣工。

12月30日，怀安县法律服务中心落成揭牌仪式举行。

## 二〇一四年

3月3日，怀安县委、县政府在怀安县烈士陵园举办烈士公祭活动。

3月21日，怀安县创建省级园林县城攻坚动员大会召开。

6月26日，怀安县左卫镇小城镇行政管理体制改革工作会议召开。

11月20日，怀安县五保供养中心启用揭牌仪式举行。

## 二〇一五年

4月3日，怀安县委、县政府在怀安县烈士陵园举办烈士公祭活动。

6月19日，怀安县农村土地承包经营权确权登记颁证推进会召开。

7月11日，英正辉环保包装产品生产项目开工奠基仪式举行。

8月21日，怀安县安全稳定工作会议召开。

## 二〇一六年

4月26日，沃尔沃汽车张家口发动机工厂全线投产仪式在南山经济开发区举行。

9月30日，怀安县委、县政府在怀安县烈士陵园举办烈士公祭活动。

## 二〇一七年

4月6日，怀安县文明城市创建攻坚行动动员大会召开。

4月17日，张家口市怀安县2017年重点项目集中开工仪式在怀安经济开发区南山产业园举行。

4月28日，怀安县行政审批局成立揭牌仪式举行。

12月9日，领克汽车张家口工厂正式落成投产。

## 二〇一八年

2月1日，英正辉环保材料张家口有限公司开业投产仪式在怀安经济开发区应急产业园举行。

2月12日，怀安县监察委员会揭牌仪式举行。

4月8日，张家口市怀安县2018年重点项目集中开工仪式在怀安经济开发区应急产业园举行。

12月25日，中共怀安县委第四十次常委（扩大）会议召开，主要研究了《怀安县机构改革方案》。

## 二〇一九年

1月21日，怀安县深化机构改革动员部署会议召开。

# 附　　录

## 革命老区村简介

怀安县曾有革命老区村 88 个，其中消亡、撤并 22 个，现有行政村 66 个。

### 一、大寨

怀安县柴沟堡镇下辖行政村。据《怀安县志》记载：清康熙年间阎姓村民建村，称阎家大寨，简称大寨。1996 年行政区划撤并时合并了皮家梁、马圈梁、马圈沟 3 个村，统称大寨。因交通不便，水资源匮乏，1999 年在距县城西南 3 公里处建新村，村民陆续迁居，称大寨新村。2019 年，全村有居民 128 户、270 人。

### 二、兴隆窑

怀安县柴沟堡镇下辖行政村。据《怀安县志》记载：清乾隆年间建村，初称赵家新窑。清光绪年间为象征兴旺，改称兴隆窑。2019 年，全村有居民 59 户、128 人。

## 三、马圈梁

据《怀安县志》记载：清末民初建村，以山得名。1996 年行政区划撤并时并入大寨，隶属柴沟堡镇。

## 四、皮家梁

据《怀安县志》记载：清康熙年间建村。1996 年行政区划撤并时并入大寨，隶属柴沟堡镇。

## 五、两旗屯

怀安县左卫镇下辖行政村。据《怀安县志》记载：明洪武年间建村，分一村、二村、三村，每个村相距 1 公里左右。关于村名的由来有两种说法，一种说法是清代时此地有军队驻屯，军营中竖有两面旗帜，于是取名两旗屯；另一种说法是当年村庄由张姓与梁姓村民建立，取名两姓屯，后来因有屯兵竖立旗杆改名两旗屯。2019 年，全村有居民 96 户、288 人。

## 六、山旺庄

怀安县左卫镇下辖行政村。据《怀安县志》记载：清乾隆年间王姓村民建村，初称山王庄。民国初年取兴旺之意，改称山旺庄。2019 年，全村有居民 60 户、120 人。

## 七、郑王庄

怀安县左卫镇下辖行政村。据《怀安县志》记载：元至顺年间王姓村民建村，初称正王庄，后演变为郑王庄。2019 年，全村有居民 84 户、168 人。

## 八、石坡底

怀安县左卫镇下辖行政村。据《怀安县志》记载：明末清初建村，初称石坡堡，后改为石坡底。2019 年，全村有居民 129 户、258 人。

## 九、廉家寨

怀安县左卫镇下辖行政村。据《怀安县志》记载：明万历年间廉姓村民建村。2019 年，全村有居民 27 户、49 人。

## 十、殷房

怀安县左卫镇下辖行政村。据《怀安县志》记载：元代为养鹰之地，鹰当时为捕猎之用，故初称鹰房，后演变为殷房。2019 年，全村有居民 78 户、156 人。

## 十一、桦皮岭

怀安县左卫镇下辖行政村。据《怀安县志》记载：清初由陡坡村 4 户村民迁居此处建村，以山得名。2019 年，全村有居民 93 户、

176 人。

## 十二、毛家坪

据《怀安县志》记载：明嘉靖年间毛姓村民建村。1996 年行政区划撤并时并入石坡底，隶属左卫镇。

## 十三、南窑

据《怀安县志》记载：清康熙年间建村。1996 年行政区划撤并时并入石坡底，隶属左卫镇。

## 十四、后井

据《怀安县志》记载：清末民初建村。因当地条件艰苦，村庄已自然消亡。

## 十五、水泉梁

据《怀安县志》记载：明末清初建村。1996 年行政区划撤并时并入石坡底，隶属左卫镇。

## 十六、瓦窑口

怀安县怀安城镇下辖行政村。据《怀安县志》记载：后唐时期建村，初称神仙口。明洪武年间，此处建窑烧制砖瓦，村中烧制匠户居多，故村名改为瓦窑口。2019 年，全村有居民 98 户、260 人。

## 十七、官庄

怀安县怀安城镇下辖行政村。据《怀安县志》记载：明初张姓村民建村，因元末时此地的农田属官方所有，故称官庄。2019 年，全村有居民 40 户、70 人。

## 十八、水沟口

怀安县怀安城镇下辖行政村。据《怀安县志》记载：明正德年间建村，以河得名。2019 年，全村有居民 164 户、434 人。

## 十九、难泥沟

据《怀安县志》记载：清康熙年间建村。1996 年行政区划撤并时并入瓦窑口，隶属怀安城镇。

## 二十、席麻沟

据《怀安县志》记载：明万历年间建村，以沟得名。1996 年行政区划撤并时并入水沟口，隶属怀安城镇。

## 二十一、蔓菁沟

据《怀安县志》记载：清康熙年间建村，以沟得名。1996 年行政区划撤并时并入水沟口，隶属怀安城镇。

## 二十二、桃沟

怀安县渡口堡乡下辖行政村。据《怀安县志》记载：明末清初建村，以沟得名，初称大桃沟，后简称桃沟。2003 年实施旧村搬迁计划，2005 年村民陆续入住新房。2019 年，全村有居民 15 户、35 人。

## 二十三、西坪山

怀安县渡口堡乡下辖行政村。据《怀安县志》记载：明崇祯十四年（1641 年）建村，以山得名。2019 年，全村有居民 299 户、810 人。

## 二十四、双落沟

怀安县渡口堡乡下辖行政村。据《怀安县志》记载：清雍正年间建村，初称双郎沟，后废弃。清末民初重建，改称双落沟。2019 年，全村有居民 36 户、65 人。

## 二十五、沙沟

怀安县渡口堡乡下辖行政村。据《怀安县志》记载：清末民初建村，以沟得名。2019 年，全村有居民 59 户、86 人。

## 二十六、南堰截

怀安县渡口堡乡下辖行政村。据《怀安县志》记载：清末民初建村，因村庄位于西洋河南岸的坡梁上，土地多为梯田，故称南堰截。2019 年，全村有居民 32 户、59 人。

## 二十七、朱家窑

怀安县渡口堡乡下辖行政村。据《怀安县志》记载：清末民初朱姓村民建村。2019 年，全村有居民 62 户、101 人。

## 二十八、长条沟

怀安县渡口堡乡下辖行政村。据《怀安县志》记载：清末民初建村，以沟得名。2019 年，全村有居民 12 户、23 人。

## 二十九、耙齿沟

怀安县渡口堡乡下辖行政村。据《怀安县志》记载：清嘉庆年间建村，初名八愣沟，因村庄周围有 8 个土山嘴，故又称八道塄。坡底住有张、王、田、秦 4 姓，坡上住有张、王两姓，故称两家窑，后村庄连成一片，改称八愣沟，后按谐音演变为耙齿沟。1988 年整村北移。2019 年，全村有居民 101 户、202 人。

## 三十、瓦沟台

怀安县渡口堡乡下辖行政村。据《怀安县志》记载：明嘉靖年间建村，因村中建有烧制砖瓦的炉窑，且村庄位于台墩旁，故得此名。2019 年，全村有居民 201 户、405 人。

## 三十一、大南沟

怀安县渡口堡乡下辖行政村。据《怀安县志》记载：民国年间建村，以沟得名。2019 年，全村有居民 22 户、42 人。

## 三十二、治家庄

据《怀安县志》记载：清乾隆年间建村。1996 年行政区划撤并时并入长条沟，隶属渡口堡乡。

### 三十三、红泥圪洞

据《怀安县志》记载：清末民初建村，以地形得名。1996 年行政区划撤并时并入长条沟，隶属渡口堡乡。

### 三十四、韭菜沟

据《怀安县志》记载：清康熙年间建村，以沟得名。1996 年行政区划撤并时并入大南沟，隶属渡口堡乡。

### 三十五、王家坪

据《怀安县志》记载：清光绪年间王姓村民建村。1996 年行政区划撤并时并入花山，隶属西湾堡乡。

### 三十六、魏家山

怀安县王虎屯乡下辖行政村。据《怀安县志》记载：明宣德年间魏姓村民建村。村中世代相传：三国时期，曹魏皇族后裔为躲避司马炎的追杀，逃到魏家山，建立村庄称魏家山，取魏家江山之意，寓意将来还要恢复曹魏社稷。2019 年，全村有居民 100 户、208 人。

### 三十七、白玉庄

怀安县王虎屯乡下辖行政村。据《怀安县志》记载：明洪武年间白姓村民建村。2019 年，全村有居民 59 户、135 人。

## 三十八、刘家洞

怀安县王虎屯乡下辖行政村。据《怀安县志》记载：清初一刘姓村民由山西洪洞县迁来，住在土窑洞，取村名洞上。后有温姓村民迁来，改称刘家洞。2019年，全村有居民31户、58人。

## 三十九、寺沟

怀安县王虎屯乡下辖行政村。据《怀安县志》记载：明成化年间建村，初称东寺沟，清光绪年间改称东西寺沟，清末民初改称寺沟。2019年，全村有居民152户、276人。

## 四十、塔岩寺

怀安县王虎屯乡下辖行政村。据《怀安县志》记载：清康熙年间建村，初称塔石寺，清末改称塔岩寺。2019年，全村有居民18户、30人。

## 四十一、团山

怀安县王虎屯乡下辖行政村。据《怀安县志》记载：元末明初建村，地处山区，三面环山，筑堡后称团山堡，后简称团山。2019年，全村有居民66户、112人。

## 四十二、七家辛窑

怀安县王虎屯乡下辖行政村。据《怀安县志》记载：清末建村。

2019年，全村有居民3户、5人。

**四十三、榆林屯**

怀安县王虎屯乡下辖行政村。据《怀安县志》记载：明永乐年间建村。2019年，全村有居民60户、109人。

**四十四、西李家窑**

怀安县王虎屯乡下辖行政村。据《怀安县志》记载：清乾隆年间黄、李两姓村民建村，初称黄李家窑，清末民初改称李家窑。1982年，因重名改称西李家窑。2019年，全村有居民19户、46人。

**四十五、西黄家窑**

怀安县王虎屯乡下辖行政村。据《怀安县志》记载：清康熙年间黄姓村民建村，初称黄家窑，后因重名改称西黄家窑。2019年，全村有居民43户、85人。

**四十六、中所堡**

怀安县王虎屯乡下辖行政村。据《怀安县志》记载：明洪武年间有山西洪洞县张、段、曲、侯4姓的20余人迁居此地。明洪武二十六年（1393年），为怀安卫千户所，筑堡后称中所堡。2019年，全村有居民280户、510人。

**四十七、下王屯**

怀安县王虎屯乡下辖行政村。据《怀安县志》记载：明代为屯田之地，故称夏王屯。明永乐年间，有山西洪洞县郝、倪、胡、王、曹、庞 6 姓的 30 余人迁入，改称下王屯。明嘉靖四年（1525 年）筑堡，又有李、郭、崔、陶 4 姓迁入。2019 年，全村有居民 240 户、563 人。

## 四十八、陈家窑

怀安县王虎屯乡下辖行政村。据《怀安县志》记载：明崇祯年间陈姓村民建村，后有岳家房、郝家庄并入。2019 年，全村有居民 92 户、224 人。

## 四十九、涌泉堡

怀安县王虎屯乡下辖行政村。据《怀安县志》记载：明初建村，明永乐年间筑堡，称涌泉堡。2019 年，全村有居民 209 户、403 人。

## 五十、南李家庄

怀安县王虎屯乡下辖行政村。据《怀安县志》记载：清康熙年间李姓村民建村，初称李家庄。1982 年，因重名改称南李家庄。2019 年，全村有居民 52 户、111 人。

## 五十一、井沟

怀安县王虎屯乡下辖行政村。据《怀安县志》记载：明嘉靖年间建村，初称上下井沟，后简称井沟。2019 年，全村有居民 156 户、336 人。

## 五十二、枳儿岭

怀安县王虎屯乡下辖行政村。据《怀安县志》记载：明洪武年间建村，以山得名。2019 年，全村有居民 204 户、409 人。

## 五十三、北李家庄

怀安县王虎屯乡下辖行政村。据《怀安县志》记载：明嘉靖年间进士李纶的后代迁居此地，因村庄位于南李家庄以北，故称北李家庄。2019 年，全村有居民 119 户、228 人。

## 五十四、史家庄

怀安县王虎屯乡下辖行政村。据《怀安县志》记载：明万历年间史姓村民建村。2019 年，全村有居民 32 户、56 人。

## 五十五、黄家庄

怀安县王虎屯乡下辖行政村。据《怀安县志》记载：明末清初王姓村民建村，初称王家庄，清咸丰年间改称黄家庄。2019 年，全村有居民 34 户、58 人。

## 五十六、东湾

据《怀安县志》记载：清光绪年间建村，1986 年村民迁居黄家庄。村庄如今已自然消亡。

## 五十七、红崖沟

据《怀安县志》记载：清末民初建村，以沟得名。村庄如今已自然消亡。

## 五十八、郝家庄

据《怀安县志》记载：清末民初建村。村庄如今已自然消亡。

## 五十九、韩家沟

据《怀安县志》记载：民国初年韩姓村民建村。村庄如今已自然消亡。

## 六十、安儿沟

据《怀安县志》记载：清末民初建村，以沟得名。村庄如今已自然消亡。

## 六十一、三道沟

据《怀安县志》记载：清咸丰年间建村，1986 年村民迁居黄家庄、北李家庄。村庄如今已自然消亡。

## 六十二、庙儿岩

怀安县第三堡乡下辖行政村。据《怀安县志》记载：元末建村，因庙得名。2019 年，全村有居民 16 户、33 人。

### 六十三、钮家窑

怀安县第三堡乡下辖行政村。据《怀安县志》记载：明永乐年间王、钮两姓村民建村，初称王钮窑，后改称钮家窑。2019 年，全村有居民 79 户、168 人。

### 六十四、秦家寨

怀安县第三堡乡下辖行政村。据《怀安县志》记载：元代建村，明洪武年间有山西洪洞县赵姓 3 户、11 人迁入。2019 年，全村有居民 29 户、69 人。

### 六十五、寨沟

怀安县第三堡乡下辖行政村。据《怀安县志》记载：明洪武年间有山西洪洞县赵、袁两姓 4 户、13 人迁居此地建村。2019 年，全村有居民 39 户、78 人。

### 六十六、徐杜窑

怀安县第三堡乡下辖行政村。据《怀安县志》记载：明永乐年间徐、杜两姓村民建村。2019 年，全村有居民 20 户、46 人。

### 六十七、自寨沟

怀安县第三堡乡下辖行政村。据《怀安县志》记载：明永乐年间建村，以沟得名。2019 年，全村有居民 18 户、54 人。

## 六十八、石门口

怀安县第三堡乡下辖行政村。据《怀安县志》记载：清末有 6 户人家租种东北口郑姓村民的田地时在此建村，因地形凹洼称郑家圪槽，后又因沙河路上有 3 块巨石搭在一起形状似门，改称石门口。2019 年，全村有居民 36 户、90 人。

## 六十九、李家沟

怀安县第三堡乡下辖行政村。据《怀安县志》记载：清康熙年间李姓村民建村。2019 年，全村有居民 33 户、67 人。

## 七十、第十梁

怀安县第三堡乡下辖行政村。据《怀安县志》记载：清雍正年间建村，以山得名。2019 年，全村有居民 116 户、303 人。

## 七十一、李家庄

怀安县第三堡乡下辖行政村。据《怀安县志》记载：清初李姓村民建村。2019 年，全村有居民 83 户、174 人。

## 七十二、狮子口

怀安县第三堡乡下辖行政村。据《怀安县志》记载：明永乐年间建村，以山得名。2019 年，全村有居民 139 户、344 人。

## 七十三、黄家窑

怀安县第三堡乡下辖行政村。据《怀安县志》记载：清道光年间建村。2019 年，全村有居民 52 户、144 人。

## 七十四、西北口

怀安县第三堡乡下辖行政村。据《怀安县志》记载：清康熙年间建村。2019 年，全村有居民 124 户、314 人。

## 七十五、东北口

怀安县第三堡乡下辖行政村。据《怀安县志》记载：清康熙年间建村。2019 年，全村有居民 114 户、304 人。

## 七十六、红沟

据《怀安县志》记载：清末民初建村，以山得名。村庄如今已自然消亡。

## 七十七、大要子水、小要子水

大要子水、小要子水是怀安县太平庄乡下辖的两个行政村。据《怀安县志》记载：明成化年间建村于鹞子咀山下，得名鹞子咀，清朝时期改称鹞子水。因为两个村庄分别地处南、北两侧，又有大、小之分，故清末民初改称大要子水、小要子水。2019 年，大要子水全村有居民 139 户、243 人，小要子水全村有居民 103 户、342 人。

## 七十八、牛心川

怀安县太平庄乡下辖行政村。据《怀安县志》记载：明弘治年间建村，以山得名。2019 年，全村有居民 14 户、22 人。

## 七十九、辛窑

怀安县太平庄乡下辖行政村。据《怀安县志》记载：明嘉靖年间魏姓村民建村，初称魏家辛窑，后改称辛窑。2019 年，全村有居民 96 户、178 人。

## 八十、缠道

怀安县太平庄乡下辖行政村。据《怀安县志》记载：明成化年间建村于山腰，因山路崎岖缠绕，故称缠道坡，清道光年间改称缠道堡，后简称缠道。2019 年，全村有居民 56 户、96 人。

## 八十一、陡坡

怀安县太平庄乡下辖行政村。据《怀安县志》记载：明成化年间筑堡，初称陡坡堡，后简称陡坡。2019 年，全村有居民 112 户、208 人。

## 八十二、井儿湾

怀安县太平庄乡下辖行政村。据《怀安县志》记载：清末民初建村。2019 年，全村有居民 48 户、97 人。

## 八十三、流水沟

怀安县太平庄乡下辖行政村。据《怀安县志》记载：清康熙年间建村，以沟得名。2019年，全村有居民26户、42人。2019年9月24日，村民全部搬迁至大要子水互助幸福院。

## 八十四、梁家湾

怀安县太平庄乡下辖行政村。据《怀安县志》记载：清末民初梁姓村民建村。2019年，全村有居民16户、32人。目前，仅有一人在村中居住，其余村民全部搬迁至大要子水互助幸福院。

## 八十五、郝家窑

据《怀安县志》记载：清嘉庆年间郝姓村民建村。1996年行政区划撤并时并入高家寨，隶属太平庄乡。

## 八十六、高山

据《怀安县志》记载：清雍正年间建村，以山得名。1996年行政区划撤并时并入流水沟，隶属太平庄乡。

## 八十七、南庄

据《怀安县志》记载：明末清初南、贾两姓村民建村，初称南贾庄，民国末年改称南庄。1996年行政区划撤并时并入梁家湾，隶属太平庄乡。

# 革命人物故事

## 一、“钻天鹞子”张瑞祥的故事

张瑞祥是河北平安县人，1937 年加入中国共产党，1938 年参加怀安县抗日游击大队，1939 年党组织派他去中国人民抗日军政大学二分校学习，接受游击训练，那时他练就了一手好枪法。1945 年，张瑞祥奉命来怀安任二区区长，怀安县二区管辖怀安城西门外至南山区一带。

张瑞祥在怀安很有名气，他在敌人眼里是个可怕的“杀手”；在人民群众眼里则是个可爱的卫士。“钻天鹞子”是敌人给张瑞祥起的绰号，用来形容他机智又厉害。

### （一）枪打飞鸟

1945 年 8 月日本政府宣布无条件投降后，怀安县委、县政府移驻怀安城。

有一次县里召开区、村干部会议。张瑞祥和寺沟村的岳连福上街时巧遇了寺沟村的李某，岳连福和李某是同村老乡，二人很快就搭上了话。张瑞祥不认识李某，就问岳连福他是谁，岳连福便做了介绍。张瑞祥是个心细的人，他曾听人说寺沟村的这个李某曾缴获过蔚县北山土匪头子宗孝的两支手枪，于是一再向李某追问手枪的下落，最后李某说出手枪藏在家里的碾盘下面。张瑞祥立即带人奔赴寺沟村，果然从李某家的碾盘下找到了手枪和子弹，张瑞祥喜出望外，他自己留下了一支，把另一支给了区委书记刘连瑞。

一次在会间休息时，有个干部说："张区长，大家都说你的枪法好，你给俺们表演表演吧!"在众人的一再要求下，张瑞祥从腰间拔出手枪，只见他仰望天空，抬手一枪，就将一只喜鹊击落在地。众人见状都十分惊讶，纷纷说："张区长的枪法真是名不虚传啊!"从此，张瑞祥"神枪手"的美名就在怀安传开了。

**（二）脱身虎穴**

1946 年，国民党发动全面内战。10 月，怀安县、区干部遵照上级指示实行战略撤退，转入山区与国民党和当地反动武装展开斗争。国民党军队占领怀安后，出生于南山的土匪王占先便投靠了国民党，担任王虎屯乡的伪保警队队长。此后，王占先开始招降纳叛，网罗兵痞流氓和反动地富，组织武装，修筑炮楼，疯狂与怀安县、区武装对抗。他利用南山的反动地主，安插情报人员，控制着南山区，对人民解放军造成严重威胁。

中共怀安县委撤到蔚县老区后，为重新集结革命力量，决定召开全体县、区干部会议。接到通知后，张瑞祥便和田福山、祠桐两个区干部一起进入了被王占先严密封锁的南山区。

王占先的情报人员很快便向他汇报，说张瑞祥等人进入了南山区，估计晚上就要越过南山。王占先得到消息后，赶忙在各个山口布置了兵力。张瑞祥等人摸黑进山后，张瑞祥突然对田福山和祠桐说："今天咱们不过南山了，咱们向西走。"之后他们直插天镇县下罗窑村休息吃饭。张瑞祥的这一安排是王占先万万没有料到的，他布置在南山各山口的人整整等了一夜，结果连张瑞祥的人影也没见着。

第二天，张瑞祥出其不意地来了个回马枪，他们迅速进入了南山区左所沟村。张瑞祥等人一进村便遇见了村长张桂田，当时他已叛变，可张瑞祥等人并不知道。张桂田客气地把张瑞祥接到了他家，张瑞祥一进屋，就看见了王占先手下的一个伪班长和白玉庄已投敌的村长在抽大烟，除他俩以外，屋子里还有很多人。张瑞祥一看便知情况不妙，心想既入虎穴，就只能与之周旋了。伪班长一见张瑞祥，马上客气地请他上炕、喝水、抽烟。张瑞祥没有客气，他让田福山和祠桐把在大门口，自己一跃上炕坐在了窗台上，之后便把手枪握在了手里，此时屋里人谁都不敢轻举妄动。伪班长和两个叛徒开口说道："田县长指示王队长，尽可能说服共产党人归顺，只要人过来，不缴枪、不降职，还给重赏……"张瑞祥不等他说完便说道："你回去告诉你们王队长，得有田县长的书面证据才行。"伪班长说："我这儿就有。"说着，他便掏出来了一张纸，张瑞祥看也不看就往腰里一掖，脸一沉说："我们撤城是出于战略目的，我们人在、武器在，你们瞧着吧，最后完蛋的肯定是国民党。"他这几句话把一屋子人都惊呆了。伪班长拉着两个叛徒来到院里，嘀咕着要先缴获张瑞祥的枪，两个叛徒说："这个人真不好对付，我们见过他枪打飞鸟，弄不好我们一个也活不了，还是来软的吧。"于是，伪班长和两个叛徒又回屋子里，上炕坐定。张瑞祥见伪班长的手都不敢摸枪，不像要动手的样子，便站起来说："我们要走了，不用送行，不然就别怪我不客气了。"说完，张瑞祥跳下炕，走出屋，与田福山、祠桐扬长而去。

王占先听说张瑞祥还在南山后，后悔不该撤兵，赶忙派兵追赶，可此时张瑞祥等人已出其不意地越过了南山区。

### （三）斩敌耳目

此后不久，张瑞祥接到了中共怀安县委的任务，他率领一支区小队，配合任子翔领导的武工队又来到了怀安南山区，与国民党地方武装和反动地富展开了激烈的斗争。

国民党占领怀安县后，地富势力逐渐猖獗起来，他们组织还乡团、镰刀队疯狂地捕杀怀安的县、区、村干部和土改积极分子，向贫苦农民反攻倒算。张瑞祥带领区小队镇压了几个有血债的反动地主，抓捕了几个还乡团头子，暂时打压了反动势力的嚣张气焰。可是区小队和武工队出现在哪里，王占先就派兵"围剿"到哪里。对此，张瑞祥表示如果不斩断敌人的耳目，就难以战胜敌人。张瑞祥分析：敌人夜晚不敢进山，白天因无准确情报也不敢轻易出动。按照这个规律，在群众的积极配合下，张瑞祥带领区小队，白天抓捕王占先派出的情报人员，夜晚则把住出山的路口，缉拿给王占先送情报的人员，这个办法果然有效。大庄科村党支部书记叛变后，便充当起了王占先的情报员。有一次，他派心腹去给王占先送情报，被张瑞祥抓住，当场搜出了情报书。张瑞祥觉得这个叛徒很危险，因为县、区干部他都认识，经向中共怀安县委请示，最终将这个叛徒和他的心腹处死。

自此，王占先安插在南山的情报人员都被吓跑了。王占先的耳目一断，就成了"聋子""瞎子"。而武工队、区小队便可以在山区自由活动，从而更加有效地打击敌人。

### （四）处决阎成

1947年，天阳怀联合县支队打了一系列胜仗，可狡猾的王占先却几次脱逃，一直未被歼灭。1947年秋，张瑞祥与宋中和商议，要把这股凶顽的敌人彻底消灭。经过认真分析形势，张瑞祥等人迅速制定出了围歼作战计划。由宋中和带领 3 个中队，在王虎屯西南 3 公里处的井沟村以西的 3 个高地设伏，由张瑞祥带领区小队诱敌深入，待敌人进入包围圈后，将其围歼。张瑞祥先是故意在井沟村放了几枪，扔了两颗手榴弹。王占先赶忙派出侦察人员，他自己则跑到炮楼上用望远镜观望。侦察人员回来后说张瑞祥的区小队只有十几个人，王占先听后立即集合伪保警队向井沟村扑来。张瑞祥早有准备，刚一跟敌人交上火就开始撤退，一步步将敌人引入包围圈。就在这时，南面寺沟山上响起了冲锋号，这是右所堡的敌人在为自己壮胆。宋中和与张瑞祥认为只有国民党正规军才有号兵，判断是敌人的正规军从南面打过来了，便立即撤出了战斗，向白玉庄转移。王占先一开始紧追不舍，直到看到天阳怀联合县支队的伏兵时，他赶忙带领人掉头往回跑。张瑞祥一看敌人要逃跑，立即带领几个队员返回追赶，最后在路上抓住了一个老家伙，一看竟然是王占先的舅父阎成。后来，王占先派人到白玉庄求情，想要让张瑞祥放了阎成，被张瑞祥当面回绝，并最终将阎成处决。

**（五）阵前退敌**

阎成被处决后，王占先气急败坏，决心要与张瑞祥决一死战。他多次派人送信，约定时间、地点，要摆开战场，与张瑞祥拼个你死我活。最后一次，张瑞祥让送信人回去告诉王占先，约定 3 天后在魏家山村相会。

3 天后，张瑞祥带人占领了魏家山村周围的高地，王占先则带人来到与魏家山村隔河相望的陈家窑村，并占领了村西的一处山梁。王占先用望远镜观察，发现张瑞祥今天果然是严阵以待，而且他也不确定周围有没有埋伏。一时间，王占先犹豫了起来，他在山梁上来回踱步，思忖了好一阵，始终难以下定决心。此时，他的几个心腹说："张瑞祥神出鬼没，枪法很准，万一……"王占先面对这个危险的对手，最后只得下令撤兵。

## 二、敌后武工队政委任子翔

任子翔是河北蔚县人，他在抗日战争后期来到怀安县，带领一支精悍的武工队活跃在怀安县的南山、东山一带，打击敌人，保护群众，为怀安县的解放事业做出了重要贡献。

1944 年春，根据革命形势发展的需要，蔚阳县成立。1944 年下半年，蔚阳县又成立了中共北山分委，任子翔任分委书记兼武工队政委。这年冬天，任子翔率领武工队从阳原南山的贺家砦村出发，渡过桑干河，经西水地、辛旺庄等村，一直来到怀安县境内南山的大老沟村，随后在大老沟村开始发动群众抗日，组织抗日武装力量。之后，武工队又到左所沟、马家沟、姜前屯一带活动，进一步扩大了政治影响。武工队的活动在怀安县的南山一带播下了革命火种，为日后夺取对敌斗争的最后胜利打下了基础。

1945 年 3 月，任子翔随中共冀察区十三地委派往怀安县的 20 多名干部来到了怀安县的东山一带，并担任中共怀安县委宣传部部长兼武工队政委，负责南山、东山一带的开辟工作。1945 年 8 月，八路军相继解放了怀安城和柴沟堡，任子翔又担任了中共怀安县委组织部部长。根据中共冀察区十三地委的指示精神，在中共怀安县委的领导下，由任子翔主持在怀安城召开了动员大会，发动群众开展锄奸反霸、减租减息斗争，并公开宣读了中共中央关于土地改革的文件，决定在全县迅速开展土地改革，斗地主、分田地，推翻封建统治。自此，全县土改工作呈现出崭新局面。

正当全县的土改工作轰轰烈烈地开展时，蒋介石突然发动了全面内战。由于国民党军队占领了张家口，怀安县的党政机关和武装力量决定立即向南山转移。时任组织部部长的任子翔随同白化民、蒋涛一起向南山的塔岩寺村转移。之后为了继续坚持斗争，中共冀察区十三地委统一各地撤退的武装力量又重新组建了武工队，任子翔任政委，史孟阳任队长。武工队成立后绕道回到了怀安县东山一带，继续开展对敌斗争。为了打压反动地主的嚣张气焰，任子翔带领武工队配合留下坚持斗争的区干部，先后捕捉了几个罪大恶极的反动地主，还抓捕了几个还乡团的骨干分子及敌人的情报人员等，并进行了公开处决。同时到附近各村张贴了布告，有力地打击了敌人的反攻倒算，保卫了“五四”土改的伟大成果。

1948 年 1 月，共产党军队在各个战场上节节胜利，怀安县的革命斗争形势日趋好转，此时的任子翔担任了中共怀安县委书记，兼任新成立的县大队政委。敌人知道怀安县新成立了县大队，便妄图寻机将其消灭。一天，怀安城的敌人开始向塔岩寺村方向搜寻县大队的踪迹。县大队则从蔓菁沟村出发，前去迎敌。拂晓时分，任子翔率领部队来到塔岩寺村的后山腰，并迅速抢占了制高点。之后，县大队凭借着居高临下的优势，先发制人，打得敌人抱头鼠窜、狼狈逃命。当时，军分区的一个独立团在大庄科一带集结待命，当第二天敌人又来找县大队较量时，分区部队早有准备，突然从侧面向敌人发起进攻，敌人被打得魂飞魄散，惊慌失措地向怀安城方向逃跑。任子翔率领县大队在分区部队的掩护下，乘胜追击，歼灭了残敌，战斗取得了胜利。

1948年秋，共产党军队转入全面战略反攻阶段。任子翔率领的县大队积极配合主力部队主动进攻，先后攻克了强地、太平庄、右所堡等乡。盘踞在小屯堡村的伪乡兵整日惴惴不安，唯恐有朝一日遭到县大队的袭击。小屯堡村当时是怀安城东一个有150多户人家的村子，地理位置非常重要，驻守的伪乡兵人数多、装备好，加之当年日军修建的炮楼依然坚固，不宜强攻。任子翔根据侦察员的汇报，摸准了敌人的活动规律，决定在小屯堡村到左家房村路上的庙寺梁村打一场伏击战，彻底歼灭这伙伪乡兵。

10月的一天傍晚，按照制定好的作战方案，任子翔做了战前动员，县大队和陡坡区区小队的100多名战士全都做好了战前准备。凌晨2时，参战队伍分两路向庙寺梁村进发。一路由陡坡区委书记李桂川带领，沿辛窑、流水沟、石门口这条路线走；一路由区小队队长赵金山带领，沿陡坡、狮子口、牛安堡这条路线走。夜里，天黑得伸手不见五指，战士们在崎岖的山路上摸索前进，15公里的山路走了3个多小时。大约凌晨5时，两路队伍全部进入了阵地，并选择有利地形埋伏了起来。太阳刚刚升起，一声哨响，伪乡兵全部在左家房村集合。之后，伪乡兵开始向小屯堡村进发。当经过庙寺梁村时，任子翔见敌人已经进入了埋伏圈，随即一声令下，机枪、步枪、手榴弹、掷弹筒一齐开火，敌人遭此突然袭击，顿时乱作一团，争相逃命。最终，庙寺梁村伏击战将小屯堡村的20多个伪乡兵全部歼灭。

此后，任子翔率领的县大队又接连打了几场胜仗，基本扫清了南川地区的敌人据点，为夺取怀安县对敌斗争的最后胜利扫清了障碍。

## 三、虎穴侦察英雄汪洋

汪洋出生于保定市涞水县，他虽然年纪不大，却是一名老游击队队员，他机智灵活，有胆有识，对敌斗争老练，又有丰富的作战经验，是一名善于单打独斗的侦察英雄。

1945年6月下旬，为了坚持斗争，打击敌人，在怀安县西部的满洲坡、渡口堡一带和天镇新平一带成立了中共天怀县工作委员会，汪洋担任工委书记兼办事处主任，他带领10多名干部在这里负责开辟工作。

瓦沟台伪乡长马兴得知中共天怀工委成立后，连夜到柴沟堡的万安县伪警察署进行了报告。之后，由两名日军指挥官率领100多个伪警察前来偷袭，企图消灭刚刚成立的中共天怀工委。中共天怀工委的干部早有准备，及时撤离到了隐蔽地点。当敌人气势汹汹地来到瓦沟台村时，才发现中共天怀工委的干部们早就无影无踪。几天后，死心塌地当汉奸的伪乡长马兴被中共天怀工委的干部处决。后来，汉奸头目武玉峰、张殿卿纠集伪警察、特务、土匪不断对西山一带进行监视，对革命干部进行搜捕，中共天怀工委干部的活动遇到了很大困难。如果继续坚持斗争，敌强我弱，定会造成不必要的牺牲；如果马上转移，却正合了敌人的心意。经过再三考虑，汪洋决定采用化整为零、分散隐蔽的活动方式，继续坚持革命斗争。汪洋把全体干部分为

4个组，为避敌锋芒，其中3个组安排在天镇县境内的碾儿岭村一带，汪洋、王春儒、武奎等人分在另一个组，活动在怀安、万全两县的交界处。他们巧妙地潜伏到东洋河村，经过耐心的工作，争取了该村的伪甲长，将该村原本单独为敌人服务的一面政权改造成了支应敌我双方的两面政权。在人民群众的掩护下，敌人虽是多次来到东洋河村搜查，可汪洋等人每次都能成功躲避。

1945年7月，驻柴沟堡的敌军根据汪洋的活动线索在满洲坡一带搜捕了十几天，可始终一无所获。这使得伪警察署的武玉峰、张殿卿大为恼火，可也无计可施，只得气呼呼地命令部下继续沿村搜查。汪洋根据敌人把注意力都集中到城外的实际情况，决定偷偷潜入柴沟堡县城刺激一下敌人，并提前写好了一封中共天怀工委警告伪警察的公开信。一天上午，汪洋身穿旧白皮袄，头戴白毡帽，肩上搭着一条破口袋，和东洋河村的差役杨凤霄（后加入中国共产党）一起走向县城。因杨凤霄结识的人多，见识也广，每每通过岗哨、门卡都由他出面应酬，汪洋怕暴露外地口音，所以从不说一句话。进城门时，敌人的岗哨逐人盘问、搜身，杨凤霄赶忙主动上前做解释，并介绍汪洋是他带的差役。最终，汪洋和杨凤霄大摇大摆地进了城。进城后，汪洋先去邮局投寄了写给伪警察署的公开信，然后又到伪警察署和伪县政府周围观察了一番，在搞清了敌人的很多情况之后，二人顺利出城。不料刚走到铁道以西的孙家饭馆前，迎面走来了几个全副武装的伪军警，他们见了行人就盘问、搜查，这下可把杨凤霄吓坏了。正在这时，汪洋不慌不忙地拉着杨凤霄走进了饭馆，并点了饭菜吃了起来，就这样，二人成功避过了敌人的搜查。

当天下午，伪警察署收到了汪洋的公开信，信的大意是：八路军干部已经进城了，你们所设的岗哨仅仅是装饰门面而已，只能吓唬吓唬老百姓，根本限制不了八路军工作人员的出出进进。信中还警告一切顽伪人员，日本侵略者将要完蛋，劝其早日选择出路，将功赎罪，众人看后纷纷吓得惊慌失措。随后，汪洋进城的消息很快传到了群众的耳中，大家都为八路军的大智大勇叫好，不仅大长了人民的志气，还大灭了敌人的威风。自此，万安县的伪警察再也不敢轻易下乡活动了。

1945 年秋，汪洋到怀安县的西川和万全县的洗马林、板山、北沙城一带张贴布告、散发传单。一天，汪洋、杨凤霄二人涉过大洋河，奔赴孙家窑、北辛庄、板山、柳沟、德胜堡、三里庄、洗马林等村镇张贴布告。布告贴完后，二人来到黄銮庄村的一户伪甲长家中，汪洋讲明身份，说明来意，提出在他家借住一宿。伪甲长内心虽是不愿答应，可也不好拒绝，只得勉强让汪洋、杨凤霄留下来。第二天清早，汪洋临行前对伪甲长说："我走后，你马上去伪大乡报告，说八路军到你村里活动来了。"伪甲长唯恐汪洋言语有诈，急忙抢着说："请您老放心，我决不是那种两面三刀的人，既然留您住宿，怎么能干那样缺德的事呢!"汪洋解释说："你必须去报告，这样伪大乡就不怀疑你私通八路军了，对你有好处。"说着，他顺手递给伪甲长几张布告，说："这就是证据，就说是在街上捡到的，别说我在你家里住过。只要你不顽固，我们决不伤害你。"伪甲长激动地说："要是这样，那我就去。"就在这一天的上午，万安县的敌人陆续从多处收到有关八路军活动的情报，敌人感到非常吃惊，因为原来他们只知道在东山一带有以蒋涛为首的工委干部在活动，可现在又出现了一个中共天怀工委，而且活动范围的发展速度相当惊人，神出鬼没，让人捉摸不透。敌人虽然每天都派出大批伪警察侦察搜捕，可始终是一无所获。汪洋就这样只带着几个人，不仅把敌人搞得晕头转向，还使当地的百姓看到了光明、看到了希望，不少人积极为八路军办事，怀安县西部的革命活动日益深入人心。

## 四、李泉海对敌斗争的故事

1945 年至 1947 年，李泉海一直在怀安地区做地方武装工作，他英勇机智，在怀安当地流传着很多关于他对敌斗争的故事。

### （一）为民除害

花山脚下有个村庄叫瓦沟台，村里有个地主叫马华山。日军侵占怀安县后，马华山被任命为伪甲长，死心塌地为敌卖命。1945 年日本政府宣布投降后，为躲避当地人民对他的惩罚，马华山逃到了国民党占领区北平城。1946 年秋，共产党军队战略转移后，怀安的县、区干部也暂时撤到后方学习整顿。此时的马华山认为共产党及其武装已经“垮台”，瓦沟台村又是他的天下了，于是便回到了瓦沟台村，开始大肆向贫苦农民进行反攻倒算。1947 年 2 月中旬，曾担任怀安六区武委会主任的李泉海和区委书记张恒等人奉中共天阳怀联合县委的指示，回到原怀安六区和原天镇七区结合部的山区一带发动群众，开展对敌斗争，恢复党的各项工作。他们在山沟里遇到了被马华山迫害得走投无路的贫苦农民马江，马江向李泉海等人诉说了马华山勾结当地伪乡兵迫害群众的种种罪行。李泉海听后非常气愤，表示一定要除掉这个罪大恶极的反动地主。众人经过商议，定下了一条妙计。

早春三月的一个白天，7 名武工队队员大摇大摆地走进了瓦沟台村，街上的群众感到很意外，也很担心，有些人走到武工队队员身边说："这会儿进村太危险，你们快走吧。"马华山听到消息后非常惊恐，一面让家里人监视武工队的行动，一面派人去向伪乡兵报告，自己则钻进家里的地洞藏了起来。武工队在街头大张旗鼓地活动的同时，派暗哨监视着马华山家的一举一动。

两个小时后，村北的小树林里出现了 20 多名伪乡兵。李泉海得到消息后，立刻赶到村北控制了制高点。马华山收到情报说来了 20 多个伪乡兵，他自认为安全了，便爬出地洞，想要到村外与伪乡兵汇合，然后一起活捉游击队队员。马华山刚走出家门，一名武工队队员便把枪口顶在了他的背后。马华山被活捉了，而小树林里的伪乡兵看到地形对他们不利，所以未敢轻举妄动。武工队队员与伪乡兵相持片刻后，随即安全撤离，带着"战利品"去了南山。

在向南山撤离的过程中，武工队对马华山进行了审问。在大量的事实面前，马华山对自己犯下的罪行供认不讳，最终被武工队就地处决。处决马华山，有效地打压了反动地主向翻身农民反攻倒算的嚣张气焰，真正起到了杀一儆百的作用。从此，附近各村的地主、富农再也不敢迫害贫苦农民了，各村的伪保长基本上也不敢与游击干部作对了，开创了在敌占区恢复各项工作的新局面。

**（二）能飞的武工队**

1947 年初，渡口堡伪大乡的乡兵在国民党一个骑兵排的配合下，在满洲坡一带每天巡逻侦察，企图把武工队赶走或就地消灭，但李泉海等人并没有因为敌人的气势汹汹而隐藏或转移，而是利用空隙地带和合理安排时间照常活动。一天傍晚，李泉海和武工队队员到满洲坡村吃饭，不小心被紧追不舍的敌人发现了。敌人虽明知武工队就在村里，却不敢进村交锋，于是便在村子东、南、西的各主要路口设了埋伏，企图在武工队回南山的路上打伏击。因村北紧靠大道，平时常有伪乡兵来往，敌人认为武工队不会向村北撤离，所以唯独在村北没有设伏。

众人吃完饭后，李泉海带领武工队佯装南撤。刚向村南走出一段路后，只见他用手向北一指，随即带领武工队队员掉头从村北突围出了村。当来到西洋河岸的水渠上后，李泉海又马上指挥队伍向西行进，之后绕道进了翁家湾村。他们到村里后，得知敌人白天没有来过，便安心地转移到南堰截村休息去了。

在村西路口埋伏的敌人听到满洲坡村已经安静了下来，而翁家湾村方向却是狗叫声不断，从而断定武工队应该是已经到了翁家湾村。武工队虽然没有从村西敌人埋伏的地段经过，但由于害怕不好向上级交代，所以村西埋伏的敌人没有向上级报告实情。事后，伪乡兵之间纷纷议论：武工队真是神兵天将，说来就来，说走就走，不论有多少人围捕，连人家的面儿也见不上，人家飞起来连影子也看不着。广大人民群众听到伪乡兵的议论后，一方面为武工队化险为夷而感到欣慰，另一方面为了震慑敌人，便把这一故事讲得越来越神乎其神。

### 五、李瑞增对敌斗争的故事

战争年代的硝烟虽已久远，但那些为中华民族的解放事业出生入死、英勇奋战的英雄们至今仍铭记在怀安人民的心中。在怀安县郑王庄东山一带，一直流传着李瑞增对敌斗争的传奇故事。

**（一）智识“鸿门宴”，巧收伪甲长**

怀安县郑王庄村有个叫张永会的人，在东山一带很有名气。他后来当了伪甲长，与当地的伪警察、土匪、地主和三教九流都有联系。八路军为了在东山地区开辟工作，特派李瑞增去做争取张永会的工作。

一天，李瑞增只身一人前来拜访张永会。张永会得知八路军的区长来了，一方面想看看他到底是个什么样的人，另一方面也想从李瑞增嘴里探探虚实，之后好想办法应对，于是便设宴款待。张永会请李瑞增入席，李瑞增没有推辞，一阵寒暄后，李瑞增便开始给张永会讲抗日道理，他说：“现在日本侵略者已经到了山穷水尽的地步，抗日的烽火已燃遍全国。常言道，国家兴亡，匹夫有责。你身为中国人，不会眼睁睁地看着自己的民族遭受列强的欺辱，更不希望自己当亡国奴吧？”张永会听后一边劝李瑞增喝酒，一边打着哈哈应付。借着喝酒的空隙，张永会示意他的弟弟去太平庄伪大乡告密。李瑞增把这一切都看在了眼里，他想，要想联合像张永会这样顽固不化的伪甲长，就需要用硬办法，要让他心服口服才行。之后，李瑞增考虑到郑王庄离太平庄有40多公里的路程，即使张永会的弟弟现在去报告，也得走几个小时，倒不如给他来个“魔高一尺，道高一丈”。随即李瑞增提起茶壶，喝了好几口茶水后便对张永会说：“我喝多了，在你家睡一会儿好吗？”心怀鬼胎的张永会笑着说：“您是我家的贵客，别说睡一会儿，就是常住我家我也欢迎呀！”于是，李瑞增倒头睡在了张永会家的炕上，不久便鼾声响起。其实李瑞增并没有睡着，他心里暗暗地想着如何对付张永会。时间一分一秒地过去，张永会几次装着给李瑞增送水，借机观察屋里的动静，他最后一次出门时，竟把屋门给锁上了。

一转眼，4个小时过去了，李瑞增觉得是时候离开了，便让张永会开门。张永会笑着对李瑞增说："李区长，您难得来我这个小庙，您也知道，这世道不太平，万一乡兵来了，他们不会到上锁的房里搜查，您就放心睡一觉好了！"李瑞增把脸一沉说道："张永会，你这个汉奸，你的鬼花招以为我真的不知道吗？从我一进门，就看出你没安好心。告诉你，今天把锁开了也就罢了，如果不开，我李瑞增照样能从你的屋子里走出去，到那时可别怪我李瑞增无情！"张永会见再也伪装不下去了，就一边开门一边说："哎呀，李区长，您老的脾气可真大，我是真想留你，可你对我有怀疑，好了好了，我现在就开门。"张永会开了门，李瑞增一句话也没说，大摇大摆地走出了村。出村后，李瑞增来到村边的一个山冈上隐蔽起来观察动静，大约过了十几分钟，十几个伪乡兵就包围了李瑞增刚才睡觉的屋子。

伪乡兵没有抓到李瑞增，张永会也不敢在村里停留，很快便逃走了。当李瑞增带领八路军战士和游击队赶到郑王庄准备再找张永会时，他已经随伪乡兵一起到了太平庄。李瑞增考虑到对敌斗争的工作才刚刚开始，张永会在这个地方有些名气，如果能把他争取过来，那么对收编土匪、应付伪大乡、教育东山一带的伪甲长，以及建立两面政权都有利。于是，为了进一步做好当地群众的工作，开展有效的对敌斗争，李瑞增到郑王庄召开了群众大会，并在会上宣布："张永会已经死心塌地与八路军作对，他一旦被我军抓住，决不饶恕，必然是死路一条!”话音刚落，便有群众替张永会求情，李瑞增大声地对乡亲们说：“看在乡亲们的面儿上，我向大家保证，暂不处决他。可是如果张永会胆敢再给敌人当走狗，我会跟他新账旧账一起算!”这话很快传到了张永会的耳中，他这才明白，与八路军作对是不会有好下场的。于是，张永会通过村里人给李瑞增捎话，表示愿意为八路军做事。在之后的一段时间里，张永会在为八路军提供情报、收编土匪等方面做了很多工作，为开展东山区的对敌斗争发挥了一定的作用。

**（二）两面三刀难转化，冥顽不化被处决**

郑王庄一带有一个叫乔俊有的老土匪，他心狠手辣，抢劫成性，肆意欺压百姓，是当地有名的一霸。当地的百姓虽然心里对他恨之入骨，但只能是敢怒不敢言。

有一天，乔俊有带着几个家丁到水泉梁村勒索财物，村里的群众将这一消息报告给了李瑞增。李瑞增决定先去做乔俊有的工作，对其进行一次说服教育，尽量让他改邪归正。李瑞增来到水泉梁村后，乔俊有立马装着很和蔼的样子迎了上来，李瑞增对乔俊有说：“你家里有一头骡子、两顷土地、三百多只羊，已经是很富裕了，为啥还要和乡亲们过不去？说真的，这年月兵荒马乱的，穷人们糊口都不容易，我劝你不要再祸害百姓了!”李瑞增又说：“我说的可是良心话，你听也好，不听也罢，我们八路军不会强求你。但是有一样，只要再让我听说你仗势欺人，到处勒索……”李瑞增边说边掏出手枪，先是擦了擦枪口，又对枪口吹了口气，说：“它就不会放过你!”乔俊有眨巴着一双狡黠的眼睛马上说：“李区长，您放心好了，乡里乡亲的，我要是再做这样的事，还怕人家在背后戳我的脊梁骨呢!”就这样，李瑞增和乔俊有进行了第一次面对面的交锋。

乔俊有是个口是心非的人，他虽然表面上答应不会再干坏事，可李瑞增一走，他便又开始敲诈勒索百姓，还带头抗交公粮，破坏抗日斗争，继续与八路军为敌。李瑞增听到这个消息后非常气愤，他和同志们商议后决定要除掉这个祸害。一天晚上，李瑞增派出游击队队员悄悄地潜入了乔俊有的院子。其实自从做了坏事之后，乔俊有每天晚上都是难以成寐，小心翼翼地躲在家里，生怕游击队来和他算账。只要院子里有一点儿动静，他就心神不安。为了便于逃跑，一天前他刚剃掉了胡须、刮了脸，进行了乔装打扮。当游击队队员将他的房子包围后，他已装扮成普通农民模样，想要伺机溜走。这时，游击队队员挡住了他，让他和游击队走一趟。可乔俊有狡猾地说：“我是穷苦人家出身，是来找乔俊有借钱的，我的孩子等着看病呢！八路军是咱穷人的救星，我是好人啊！你们得让我回去给孩子看病啊，我谢谢你们了!”为了弄清这个人的真实身份，游击队队员找来了乔俊有的女婿，对他说：“你要说实话，如果说假话，我们同样不会放过你!”乔俊有的女婿见大势已去，支支吾吾地说：“他就是乔俊有。”最终，游击队队员当场处决了乔俊有。

乔俊有被杀的消息一传开，东山一带的群众无不拍手称快，当地一些经常欺压百姓的地主老财和土匪一时间也都有了收敛。经过游击队对土匪的镇压，百姓过上了比较安稳的生活。

**（三）“疙瘩头”反攻倒算，李区长以牙还牙**

怀安县东山区有个地主叫张国定，当地的百姓给他起了个外号叫

“疙瘩头”。张国定对长工竭尽了盘剥之能事，还动不动就对他们用私刑、动家法，他家的院子总是阴森森的，充满了恐怖。1945 年，共产党在当地进行减租减息运动，张国定就进行过武力对抗，曾被八路军抓获，后在关押期间挖墙逃跑。1946 年，共产党军队战略转移，反动地主纷纷疯狂地向贫苦农民进行反攻倒算。一直没敢露面的张国定此时回到了郑王庄村，他派出几个人，把村里分了他土地的农民找来，恶狠狠地说：“告诉你们，我又回来了，你们仗着共产党、八路军那帮土包子分了我的地，你们知道我的地里种的是什么吗？那不是粮食！”他挥了挥手中的镰刀，说：“知道吗？我的地里种的是‘枪子儿’，敢要‘枪子儿’的就给我站出来！我看看八路军给了你们几个脑袋！”此时，张国定的二儿子见没人吭声，就走进人群里将一个农民了拉出来。之后当着众人的面，他举起镰刀，向那个农民的头上刨去。只听一声惨叫，那个农民满身是血，头上挂着镰刀，跑了没几步便栽倒在地上没有气了。看到张国定一家如此的横行，乡亲们愤恨到了极点，他们盼望着解放军、游击队能早日回到东山，为穷人报仇雪恨。

在残酷的斗争形势下，离开了东山区的李瑞增不断听到有群众受欺压和被迫害的消息，于是他找到中共怀安县委，请求重返东山区，继续坚持武装游击斗争。

深秋的一天，李瑞增带着几位同志翻山越岭来到了郑王庄村。刚到村里，李瑞增等人就在一个水坑旁遇到了张国定。李瑞增大喊一声“疙瘩头”，张国定一看是李瑞增，他二话不说，举起手中的镰刀就向李瑞增扑了过来。幸亏李瑞增躲闪及时，只是棉衣被镰刀划了一道长长的口子。张国定一回身，再次扑向了李瑞增。李瑞增顺手抓住了张国定的手腕，并将他手中的镰刀夺了下来。张国定奋力挣脱后，又想要去夺李瑞增手里的枪，其余几位同志见状赶忙冲了上来。经过激烈的搏斗，最终李瑞增开枪将张国定打死。

张国定被打死后，他的二儿子赶忙逃进了山，得知消息的百姓纷纷前去追赶，并成功将他拦截。最终，张国定的二儿子被百姓用石头砸死在了沙河里。

## 六、刘桂信对敌斗争的故事

1921 年 7 月，刘桂信出生在保定市涞水县李各庄乡南峪港村一个贫困农民的家里。他 15 岁时就当上了村里的民兵队队长，1941 年入伍参军，1942 年 4 月加入中国共产党。1945 年 10 月，刘桂信被调到怀安县武委会工作，曾在怀安任人民武装部股长、副部长、部长，县委常务委员。1952 年被调往山西工作。

在怀安县和天阳怀联合县工作期间，刘桂信曾在水闸屯、东沙城、西沙城一带发展过共产党员，建立过党组织。他还奉命破坏过西湾堡至永嘉堡之间的铁路，割过电线，和其他县、区干部一起镇压过反动地主的反攻倒算。至今在怀安还流传着很多刘桂信对敌斗争的故事。

### （一）奇袭伪大乡

1947 年是斗争最为艰苦的一年，为了适应斗争形势，在怀安县东北部和宣化、涿鹿组建了宣涿怀联合县，在怀安西部、西南和天镇、阳原组建了天阳怀联合县。在天阳怀联合县所辖的怀安地区，国民党在怀安城设立了县政府，在水闸屯、李信屯、王虎屯、柴沟堡、右所堡、小屯堡、左卫、第六屯、石坡底等村都设立了乡公所。天阳怀联合县的县、区干部以大庄科一带为根据地，以大南山为依托，在敌人统治的薄弱地带建立政权，开展工作，坚持斗争。

1946 年 10 月，怀安县的县、区干部撤走后，水闸屯的敌人与柴沟堡、怀安城的敌人勾结，先后杀害了 3 名区干部。此后，当地群众和来往行人经常受到敌人的掠夺和奸淫，使得群众怨声载道。刘桂信知道后愤怒地说："我们一定要给群众出气，要找机会给敌人点颜色看看。"

1947 年 3 月的一天，刘桂信和区青联会主任田福山正在双屯堡村工作，在得知水闸屯伪大乡的乡长和乡兵都已外出，只留下很少的人看家后，刘桂信想乘虚而入，给敌人来了个突然袭击。为了掌握情况，刘桂信化装成卖布商人进行了侦察。在摸清情况后，刘桂信立即与相关人员进行研究，并决定于当天晚上行动。

夜幕降临后，刘桂信、田福山和县公安局干部张建民带领几名区小队队员隐蔽在水闸屯村村外的河沟里。等到夜深人静时，众人迅速包围了伪大乡公所。不费吹灰之力，两个看家的敌人就乖乖地束手就擒。刘桂信派人将敌人的文件全部烧毁，还发现了敌人准备到柴沟堡与国民党军队交换枪支弹药的 4 头大骡子。刘桂信当即命令众人拿上敌人的油印机，拉上 4 头大骡子，押上两个俘虏快速撤离。之后在刘桂信机智地带领下，众人于第二天顺利返回了大庄科。

### （二）处决反动地主阎举

1946 年 10 月，共产党军队战略撤退后，怀安县的地主、恶霸、还乡团组织起了各种反动武装，疯狂地向党员干部和翻身贫苦农民进行反攻倒算。王虎屯乡涌泉堡村以阎举为首组建了镰刀队，大肆迫害党员干部和当地群众，还残忍地杀害了涌泉堡村的村长张信。中共天阳怀联合县委的工作人员知道张信被害的消息后非常愤怒，纷纷向县、区领导请战，要给张信报仇。经县、区领导研究决定，派刘桂信、张瑞祥等人前去处决阎举。

10月的一天晚上，刘桂信、张瑞祥带人深入涌泉堡村进行侦察。据当地群众反映，阎举经常在他外甥女家躲藏。之后，刘桂信、张瑞祥连夜带人把阎举外甥女家的院子包围了起来。可众人在阎举外甥女的家里、院里找了个遍，也没有发现阎举的踪影。刘桂信等人向阎举的外甥女讲明利害，让她说出阎举的下落，可阎举的外甥女一口咬定阎举几天前就已经回家了，抓捕阎举的工作一时陷入僵局。此时刘桂信开始到群众中走访，后在一个老者的口中得知，阎举外甥女家的大衣柜后面有地洞，阎举很可能就藏在里面。刘桂信赶忙回到阎举外甥女的家中，他给张瑞祥使了个眼色，之后一把将阎举的外甥女拉到一边，又派两名区小队队员挪走了大衣柜，果然发展了一个地洞。最终，刘桂信等人成功抓获了阎举，并将他就地处决。

**（三）瓦解联庄武装**

联庄最早在军阀混战时期就出现了，是几个村联合起来各自购买枪弹，共同防卫溃兵和土匪袭扰的武装组织。后来，封建势力为了维护自身利益，逐步把联庄归为己有，联庄就变成了维护封建地主阶级利益、镇压劳动人民、扼杀革命力量的反动武装力量。1947年，盘踞在天镇、兴和、怀安三地结合处的匪首张如山组织起了联庄，并与封建势力相勾结，残酷地打击革命势力、镇压人民群众。为了彻底摧毁联庄反动组织，1948 年冬，天阳怀联合县的县、区干部 30 余人秘密地在黄土窑村开会，研究如何围剿联庄反动组织。不料这个消息很快被白家营子的联庄头目张茂知道了，他纠集了 200 余人向黄土窑村袭来。

夜幕降临后，富有战斗经验和高度警惕性的天阳怀联合县的县、区干部吃过晚饭，便让民兵在重要地段的路口埋好了地雷，并安排了岗哨，之后才去各自休息。天刚蒙蒙亮，张茂就带人冲进了村子，县、区领导在当地民兵的掩护下，迅速占领了村内制高点。敌人几次冲击都没有成功，整整折腾了一天，张茂的队伍也未能攻上制高点。眼见天色已晚，敌人怕晚上作战吃亏，于是决定撤退。正当他们撤到路口时，只听“轰隆”一声，敌人踩到了地雷，接着又是几声巨响。这一场战斗，敌人本想消灭天阳怀联合县的县、区干部，可结果是县、区干部无一人伤亡，敌人则是抬着两具尸体，扶着十几个伤员灰溜溜地逃走了。

后来，刘桂信等县、区干部趁热打铁，开展了收缴联庄武器的工作。他们通过张贴布告、印刷宣传品、典型引路、政治瓦解、政策攻心等一系列思想政治工作和组织发动工作，近一年的时间，在平远堡、八墩、东洋河、渡口堡、白家营子等 5 个乡、32 个村收缴大枪 316 支、手枪 14 支、子弹 3800 余发、手榴弹 1 箱，彻底瓦解了当地的联庄武装。

## 七、农村党支部书记梁进英

怀安县东山区有一个偏僻的小山村叫梁家湾，它东临宣化，南靠阳原，党组织早期曾在这里活动，这里也是全县最早的农村党支部诞生地之一。而梁进英不仅是这个支部最早的一名党员，还是这个支部的第一任党支部书记

1943 年，中国共产党领导的抗日武装度过了最艰难的时期，开始恢复和扩大敌后解放区。中共平西地委为适应新形势的需要，决定抽调一部分干部到敌后开辟新区。中共蔚阳联合县委、中共蔚涿宣联合县委遵照中共平西地委的指示，从 1943 年 6 月开始，分别派杨润甲等人组成工作队到怀安县的东山、东南山一带做开辟新区的工作。在白色恐怖之下，工作队白天隐蔽在山沟里或山洞中，晚上深入村户秘密串联，宣传党的抗日主张，发动群众参加抗日斗争，在贫苦农民中建立堡垒户。1944 年夏，梁进英加入了中国共产党，成为全县农村地区最早的共产党员之一。此后，梁家湾村建立了党支部，梁进英担任了党支部书记。

1946 年，国民党发动全面内战，怀安县的县、区干部和武装人员转移到怀安县的南山，仅留下部分干部就地坚持游击战。11 月 27 日，留下来的 10 多名干部来到高山村，突遭国民党驻怀安城的一个骑兵连的包围。县农会主任王锡录带领干部们向村南突围，但终因敌我力量悬殊，寡不敌众，10 多名干部大都壮烈牺牲或被捕。梁进英得知消息后，立即带领全村党员和部分群众来到高山村，在掩埋了牺牲干部的遗体后，他们找到了身负重伤且已经昏厥的五区区长王贺林，众人急忙将王贺林送到梁进英家休养。之后为了保证王贺林的安全，躲避敌人的搜查，梁进英又把王贺林及时转送到了廉家寨武工队那里，后又转送到方后方医院接受治疗。

就在梁进英将王贺林往廉家寨转移的时候，敌人得知有受伤干部藏在了附近村庄，于是纠集了 30 多个伪乡兵开始沿村搜查，四处逼问群众。南庄村有一个姓杨的干部经不起敌人的威逼利诱，就把梁进英家藏着受伤干部的消息告诉了敌人，敌人很快就来到了梁进英家。此时梁进英的妻子贾玉梅正在院子里干活，忽然听到门外有声响。她抬头一看，只见 30 多个伪乡兵扛着枪，一窝蜂地涌进了她家的院子。贾玉梅心里清楚敌人是干什么来了，所以表现得镇定自若。几个伪乡兵端着枪走到她面前，逼她交出受伤干部。贾玉梅抬头看了敌人一眼，从容地说："我家里没有受伤的干部。"之后，伪乡兵对贾玉梅严刑拷打，逼问她受伤干部的下落，可贾玉梅一口咬定说不知道，伪乡兵没有办法，只得把她绑了起来，准备第二天带回伪大乡继续审问。

梁进英把王贺林送到廉家寨后，为了避开敌人，在返回梁家湾时顺便在殷房住了一夜。第二天一早，他刚回到村里就和敌人相遇了。梁进英看见一个伪乡兵在队伍前边赶着一头毛驴，驴背上驮着的竟是自己的妻子贾玉梅。这时，伪乡兵认出了梁进英，不由分说地就把他捆了起来，之后将贾玉梅扔在路旁，抓走了梁进英。

梁进英被敌人押到了陡坡村，关在了一间土窑里。敌人为了从梁进英口里得到共产党干部的下落，软硬兼施。梁进英虽是受尽折磨，可始终没有吐露半个字。半夜时分，敌人折腾累了，就留下两个伪乡兵看守，其余都悻悻离去。此时的梁进英浑身疼痛难忍，可他一想到王贺林区长已经安全转移，心里就格外的踏实。就在这时，梁进英突然听到门外来了一个伪乡兵，他大喊着把另外两个伪乡兵叫走了。过了十几分钟，不见伪乡兵回来。又过了一会儿，还是不见敌人的踪影，于是梁进英支撑着身子向院里爬去。这时，院里跑进了几个乡亲，他们低声地告诉梁进英敌人已经跑了，之后乡亲们将梁进英送进一间崖打窑里隐蔽了起来。

原来，梁进英深受东山区百姓的爱戴，当梁进英被敌人关在土窑里毒打的时候，陡坡村的群众急得团团转，大家赶忙出主意、想办法，最后大家决定传出一个“八路军已将陡坡村包围”的假消息，经群众一传十、十传百，很快便传到了伪乡兵的耳朵里。伪乡兵平时就怕八路军武工队，一听说八路军来了，哪还顾得上是真是假，更顾不上审问梁进英，就急忙逃跑了。

梁进英得救后，他很快养好了伤，又投入了革命斗争。为了早日打倒国民党反动派，他不怕苦、不怕累、不怕危险，有时候一连三四个月都回不了家，他住山洞、藏草丛，但革命意志依然旺盛。东山区的老百姓一说起梁进英，都夸他是个真正的共产党员。

## 八、普通党员王万英

怀安县郑王庄乡西桦皮岭村地势险要，交通不便，是一个僻静的小山村，这里非常有利于发展、壮大、领导武装斗争，党组织早期曾在这一带活动。这里也是全县农村党支部建立较早的地方，而王万英就是这个党支部最早的一名党员。

1909 年，王万英出生于一个贫苦农民家庭，家里兄弟三人，他排行老二。由于家境贫寒，王万英没有念过一天私整，更没进过一天学堂。8 岁时，王万英就当了小羊倌，整天在山坡上放羊，10 岁开始打短工种地。全家老小虽是拼死拼活劳动一年，却也始终摆脱不了

“半年糠菜半年粮”的日子。每遇灾荒，家里人还得外出乞讨。而本村地主却过着花天酒地的生活，这给王万英幼小的心灵打上了深深的问号：为什么不劳动的人能有吃有喝？为什么穷苦人挣扎一年也过不上好日子呢？随着年龄的增长，王万英逐渐认识到，社会不公是造成广大劳动人民贫困的根本原因，穷人要想翻身，就必须要改变这个世界。

1940 年，怀安县东山区的几股土匪先后投靠了日本人，当了汉奸走狗。地方上的恶霸、地主、国民党反动派三五天就要进村“扫荡”一次，他们对老百姓疯狂掠夺，使得老百姓的生活更加艰难。更不幸的是，这年秋天，王万英的三弟王万玉和他的妻子为躲避土匪的抢劫，白天不敢回家，在山坡上收割胡麻。临近中午，突然从西山来了一伙土匪，王万玉和妻子躲避不及，被土匪发现。匪首刘适明顿起歹心，硬要污辱王万玉的妻子。王万玉见势不好，赶忙跪地央求，刘适明不予理睬，一枪将王万玉打死。当王万英得知三弟惨遭杀害，弟媳被糟蹋的消息时，他仇恨满怀，决心要铲除汉奸恶霸。

1943 年 6 月，八路军武工队来到怀安县东山区开辟抗日根据地，王万英立即找到武工队负责人杨润甲、田泽明讲述了自己家的惨痛经历，并积极要求参加八路军，为死去的弟弟报仇。在杨润甲、田泽明等人的启发教育下，王万英逐渐明白了只有共产党才能救中国的道理，只有把压在中国人民头上的“三座大山”推翻，穷人才有出头之日。1944 年 3 月，王万英和王万金、赵海斌一起加入了中国共产党。同月，村里成立了党支部，王万金任支部书记，王万英任组织委员，赵海斌任宣传委员。在区委的领导下，他们积极协助武工队宣传革命道理，开展减租减息运动，了解敌情，传递情报，打击瓦解敌人，掩护共产党工作人员，革命的火种在怀安县东山区越烧越旺。在西桦皮岭村革命活动的影响下，周围村庄相继组建起了党的组织和农会组织，并初步建立了东山抗日根据地。反霸锄奸工作搞得热火朝天，吓得敌人胆战心惊。

1945 年 8 月日本政府宣布投降后，原本依附于日本人的汉奸走狗又与国民党反动武装和还乡团勾结，对抗日根据地的人民进行了疯狂的反革命报复。形势虽日趋严峻，但王万英始终坚持斗争。

1946 年夏第一次土改运动开始后，王万英首先组织 12 户佃户向本村的 5 户地主进行说理斗争，斗出了 120 多亩青苗和部分粮食、财物。祖祖辈辈打长工的老佃户分得了土地，情绪十分高涨，无不感激共产党的恩情，许多贫苦农民纷纷团结起来进行斗争，土改运动搞得轰轰烈烈。

1946 年秋共产党军队战略撤退后，贫苦农民刚刚分到的青苗、财物又被地主倒算回去。还乡团还不断抓捕农会干部和积极分子，镇压革命群众，革命形势一时陷入低潮。这时，有的人灰心失望，不敢继续斗争，有的人叛变革命，还有的人为躲避斗争远走他乡。王万英却始终战斗在第一线，他坚信，敌人的反扑是暂时的，共产党很快就会回来，胜利一定属于人民。他和部分留下来的同志一起秘密地同敌人展开各种巧妙的斗争，有力地保护了群众，打击了敌人。

不久，共产党的军队又回到了东山区，王万英组织群众向地主清算反攻倒算的罪行，把罪恶累累的地主捆到群众大会上进行斗争。有几户逃跑的地主重金收买敌人，伺机进行报复，另有罗家洼、深井、太平庄等 3 个伪大乡出高价悬赏王万英的人头。面对白色恐怖，王万英没有被吓倒，反而革意志更加坚定。为了消灭西桦皮岭村的共产党员，罗家洼的伪乡兵于 1947 年春偷袭了西桦皮岭村，王万英机警勇敢，没被抓住。伪乡兵就把西桦皮岭村的村长和 5 名土改积极分子抓到了伪大乡公所，并进行了严刑拷打，最终有 3 名同志惨死在了敌人的魔掌之下。

为了王万英的安全，区委调他到蔚县南山工作。可他去了 3 个月后，心里一直惦念着村里的革命斗争，他总觉得不能为了自己的安全而离开群众，乡亲们需要有人组织，只要坚持斗争，就一定能打败敌人，夺取革命的胜利。于是他向党组织申请，又回到了西桦皮岭村，担任西桦皮岭村党支部书记。为了革命事业，王万英连自己 3 岁的孩子也顾不上管，他 15 岁的大儿子为了躲避敌人的抓捕，跑到外地过起了乞讨的生活，他的女儿和 8 岁的二儿子在乡亲们的抚养和掩护下才免遭敌人的迫害。

1947 年下半年，共产党军队开始战略反攻，连续拔掉了怀安县东山区的好几个据点，缴获了一批武器。区委发给西桦皮岭村党支部 11 支步枪，组建了民兵武装，王万英担任第一任民兵队队长。10 月，民兵队机智地侦察到了西桦皮岭村敌人的人数和装备，然后连夜跑了 15 多公里的路向县大队报告，并带领县大队急行军到了殷房，歼灭了这股敌人。之后，王万英带领这支民兵武装先后配合县大队、区小队解放了深井镇、太平庄乡、罗家洼乡，并参加了解放怀安城的战斗。1948 年，全国进入解放战争的决战阶段，王万英更是废寝忘食地工作，军用物资从这里转运，伤病员送到这里治疗。由于支前工作搞得很出色，西桦皮岭村被怀安县评为“支前模范村”。

## 九、王贺林在怀安留下的战斗足迹

王贺林是河北涿鹿县人，1944 年 1 月，党组织派他来怀安县开辟工作，与先期到来的董承、张继锁二人一起开展对敌斗争。

### （一）开辟东山抗日根据地

王贺林等人主要在怀安县的大要子水、流水沟、高山、黄家窑、狮子口一带开辟工作，为了防止被敌人发现行踪，他们三人都是秘密地单独行动，白天钻进野外的土窑洞里，晚上进村通过堡垒户宣传共产党的抗日主张，发动群众参加抗日斗争。虽然整日在山沟里奔波，风餐露宿，昼伏夜出，工作极为艰苦，但王贺林等人深知肩负的重要使命，他们不畏艰险，克服困难，坚持斗争，逐步扩大了宣传范围，并在条件成熟的梁家湾村发展了梁进英、梁进玺两名中共地下党员，还建立起了党支部。从此，他们在这一带有了依靠的对象，站稳了脚跟，斗争打开了新的局面。可他们的活动也逐渐被敌人察觉，敌人开始在这一带搜捕王贺林等抗日干部。

1944 年 11 月，董承和通讯员在狮子口村抓住了敌人的侦察员，正当董承要将他处决的时候，万安县伪警察大队的张明会突然出现，并将董承杀害。当时王贺林正在东北口村，他听到枪声后立即跑上了山，一直等到天黑。后来接到杨润甲的信，他才知道是万安县的伪警察大队和驻深井的日伪军联合行动，进入怀安县东山区搜捕抗日游击干部。为避敌锋芒，王贺林等人立即向桑干河以南转移。在转移的路上，他得知了董承牺牲的消息，旅途的劳累加上因战友牺牲带来的悲痛，使王贺林大病了一场。

病愈后的王贺林和张继锁一起返回东山，继续组织群众开展对敌斗争。他们先到流水沟村，在王林家里召集贫苦农民开会，向他们讲述共产党八路军在各地英勇抗击日军取得的一个又一个的胜利，让贫苦农民知道目前的抗战形势，知道只有大家团结在一起，共同抗日，才能过上好日子的道理。通过宣传，唤起了群众对抗日斗争的信心。为了躲避敌人的搜捕，他们经常转移活动地点，之后又在井儿湾、高山、黄家窑等村宣传抗日救国的道理，播撒革命火种。

**（二）在南川开展对敌斗争**

1945 年 5 月，察南十三分区二十团奇袭了怀安城，扫清了怀安城周围的敌人据点。为了扩大抗日根据地，中共怀安县委在怀安城以东的头百户、太平庄一带增设了五区，王贺林被任命为五区区长。从此，王贺林带领五区干部主要活动在南川一带的农村。1946 年 8 月下旬，张家口刚刚解放，中国人民解放军从敌人手中接收的物资要及时送到后方去。于是在太平庄村设立了一个兵站，王贺林在兵站和部队干部共同组织转运从前线运来的战利品。为方便部队工作，王贺林与部队干部商量后，在后所堡村又设立了转运站。五区干部都加入了转运站的工作，负责把从张家口运出来的军用物资和生活用品及时转运到阳原南山一带。有一次，他们正在搬运手榴弹、步枪和汽油桶等军用物资，敌人忽然从沙梁台方向包抄了过来，转移这批物资已经是来不及了，但也决不能落入敌人手中。王贺林果断命令众人把枪支和汽油桶放火烧掉，把手榴弹扔到井里。随即，王贺林带领工作人员迅速撤离，敌人最终一无所获。此后，王贺林又回到东山一带，继续开展对敌斗争。

### （三）高山村转移脱险境

共产党军队战略转移后，大部分县、区干部和武装人员都撤到了南山。党组织只抽调了少数有经验的干部留下来组建了武工队，坚持就地斗争，而王贺林就奉命留在了东山一带。

1946 年 11 月 27 日，武工队刚刚从陡坡村出发来到高山村，就被国民党的侦察员发现了。之后，国民党的一个骑兵连迅速出动，准备突袭高山村。由于当值哨兵的疏忽，加之武工队干部缺乏警惕，直至敌人包围了村庄、封锁了路口，众人都还毫无准备。之后双方展开了激战，王贺林等人虽依托院落顽强抵抗，但终因寡不敌众，有的壮烈牺牲，有的被俘。王贺林在突围时右膝突然中弹，跌倒在了一个小沟旁。这时天已黑了，王贺林听到敌人在四周叫嚷着展开搜捕，便忍着疼痛趴在地上一动不动。夜幕降临后，荒山野岭上静悄悄的，王贺林睁眼望望周围的景色，顿时往事涌上心头，这里的每个沟沟坎坎他都走过，每个小窑洞他都住过，各种艰难困苦都没有将他打倒，没想到今天却要在深山里被冻死。求生的欲望促使他咬牙动了动身子，可一阵钻心的疼痛又让他昏厥了过去。这时，高山村的治保主任王正突然出现，将他救起。

敌人没有能夺去王贺林的生命，伤好后，他又投入了新的革命斗争之中，继续为党和人民的解放事业谱写新的人生篇章。

## 十、杨和尚闹革命

杨和尚，本名杨春芳，1905 年出生于万全县（今张家口市万全区）。自幼家境贫寒，由于无钱治病，父母为祈求神灵保佑，就送他到西湾堡村村西的龙洞山当了和尚。

1945 年 8 月，怀安县第一次解放后，三区区公所设在了花山脚下的西湾堡村。在看到当地群众通过革命斗争实现当家做主后，杨春芳感悟到人世间的祸福不是天命，佛道神灵拯救不了黎民百姓，只有共产党才是真正的救星。

1946 年 9 月，国民党反动派向解放区进行反扑，共产党军队进行战略转移。区公所干部一面转入山区开展游击战，一面发动群众缝军服、做军鞋，筹粮筹款，支援解放战争。在此期间，为避开国民党军队的进攻，游击队经常到龙洞山的奶奶庙内隐蔽。经多次接触，游击队队员与杨春芳建立了深厚的感情。每次游击队来到这里，杨春芳总是忙里忙外，为队员们安排吃住，还主动到山上帮游击队放哨。时间长了，游击队队员对他了解的多了，关系就更加亲密了。

有一次，游击队为了搞清驻西湾堡国民党军队的情况，便让杨春芳下山打听，杨春芳打探清楚后立即向游击队领导做了详细报告。当天晚上，由区委书记尹忠带队，杨春芳引路下山，趁敌不备，游击队活捉了敌人的 1 个排长和 7 个士兵，还缴获了 11 支步枪、2 支手枪、1000 多发子弹和 20 多套军服。这次战斗的胜利离不开杨春芳的大力协助。

还有一次，游击队让杨春芳下山到西湾堡火车站了解敌情，之后趁敌人不注意，游击队把解放捷报和宣传标语贴到了火车的车厢上，敌人的火车成了游击队的宣传车。可没过多久，敌人便有所察觉。

一天下午，游击队队员正在奶奶庙里睡觉，敌人来到山上进行侦察，很快便发现了这个落脚点。之后敌人千方百计地抓捕杨春芳，企图通过他达到消灭游击队的目的。但由于杨春芳为人和善，人缘好，当地群众经常把敌人的活动情况告诉他，使得敌人的阴谋一直未能得逞。

当杨春芳得知敌人轮番追捕他时，便郑重地向尹忠书记说："我在龙洞山待不住了，不当和尚了，跟着你们干革命呀！我知道你们是穷人的救命恩人，我就是死也心甘情愿。"1947 年秋末，杨春芳参加了游击队，他脱掉袈裟，踏上了革命征途。

1948 年 10 月，怀安县第二次解放。1949 年 1 月，杨春芳与县长蒋涛一起随军南下，投入了解放全国的革命斗争之中。

## 十一、杨润甲对敌斗争的故事

1943 年 6 月，晋察冀平西分区干部杨润甲带领 12 名战士组成武装工作队，进入宣化西山与怀安东山的结合部开展开辟新区的工作。那时的杨润甲年仅二十几岁，他机警敏捷，胆量过人，因脸上有些麻子，人们便叫他"杨疤子"，他本人也毫不护短，竟在手章上刻上了"杨疤子"3 个字。时隔多年，在怀安当地仍流传着他当年对敌斗争的传奇故事。

### （一）会飞檐走壁的"杨疤子"

怀安县东山区有个南窑村，位于龙洞山腹地的宣化、怀安两县交界处，是武工队在东山区立足的理想之地。为了在此立足，一天夜里，杨润甲只身来到了伪甲长家中，他对伪甲长说："今天我杨疤子来拜访你了。"杨润甲的突然出现，吓得伪甲长一时说不出话来，因为他早就听说过“杨疤子”的厉害。当杨润甲对他讲了共产党的抗日政策，并动员他配合八路军做一些有利于抗日的工作时，他才长长地松了一口气。但他又怕杨润甲给他带来麻烦，于是说：“您老快走吧，我这儿……”杨润甲说：“今儿哪里也不去了，就住在你这里！”伪甲长不敢推脱，只好把杨润甲安顿在一间空屋睡下，之后还不得不出门放哨，生怕出点儿什么事，给自己惹出大祸。

杨润甲来到南窑村后，这家转转，那家走走，有意地不回避敌人的耳目。因此，他来到南窑村的消息很快就传到了太平庄伪大乡。伪乡兵队长听说杨润甲在南窑村，赶忙带了 10 多个伪乡兵连夜前来，想要将其活捉。黎明时分，伪乡兵包围了伪甲长家的院子，之后连喊带叫地冲进了杨润甲睡觉的房间。众人一看杨润甲正在被窝里睡大觉，一个伪乡兵跳上炕去把被子掀开，这才发现炕上躺着的并不是杨润甲，而是一个大枕头。原来杨润甲早已越墙而去，到村边的一个柴房睡大觉去了。当他听到枪声和喊声后，便从柴房出来，向敌人背后开了几枪，最后顺着山沟跑上了山冈。从此以后，村里人便传说“杨疤子”是从伪甲长家的灶门钻进去，又从烟囱口钻出来的，是个会飞檐走壁的能人。

第二天夜幕降临，杨润甲又来到南窑村伪甲长家中。伪甲长一见杨润甲就吓坏了，以为是来和他算账的，急忙跪在地上哀求说：“杨队长，昨晚我可没去报告呀！”杨润甲说：“这我知道，你别害怕。”又说：“可今天我要你去伪大乡报告。”伪甲长说：“不！不！杨队长别开玩笑了。”“去！这次就是要你去报告，你一报告，敌人就不怀疑你了！”杨润甲说。伪甲长又说：“杨队长！那你怎么办呢？”杨润甲胸有成竹地回答："那你就别管了，我自有办法。"伪甲长走后，杨润甲又来到另一个村，也让伪甲长去伪大乡报告，说"杨疤子"带队在村里住宿。这一夜，竟有六七个村的伪甲长到伪大乡报告，弄得伪大乡乡长晕头转向，搞不清杨润甲究竟在哪里。就这样，杨润甲带领武工队把敌人搅得焦头烂额，草木皆兵，惶惶不可终日。

**（二）能掐会算的"杨疤子"**

在宣化大沙河一带有个敌伪据点，由伪警长孙全智把守。这个家伙除了在宣化一带为非作歹以外，还经常到怀安地界敲诈勒索，无恶不作。

一天，孙全智又派伪警察张义根沿村索要东西。杨润甲得知后，便暗暗尾随。只见张义根每走过一个村，杨润甲就随后入村查问一次，记一笔账。张义根从大沙河据点出发，途经史家沟、张家湾、水磨沟、温家窑、赵家坪，一连走了 5 个村庄，杨润甲就尾随查问了 5 个村庄。天色暗下来后，杨润甲抄小道先行一步，提前藏在了油房的门后。不一会儿，张义根进来了，他问老店员："掌柜的呢?"老店员说："掌柜的出门了，没在!"张义根又问："准备的东西呢?"老店员回答："不知道。""什么，不知道?"张义根上前就给了老店员两个耳光。杨润甲再也按捺不住了，他悄悄抓起一把煤沫向窗户纸撒去，张义根被窗户纸的响声吸引，立即把目光转向了窗户。就在这时，杨润甲一个箭步来到了张义根面前，并用枪口抵住了他的胸膛，大喊一声："放下武器，不准动，我是杨疤子!"张义根一听"杨疤子"3 个字，扑通一声跪在了地上。之后杨润甲开始历数他沿村勒索的罪行，一桩桩、一件件讲得非常清楚。张义根吓得浑身直哆嗦，他以为杨润甲要杀了自己，连连央求饶命。杨润甲说道：“国难当头，你们不打日本人居然还去当汉奸！你们到处为非作歹，欺压百姓，真是可恶至极！回去告诉孙全智，今后若再敲诈百姓，八路军决不轻饶！”说完，杨润甲一脚把张义根踢出了房门，张义根连滚带爬地跑回了据点。张义根回到据点后见人就说：“今儿我可碰上杨疤子了，人家能掐会算，我走了几个村子、干了什么事他都知道。当时我正在油房里，那个窗户纸一响，他立马就站在你面前了，好像借东风飞来的，真了不起！”他还说：“杨疤子说来着，谁要再欺负老百姓，八路军决不轻饶！”

**（三）“杨疤子”只身入匪穴**

怀安县东山区自军阀混战以来就匪患不绝，日军侵入察哈尔省以后，土匪更加猖獗，在宣化、阳原、怀安三县结合地带的土匪就多达500多人。杨润甲在开辟新区的过程中，除了和日军做斗争，还要消除匪患，确保人民群众的生命和财产安全。

当时，晋察冀边区对经济土匪采取以收编为主的政策。一天，杨润甲带着两名武工队队员直闯匪首牛拐子的老巢进行谈判。他一入匪穴，牛拐子手下的几个头目便将枪口对准了他。杨润甲哈哈一笑，说道：“不必这样吧？牛司令有大队人马，还怕我一个杨润甲？我要是怕牛司令的枪口，也就不来登牛司令的三宝殿了！”说完，他不慌不忙地找了个位置坐下，然后郑重而又深情地说：“牛司令，弟兄们，我是代表钟司令来向大家说几句话的。日本帝国主义侵略我们国家，大好河山沦遭践踏，难道咱们这些中国人就甘当亡国奴吗？眼下国难当头，如果我们双方打起来，两虎相斗，必有一伤。中国人不该打中国人，咱们要枪口对外，一致抗日才对。共产党、毛主席号召我们要结成统一战线，一起打败日本侵略者，凡是有良心的中国人都不能站在圈外呀!”接着杨润甲又说：“联合的政策是不拆伙、不缴械、不罢官，只要联合，咱们就是一家人。”杨润甲的一席话说得句句在理，牛拐子是个有点头脑的人物，他想：二十团大兵压境，跟八路军对着干迟早是会倒霉的，倒不如脚踏两只船，看看风头再说。想到这里，牛拐子便顺水推舟地说：“对，咱们中国人谁也不能站在圈外。”就这样，牛拐子接受了收编条件，表示愿意与共产党一起联合抗日。

有一个叫霍老八的匪首，他手下的人虽不多，可他自认为艺高胆大，自封为王，狂妄不羁。武工队几次派伪甲长劝其联合抗日，都被他拒绝了。一天夜里，霍老八正在和他的小老婆抽大烟，杨润甲只身闯了进去，只见他把手枪往桌上一拍，逼问霍老八：“今天咱们说清楚，你到底愿不愿意联合?”霍老八被杨润甲的突然出现惊得一时不知说些什么，他的小老婆则害怕地躲到墙脚缩成了一团。过了一会儿，霍老八缓过神来，他顺手抓起桌上的手枪，对准杨润甲说：“好，我佩服你的胆量，今天有你没我，有我没你。”杨润甲笑了一声，说道：“霍老八，亏你玩了几十年枪，连没上撞针的枪都看不出来吗?”说着，杨润甲突然从腰间拔出了撸子枪，他说道：“这才是真家伙呢!”霍老八顿时被杨润甲的胆略和机智所折服，他把手枪一丢，说道：“好，杨大哥，兄弟服你了，若不嫌弃，我愿与你结为兄弟。”杨润甲欣然应允。

还有个匪首叫张明印，外号“愣狗球”，是个花匪，专门糟蹋妇女。这天，杨润甲只身去见他，见面后张明印二话没说，拔出枪对准杨润甲就扣动了扳机。说时迟那时快，杨润甲迅速将张明印持枪的手推开，张明印手中的枪瞬间被打飞到空中，杨润甲眼疾手快，用另一只手将空中的枪握住。就这么一下，张明印就服气了，他立刻对杨润甲说："好，杨大哥，你真是好样的，我算服气了，你说咋办就咋办吧!"张明印倒也说话算话，随即带着100多人归附了武工队。

## 十二、镇反勇士刘云

1924年，刘云出生于今北京市门头沟地区，1941年参加革命工作。1943年6月，随同平西分区七团副政治指导员杨润甲来到宣化西山与怀安东山的结合部组建武工队，并以宣化大沙河为根据地，进入怀安县进行开辟工作。在抗日战争和解放战争时期，先后在宣化县、宣涿怀联合县和怀安县任职，为怀安的解放事业做出了突出贡献。1950年后，在怀安县公安局、检察署和人武部担任主要领导职务。新中国成立初期，在上级公安部门的统一指挥下，一举摧毁了冀热察人民反共自卫军（简称"三路军"）和察哈尔省人民防共自卫救国先遣军（简称"先遣军"）两个反革命组织。

新中国成立后，国民党反动派不甘心失败，残留在大陆的国民党余孽仍在不断地进行反革命破坏活动。因此，新中国成立初期的镇压反革命、保卫新生政权是各级公安部门的一项艰巨而重大的任务。怀安县公安局成立了以刘云为组长的镇反专案组，在上级公安部门的统一指挥下，刘云不畏艰险，机智勇敢，善于识破敌特阴谋，曾生擒反革命头目赵凤鸣，放线诱敌缉拿逃犯乔彦墨，巧设妙计追歼匪首李凤翔，顺藤摸瓜抓捕匪特张志举。

### （一）识破阴谋擒匪首

1950年，按照察哈尔省公安厅的统一部署，怀安县公安局镇反专案组迅速展开了对“三路军”反革命组织的侦破工作。经过缜密排查，一举抓获了十几名反革命分子。经过审问，镇反专案组顺藤摸瓜，查到了匪首赵凤鸣藏匿在太平庄村的线索。

太平庄村在白云山以南，有400多户人家，是由怀安城通往张家口的必经之地。日伪、国民党都曾在此设过伪大乡，社情、敌情非常复杂。赵凤鸣曾经当过土匪，在日伪和国民党时期还当过特务队队长和特务连连长，他身上血债累累，罪大恶极。为了尽早抓获这个反革命分子，刘云随即带着镇反专案组的两名同志进村摸排。有一天，镇反专案组的两名同志有事回了县城，只有刘云一人留在太平庄村。这时，来了一个村干部悄悄对刘云说，东沟的李某有重要情况要向他报告，请他今天晚上到家里一趟。刘云顿感此事有些蹊跷，如果李某确实有重要情况要报告，为什么不直接找自己？如果是为了保密，为什么还要通过第三者传话？为什么还偏要让自己晚上去找他？他的家住在位置偏僻、地势复杂的东沟，他会不会另有用意？诸多疑问让刘云感到很不正常。因此，晚上刘云并没有去东沟，而是天黑以后就转移了住处，同时还秘密安排了几名群众，让他们密切关注东沟的动向。第二天，刘云又见到了那个传话的村干部，可彼此都没有提及昨天晚上的事，刘云发现那个村干部的表情很不自然，说话躲躲闪闪，没说几句话就借故走开了。刘云这下就全明白了，昨天晚上肯定是个阴谋，是赵凤鸣企图设圈套杀害自己，结果弄巧成拙，露出了狐狸尾巴，由此也进一步断定了赵凤鸣应该就潜藏在附近。

刘云经过一番分析，决定采取外围突破的方法，摸清赵凤鸣的准确藏身之处。随即，刘云把东沟的李某叫了过来，反复向他宣讲共产党的政策，陈述揭发敌人和知情不报的利害关系。经过大半夜的攻心战，李某终于坦白，说出了赵凤鸣的藏身之处。刘云立即带人前去搜查，终于在一户人家的牲口槽旁发现了地洞，抓住了赵凤鸣和另一个土匪。

**（二）放线诱敌缉逃犯**

在侦破"三路军"反革命组织专案的过程中，刘云根据当时群众对提供反革命分子线索有顾虑的实际，确定了"放线诱敌"的方略，即将抓获的反革命分子中罪恶不大、认罪态度较好、请求政府宽大处理的予以释放，不公开其反革命分子的身份，把敌人的联络员变成我方的情报员。阎家岭的"村干部"、"三路军"反革命组织中的联络员曹某就充当了这一角色。

赵凤鸣被捕后不久，有 3 个人偷偷来找曹某，其中一个是原国民党太平庄村的伪保长、"三路军"的大队长乔彦墨。曹某热情地接待了他们，趁其不备，他偷偷地给刘云写了一封信，并派自己的心腹将信亲手交给了刘云。刘云看到信以后，正准备采取行动，第三屯的治安员陈登宝便气喘吁吁地跑进来报告，说他在村西锄地时，看见从阎家岭方向来了 3 个人，他们不走大路，踩着第三屯与第六屯之间的荒地大步朝北走，看样子是要过洋河。刘云一听太巧了，这一定就是曹某说的那 3 个人，他们这是要逃窜，必须马上抓捕。刘云立即带着 5 名同志兵分两路，分别从东、西两侧包抄过去，最终只捉住了乔彦墨，另外两个人向北狂奔，不见了踪影。于是刘云先将乔彦墨押往驻地，等待放长线钓大鱼。

**（三）巧设妙计歼残敌**

“三路军”的头目乔彦墨及其喽啰一个接一个地落网，唯有另一个重要人物李凤翔还未归案。刘云虽带人四处侦察，可一直没有结果。一天，刘云派一名情报员到李凤翔家去“串门”。情报员来到李凤翔家后，正好碰上他的家人淘米做饭，情报员发现他家的米淘得比较多，这引起了情报员的注意。情报员心里琢磨，是不是李凤翔在家里，或者藏在附近，家里人要给他送饭？情报员从李凤翔家出来后，躲在了一个不易被人发现的地方进行暗中监视，结果李凤翔家始终没有人离开。据此，情报员断定李凤翔一定是躲藏在家中，之后便把侦察到的这个情况向刘云做了汇报。

刘云立刻带人来到了李凤翔家，将屋里屋外仔细查看了一遍，可未发现任何可疑的地方。刘云随后仔细观察李凤翔老婆的脸色，见其神色不安、慌里慌张，他就更加确认了之前情报员的判断。于是刘云再次进行搜查，他突然看到土炕上的一边铺着一块做鞋用的袼褙，刘云拿开袼褙，发现袼褙盖着的一块炕板是能够活动的，刘云揭开炕板，发现了藏人的地洞，最终成功将李凤翔抓获。至此，“三路军”在怀安县的最后一名重要案犯也落网了。

**（四）顺藤摸瓜抓匪特**

“先遣军”是 1951 年被怀安县公安局摧毁的又一个反革命组织。刘云凭借着自己的机智勇敢，带领公安人员一举抓获了“先遣军”的匪首张志举。

张志举是个有名的土匪头子，曾任国民党保安团团长、保安大队队长，他受命来到怀安县进行活动，秘密组织“先遣军”阴谋暴动。张志举的行踪很快就被刘云派出的情报员所掌握，发现他先到东洋河村的孙科家里落脚。孙科胆小，是个软骨头，专案组分析，从他身上一定能有所突破，于是专案组决定先从孙科下手。一天，孙科照常到柴沟堡给张志举买熏肉，当他鬼鬼祟祟地走到女子小学门口时，突然后背被顶上了个硬邦邦的东西，刘云低声且严肃地对他说：“不许说话，老实点!”之后便把孙科带回了派出所。孙科见事情败露，不敢顽抗，很快便如实交代了情况。

据孙科交代，张志举此次是奉命来怀安县组织反革命武装的，为掩人耳目，他带着老婆和儿子先住在了东洋河村。之后他把老婆和儿子安顿在孙科家，自己则跑到崛仑屯村郝全宝家挖地洞藏身。获得这一情报后，刘云迅速带领专案组人员直奔郝全宝家，生擒了匪特张志举。

“三路军”和“先遣军”案件是新中国成立初期怀安县公安机关破获的两起反革命阴谋暴动案件。刘云在侦破这两起案件的过程中，身先士卒，不畏艰难，机智勇敢，做出了突出贡献。

### 十三、最可靠的堡垒户

1945 年抗战胜利前夕，中共中央做出扩大解放区的指示。中共冀察区十三地委派出 20 多名干部越过敌人的封锁线，来到怀安、天镇两县结合部开辟抗日根据地。游击干部为了能够站稳脚跟，便于开展工作，就在怀安县满洲坡南山一带的几个村庄选定了几个坚定为游击干部办事的堡垒户，瓦沟台村马江家可以说是其中最可靠的一家。

马江全家5口人，在抗日战争和解放战争的艰苦岁月中，他们积极为共产党干部站岗放哨、传递情报，带领群众斗地主、分田地，锄奸反霸，冒着生命危险保护共产党干部，为怀安县的革命斗争做出了突出贡献。

1945年6月，准备组建中共天怀县工委的20多名干部奉命来到满洲坡一带做开辟新区的工作。6月下旬的一天，根据中共冀察区十三地委的指示，负责开辟工作的干部集中到马江家开会。会上，汪洋宣布中共天怀县工委和天怀县办事处成立，并研究部署了今后的斗争任务和群众工作。会上还决定将天怀县办事处设在马江家，游击干部此后就在马江家秘密开会。

中共天怀县工委、天怀县办事处成立的第二天，就遭到了敌人的"围剿"和搜查，最终在马江的协助下，众人才安全转移。事情发生得很蹊跷，中共天怀县工委的干部和马江都认为这里面肯定有问题。此后，马江认真调查了解，积极为中共天怀县工委的干部提供情报，最后终于把死心塌地为敌人卖命、积极向敌人告密的伪甲长马兴揪了出来。根据马兴的罪恶事实，天怀县办事处张贴布告，将其公开处决。伪甲长马兴被镇压，群众拍手称快，地富顽伪势力遭到沉重打击，天怀县的开辟工作迅速打开局面，为全县的解放创造了有利条件。

1945年8月底，怀安县第一次解放，广大贫苦农民热烈拥护共产党的领导，积极跟着共产党干革命。马江带领全村贫苦农民斗地主、分田地，开展减租减息运动，参加反奸除霸斗争，开展群众性的大生产运动。在共产党干部的培养教育下，马江当上了瓦沟台村的村长。地主马华山十分害怕，他为躲避群众斗争，逃亡去了北京。可即便他人不在，也照样能算他的剥削账。

1945年底，马江带领群众按照共产党对待逃亡地主的政策，根据“五四”指示精神和晋察冀边区政府“二五减租，三七五交租”的规定，清算了马华山当年的租息。1946年，清算了马华山自日军侵占怀安8年来超过“三七五”的租额。由于退不出粮食，便让马华山退出了部分土地和浮财。

“五四”土改后，马江又带领群众除荒灭草，发展生产，想方设法地尽快改善翻身农民的生活，使原本萧条冷落的山村出现了一派欣欣向荣的景象。

1946年秋，国民党军队向解放区大举进攻，共产党军队奉命实行战略转移，怀安县的县、区干部随之转移到后方根据地。国民党军队占领怀安县后，层层建立反动政权，渡口堡建立了伪大乡公所，瓦沟台设立了伪保公所。这时，马华山大摇大摆地从北京回了村，并让他的儿子马飞当上了伪保长。马华山开始疯狂地向斗争过他的马江等贫雇农进行反攻倒算。

1947年，天阳怀联合县委、县政府根据斗争形势发展的需要，派张恒、李泉海等7名同志来到渡口堡、满洲坡一带开展对敌斗争，马江弟兄4人全都参加了区小队。在马江的带动下，附近各村参加区小队的群众达30多人。

渡口堡伪大乡公所对区小队恨之入骨，挖空心思想要将其消灭。为了达到这一目的，附近几个村的伪保长把村里区小队队员的家属统统抓了起来，通过威逼利诱，让其各自劝说家里的区小队队员投降。

马江的母亲宁死不从，敌人便假借马江母亲的名义规劝马江，让他杀死李泉海后带枪归降，不仅可以既往不咎，而且还可以受到重赏。马江、马彦兄弟大义凛然，断然拒绝，敌人的阴谋没有得逞。

为了打击敌人的嚣张气焰，经区委研究决定，对敌人进行针锋相对的斗争。第二天夜里，区小队和各村民兵骨干突然行动，将扣押区小队队员家属的伪保长一个个押送到碾儿岭。经过教育后，放回了一部分。对放回去的伪保长，区小队给他们安排了 3 项任务：一是立即报告伪大乡，让其尽快把区小队队员的家属释放；二是如果不释放，伪保长们就集体辞职不干了；三是今后再发生类似事件一律格杀勿论。最终，伪大乡公所只得全部释放了区小队队员的家属。

伪保长们的奸计被识破后，他们并不甘心，开始在暗中监视，伺机抓捕马江弟兄二人进行报复，马江一家人时时面临着敌人的迫害。有一次马彦回村取粮，伪保长马飞突然带领着几个伪乡兵闯进他家，马彦被捆起来送进了伪大乡公所。敌人先用酷刑逼供，可马彦始终一言不发。敌人见一计不成，又施一计，开始用金钱利诱，马彦还是一言不发。敌人见马彦软硬不吃，就对马彦进行严刑拷打。马彦被打得死去活来，他痛斥敌人，最终敌人恼羞成怒，枪杀了马彦。敌人的残酷镇压更加激发了马江一家人和当地群众的对敌仇恨，参加游击斗争的人越来越多，群众的革命信心也更加坚定了。

1948 年 11 月 29 日，怀安县第二次解放。马华山被区小队镇压，人民群众真正当家做了主人。

# 革命烈士英名录

武士敏　赵　连　于金祥　张振历　郭永顺　张永旭　任纪章

李英明　沈有明　张　信　陈进贵　苏喜库　超　丁　王锡录

董　忠　王　义　李万春　杨生旺　陶玉英　周树忠　高士运

李志中　甄玉海　孙士成　王志勇　郭启士　孙　弟　张德成

张秀金　张德和　王炳海　庞俊杰　陶玉喜　苏献府（苏献福）

张　顺　马进宝　李怀章　范纪明　冯廷明　冯玉山　李瑞亭

赵应元　王世连　李俊武　贾玉书　安进德　宋玉贵　刘文明

任登榜　席举理　张振海　乔连会　赵海连　白玉龙　田　明

秦佃文　连伯英　张万有　曹振绪　刘尚英　冯佃发　常　车

李永知　忻　玉　戴佃意　刘选元　胡万仲　田永福（田福山）

张占春　吴凤岗　章世举　高　成　张如林　谢宝成　石　进

戴元玉　韩久元　陈金贵　吕　霭　李全信　李芳荫　杨　铎

王　贵　曲　亮　嗽明喜　武　斌　陈锡珠　赵应珍　胡明武

赵全国　岳连贵　马　彦　刘义山　徐　英　王跃文　任　录

李春华　阎计生　戴华荣　孔宝元　韩九如　李瑞庭　梁慧明

郑林福　樊义吉　刘　恺　常永明　张佃歧　张儒进　赵世祥

孔　海　张　贵　杨永官　苏继华　张怀进　高尚文　袁雅庭

宋天元　张振华　武　信　李　玉　黄宪章　武进明（武光远）

冯　爱　岳世荣　李　禹　何九彦　席承福　吴尚文　安守林

王　典　李志江　王光贵　庞俊芝　任　春　张近昌　杨增华

马连全　董　福　贾志祥　郭万福　孙　旺　王化山　刘加文

芦　甲　张龙有　武存德　孙好忠　常永建　阎万贵　贾胜璧

张　贡　温秃虎　杨生林　张省山　冀　恩　阎志成　李桂林

武全有　王　州　米万宝　蔡　旺　景振新　吴成功　张永禄

胡占山　武治安　唐士达　忻玉宽　宋廷厚　杨世英　王贵连

崔相英　张全存　王玉山　袁有德　田广恩　田士成　刘登科

刘增祥　李　仲　董　福　杜发祥　薛玉山　段有福　冯天胜

丁维月　孙永瑞　杜炳荣　王志平　周秉财　郭　河　李永明

米成仲　张　健　兰存喜　王治仁　李喜江　史　忠　甄相国

张有宏　梁　富　吴　斌　赵风歧　王有才　甄　宽　任守发

赵振安　贾玉林　杨德选　王有仁　刘文彬　席　善　刘大海

张永全　郭有业　马占武　李树德　仲炳恒　杨德明　李　恩

周尚尤　任振雷　任财邦　郝　有　李　德　黄光余（王　恺）

任登成　冯佃瑞　冯子文　王大来　董兆清　刘占元　徐世华

邢仲生　樊　义　王宪普　李枝华　郭万财　徐如海　董滋宣

樊枝品　任进财　高尚义　张忠镇　马久高　樊文品　何天志

章秉茂　王　德　王　兴　王　维　岳秉成　李增祥　赵国富

黄锡保　任登林　贺嘉宾　陈志瑞　陆　非　武得胜　李占海

郭　富　李尚万　宋喜旺　刘俊忠　许蕴山　李树发　周　瑞

张世金　冀增财　高尚林　周秉奎　李志坚　高金山（高士德）

周　亮　宗丕雄　刘士德　陈　占　温守国　李元有　贺大元

武福山　杭建臣　周兴仁　贾云璧　王好思　张茂胜　杜贵春

尹满斌　荆　和　孙佃国　刘　继　钱福生　夏　悦　席举清

| | | | | | | |
|---|---|---|---|---|---|---|
| 钱福录 | 孔先珠 | 庞 荣 | 李国旺 | 张德胜 | 刘 左 | 贾生贵 |
| 崔 元 | 宋喜成 | 张 庆 | 米昌山 | 武 义 | 刘 柱 | 乔发有 |
| 张全武 | 马继玉 | 赵文安 | 王 钧 | 刘满海 | 李海明 | 张进举 |
| 孙武玉 | 支业义 | 任建忠 | 高 裴 | 张 才 | 赵文林（赵万里） | |
| 李福瑞 | 张仲海 | 刘 才 | 翟英元 | 李满法 | 李珍珠 | 苏旭清 |
| 杨 福 | 刘占魁 | 梁 顺 | 杨凤山 | 杨登山 | 徐 美 | 李 英 |
| 赵风奇 | 赵吉仁 | 姚自强 | 杜成富 | 王万海 | 冯进安 | 阎仲贵 |
| 温 录 | 史明智 | 宋 起 | 周 俊 | 刘秉民 | 章纪先 | 武有训 |
| 刘 文 | 陈焕生 | 王世安 | 张振利 | 刘锋魁 | | |

另有怀安城烈士陵园无名烈士 49 人、外籍烈士 8 人。

# 革命老区抒怀

## 一、《怀安赋》

怀安县为革命老区县，位于晋、冀、蒙三省交界处，有塞北“金三角”之称。怀安县历史悠久，文化灿烂，素有“文化县”的美誉，本书主编田鑫有感而发，欣然作《怀安赋》。

### 怀安赋

塞外怀安，明珠璀璨。文化韵厚而广博，历史悠长且源远。

钟灵毓秀福地，物华天宝家园。且不说，夷舆立县，旧怀安村始建；更莫论，马城故址，良民沟崛残垣。日月换新颜，人文铺长卷。

政通人和，国泰民安。安天下之怀，怀天下之安。仁政方兴，黎元竞赞。昭化寺里探宝，龙洞山前遍览。神奇瑰丽虎卧石，熊耳山孕奇兽全。远近闻名豆制品，精工御贡熏肉鲜。鸡鸣三省马市口，一窝丝饼驿路传。怀安三宝享中外，塞外八景冠北南。岁月荏苒，时空变幻；自然艰辛，人为苦难；或兴或治，俱往俱前。文化县美誉盛传，文史卷卓绩斐然。

唐宋无稽，明清可览。时兴科举，文武及第者甚众；知县守备，各类职官者不凡。明代始，户部尚书马森、浙江布政使李纶、工部郎中岳伦、宣府总兵李迎恩、三代帝王师张士范、一甲状元黄大元等辈名扬遐迩。民国后，京师学务长焦莹、复旦大学教授李贯英、地质学家阮维周、省立医学教授降金钧、燕京大学主任焦树蕃、交通大学教授李应元等人誉冠赤县。忆往昔，关帝庙王氏三子拔进士；瞻如今，聚英堂阮门七孙皆模范。传承古老文明，怀念近代先贤。康世恩，石油工业奠基人；李键生，碧血丹心荐轩辕。一代名将武士敏，千秋中条沥肝胆。多少风流成往事，繁荣气象在眼前。开放开发，推波助澜；工业立县，科技争先；商贸活县，效益翻番；绿色崛起，意识超前。园区强强联合，集聚效应明显。图强矢志儿男，壮心放胆言欢。沐霞光绚丽，浴生机百变。

俱往矣！千年古县展新容，百姓福地换靓颜。长胜大街势腾龙，店铺商户效益翻。车流滚滚，东西南北黄金甲；人行匆匆，春夏秋冬大步前。古堡新城笑声多，文苑宜居乐怀安。南山公园走一走，复活陶公重作记；世恩广场转一转，怀安好人站面前。倾心公益张春芳，当代企业家风采；绿化荒山王富宝，现代愚公英雄汉；白衣天使倪海霞，堪称当代白求恩；矢志不渝李秀英，携手残夫爱擎天。喜中喜，天下怀安不一般；乐中乐，怀安处处谱新篇；美中美，文明践行价值观。

幸哉！白云接日，直冲霄汉；洋河流韵，托意歌欢。丹拉高速，京包贯穿；高铁阔臂，巨龙飞天。城乡坦途，处处思变；物流焕彩，旅游强县。围棋之乡刮目看，文化大县美誉传。非物质文化给力，精神物质家园光艳。生态环境美，黎庶日子甜。凭宏猷善政领航，兴骏业蓝图擎天。新农村再续辉煌，新怀安一往无前！

江山代有才人出，各领风骚数百年。八百年长否？弹指一挥间，怀安大地大巨变。一万年短矣！时空倒转如昨天，怀安新姿更无前！顿慨叹，人生岁月何其短，与时俱进建怀安！

## 二、《柴沟堡赋》

### 柴沟堡赋

位置优越，资源富存。光照充沛，四季明分。盆地间山，

“金三角”三省独享；洋河环绕，东西南三水共奔。怀安县城驻地，经济政治中心。全国重点城镇，京包铁路贯伸。人杰地灵，斯镇历史悠久；筑垣建堡，其城文化渊深。紧扣一个主题，事业发展创新。两个快速增长，财政收入利民。三化水平运作，全镇态势呈欣。招商引资到位，骨干企业领军。科学布局，经济发展壮大；总体规划，生态园区集群。产业功能定位，高新技术指针。水牧农林，发展前景广阔；城郊村镇，配套完善衡均。抓住时机，且借帮扶之策；加大投入，共迎理想之春。

至于地方特色，熏肉制品首开。传誉二百余载，美名至今不衰。色泽艳鲜，皮肉表里一致；味道醇厚，唇齿内外纡徊。营养富丰，不仅风味独特；驱寒开胃，尤能消食畅怀。分赠亲朋，俱皆交口称赞；伏天存贮，蚊蝇避躲不来。上等佳肴，味妙质优色正；钦点贡品，美容养颜丰腮。红果草莓，奇香远下江汉；海参螃蟹，异味传及黄淮。黑芝麻，特产有约胜地；大名杏，雅品顾盼诗才。

至若名人俊士，堪谓辈出如林。黄大元，精通文武之道；阎镇所，淹贯经史之门。马海峰，力能堵涝疏水；孙光鼎，亦可保乡安民。徐振纲，御前恪尽职守；牛光耀，力倡古文革新。冯赞其人，投笔从戎抗日；阮维周者，地质化石觅寻。巾帼陈若珊，辗转中国做贡献；劳模李河旺，成滩造地在乡村。

嗟夫！古堡情倾，占京畿之贵脉；老镇慕美，熏晋蒙之和风。沿盛世之浩荡，踏家园之新征。审时度势擘画，四面八方渠通。描柴沟堡之新页，步“金三角”之宏程。

## 三、《七律·见日本遗留残桥碉堡有感（通韵）》

### 七律·见日本遗留残桥碉堡有感（通韵）

南洋河上暮云收，几缕夕阳照古楼。
破垒犹存前世痛，残桥总现旧时仇。
虽将战火硝烟散，却把家愁国耻留。
日本侵华遗铁证，青山长恨水长流。

## 四、《七律·农村偶见（通韵）》

### 七律·农村偶见（通韵）

几处闲田草渐萋，斜阳返照水烟低。
横飞紫燕溪边过，对语黄莺柳外啼。
老叟依墙扶豆架，衰婆傍户饲栏鸡。
农家正是耕耘际，少壮归期未有期。

# 后　　记

《怀安县革命老区发展史》一书经过一年多的辛勤编纂，终于在中国共产党建党 100 周年之际要与广大读者见面了。作为编者，我们感到无比兴奋，也无比欣慰。

本书是按照中国老区建设促进会发布的《关于编纂全国 1599 个革命老区县发展史的安排意见》编写的，属“全国革命老区县发展史丛书”之一。本书的出版，是对习近平总书记关于“发扬红色资源优势，深入进行党史、军史和优良传统教育，把红色基因一代代传下去”重要指示精神的进一步落实。

在本书的编纂过程中，提纲几经改动，纲章篇目多次修改，书稿内容数次删减，在充分借鉴兄弟县区章节布局、内容编排的基础上，突出创新思维，致力于挖掘理清怀安县在革命斗争和社会主义建设时期鲜为人知的重要史实。本书系统整理了独具怀安特色的革命故事和建设成就，可以说，本书的编写是党史征编研的新成果，是新时期爱国主义的教科书，是新时代革命传统教育的普及读本。

本书的编纂得到了怀安县委、县政府及相关单位领导的亲切关怀，得到了怀安县各界社会人士的大力支持，更得到了一批亲历革命斗争和社会主义建设的老同志、老干部、老领导的广泛关注。在编纂过程中，我们还参阅了《怀安县志》《怀安文史资料》等文献及原始档案资料，未及一一注明，在此一并致谢！

编纂本书是革命老区县责无旁贷的政治使命。怀安县老区建设促进会在接受这项任务后，随即成立了编纂委员会，并安排编委会具体实施各项工作。本书的出版，是怀安县各界社会人士共同努力的结果，是大家集体智慧的结晶。由于时间仓促，加之编者水平有限，书中难免有谬误之处，敬请读者谅解并不吝指出，让我们为传承与发扬老区精神继续努力！

怀安县老区建设促进会

2020 年 10 月